KB273739

아이 둘 엄마, 사업으로 성장하다

아이 둘 엄마, 사업으로 성장하다

실패보다 포기가 무서웠던 엄마의 사업 도전기

초 판 1쇄 2026년 02월 25일

지은이 이광희
펴낸이 류종렬

펴낸곳 미다스북스
본부장 임종익
편집장 이다경, 김가영
디자인 임인영, 윤가희, 윤영빈
책임진행 이예나, 안채원, 김은진, 국소리, 송가희, 이지영

등록 2001년 3월 21일 제2001-000040호
주소 서울시 마포구 양화로 133 서교타워 711호, 808호
전화 02) 322-7802~3
팩스 02) 6007-1845
블로그 http://blog.naver.com/midasbooks
전자주소 midasbooks@hanmail.net
페이스북 https://www.facebook.com/midasbooks425
인스타그램 https://www.instagram.com/midasbooks

© 이광희, 미다스북스 2026, *Printed in Korea*.

ISBN 979-11-7355-724-8 03190

값 19,000원

미다스북스는 다음세대에게 필요한 지혜와 교양을 생각합니다.

아이 둘

엄마,
사업으로
성장하다

실패보다 포기가 무서웠던
엄마의 사업 도전기

이광희 지음

미다스북스

고시원 사업과 요식업, 그리고 책 쓰기와 강연에 이르기까지 이광희 저자는 말보다 행동으로 자신의 삶을 만들어온 사람입니다. 역경의 상황에서도 멈추지 않고 선택하고 실행해온 과정은 자기계발이 무엇으로 완성되는지를 담담하게 보여줍니다.

이 책은 저자가 직접 겪고 시도해온 경험의 기록이며, 삶의 현장에서 얻은 생각을 차분히 정리한 결과물입니다. 특히 이 책이 인상적인 이유는 성공의 결과보다 그에 이르기까지의 판단과 선택을 숨기지 않고 있는 그대로 담아냈다는 점에 있습니다.

그래서 이 책의 이야기는 특별한 사람의 이야기가 아니라, 지금 자신의 자리에서 고민하고 있는 많은 이들에게 현실적인 참고점이 됩니다.

저는 언젠가 묵묵히 도전하며 성장해온 이광희 저자가 자신만의 빛을 지닌 스타가 될 것이라 말해왔습니다. 이 책을 통해, 그 말이 이미 현재가 되었음을 확인하게 되었습니다.

이 책이 도전과 성장을 앞둔 이들에게
조급함 대신 방향을, 막연함 대신 기준을 세우는 데
의미 있는 동반자가 되기를 바랍니다.

생각정리클래스 대표

복주환

"누구의 엄마가 아닌, 다시 '나'로 살고 싶은 당신에게."

결혼과 육아라는 거대한 파도 속에서 여자들은 종종 자신의 이름을 잃어버린다.

'누구 엄마', '누구 아내'로 불리며 하루를 버티다 보면, 어느 순간 거울 속의 자신이 낯설어지기도 할 것이다. 이 책의 저자 역시 자존감의 바닥을 경험한 평범한 엄마였다. 아이를 안고 울던 시간, 비교와 자기 의심 속에서 스스로를 지워버렸던 시간. 그러나 그는 우연히 마주한 한 줄의 희망을 붙잡고, 다시 세상 밖으로 걸어 나왔다.

『아이 둘 엄마, 사업으로 성장하다』는 단순한 사업 성공담이 아니다.

이 책은 상처를 숨기지 않고, 오히려 연료로 삼아 삶의 방향을 틀어낸 한 사람의 회복 기록이다. 완벽한 준비가 아닌, 불완전한 상태 그대로 시작한 도전. '칼질도 못 하는 요식업 사장', 아무도 주목하지 않던 고시원 운영자에서 시스템을 설계하는 사업가로 성장하기까지의 과정이 날 것 그대로 담겨 있다.

저자는 말한다.

"포기보다 무서운 건 '해 볼걸'이라는 후회다."

그리고 "운명은 정해진 것이 아니라, 내가 만드는 특권"이라고.

이 책이 특별한 이유는 이론을 말하지 않기 때문이다.

대신 현장에서 부딪히며 체득한 생존 전략, 400일간의 루틴으로 무기력을 건너온 구체적인 실천, 그리고 '사람이 아닌 시스템이 돌아가는 구조'를 만들어가며 삶의 주도권을 되찾아가는 과정을 솔직하게 보여준다. 실패를 부정하지 않고, 성공으로 가는 중간 단계로 받아들이는 태도는 읽는 이의 등을 조용히 떠민다.

만약 지금 당신이 다시 시작하기엔 늦은 것 같고, 완벽한 타이밍만 기다리다 한 발도 내딛지 못하고 있다면 이 책의 첫 장을 넘겨보길 바란다.

저자의 고백은 당신을 몰아붙이지 않는다.
대신 아주 단단하게 속삭인다.

"괜찮아. 지금 여기서도 시작할 수 있어."

삶의 주도권을 되찾고 싶은 모든 이들에게,
이 책을 진심으로 추천한다.

에브몬드/크리에이터, 라이브커머스 셀러 대표

조규림

"나도 할 수 있을까?"라는 물음이
확신이 되기까지

"나도 할 수 있을까?"라는 질문에서 시작된 인생 두 번째 챕터. 나는 오랫동안 내가 주인공이 아닌 삶을 살아왔다. 결혼하고 아이를 낳고 키우는 동안, 내 이름보다는 "누구 엄마", "누구 아내", "누구 며느리"로 불리며 살았다. 자연스럽게 내 삶의 중심은 나 자신이 아닌 가족이 되었고, 어느 순간부터 나는 나의 인생이 아닌 남의 인생을 살게 되었다. 어릴 적부터 이어져 온 가난과 낮은 자존감, 반복되는 상처는 내 안에서 곪아갔고, 결국 한계에 다다랐을 무렵, 2020년 10월, 우연히 본 유튜브 영상 하나가 나를 흔들어 깨웠다. 그 영상 속 여성은 말했다. "나처럼 찌질이도 성공해서 부자가 되었어요."

그 한마디가 내 가슴에 깊이 꽂혔다. 그녀의 말을 들으니 정말 나보다 더 어려운 환경에서도 누군가는 성공했다. 그렇다면, 나라고 못 할 이유는 무엇인가? 그때부터, 나는 내 인생을 차분히 돌아보기 시작했다. 나는 내 아이를 사랑했고, 내가 할 수 있는 한 최선을 다해 키웠지만, 그 과정 안에는 내가 겪은 과거의 깊은 결핍이 고스란히 배어 있었다. 사랑이라 믿었던 희생은, 알고 보니 내 깊은 상처에서 비롯된 것이었다. 나는 아이들에게만큼은 행복한 삶을 주고 싶었지만, 내가 불행해서는 그 행복을 온전히 전해줄 수 없었다. 그리고 마침내, 그 모든 문제의 시작이 바로 내 안의 상처였음을 받아들였다.

그 무렵 나는 '자기 계발'이라는 세계를 알게 되었다. 성공한 사람들의 책을 읽고, 그들의 인터뷰를 들으며 처음으로 내 삶에 희망이라는 단어를 붙여 보기 시작했다. 그들의 이야기는 마치 내 이야기처럼 들렸고, 그들의 삶 안에서 나는 길을 찾기 시작했다. 짧은 명상, 긍정 확언, 매일 자기와의 대화… 그렇게 작은 실천들이 쌓이자 내 안에 변화가 일기 시작했다. '나는 원래 안 되는 사람'이라고 생각했던 오래된 믿음은 서서히 무너지기 시작했고, '나는 하면 할 수 있는 사람'이라는 믿음이 어느새 자리 잡았다. 물론 그 믿음이 자리 잡기까지는 쉽지 않았다. 고된 육아, 감정의 기복, 반복되는 좌절. 한 걸음 나아가면 두 걸음 뒤로 물러나야 할 때도 많았다. 하지만 중요한 건 멈추지 않는 것이었다. 결국 나는, 사업을 시작했고 현재는 세 번째 사업에 도전 중이다.

완성된 사람이라 말할 수는 없지만, 확실한 건 이제 나는 내 삶의 주인으로 살고 있다는 것이다.

이 책은 내가 어떻게 내 안의 상처를 들여다보고, 그걸 딛고 도전하게 되었는지를 담은 기록이다.

지금 이 글을 읽고 있는 당신이 만약 "과연 나도 할 수 있을까?"라는 물음 앞에 있다면, 내가 그랬던 것처럼 이 책이 당신에게도 작은 용기가 되었으면 한다. 우리 모두는 과거에 아픔을 갖고 있지만, 그 아픔이 인생의 끝이 아니라 시작이 될 수 있다는 걸 경험을 통해 알게 된다고 믿는다.

이 책은 한 사람의 단순한 성공 스토리가 아니다. 한 사람의 어두웠던 내면이 어떻게 깨어나고, 경험 속에서 만난 상처를 어떤 식으로 풀어갔는지, 변화하기 위해 어떤 노력을 했는지를 담은 이야기다. 그리고 그 시작은 아주 작고 평범한 일상에서부터였다는 것. 누군가에게 들었던 격려의 말 한마디, 한 장의 책, 몇 분의 침묵이 내 삶의 전환점이 되었다.

세상을 바꾸는 건 거창한 행동이 아니라, 반복되는 사소한 선택들이라는 걸 이제는 경험을 통해 안다.

지금 이 글을 읽고 있는 당신도 어쩌면 내가 겪었던 것처럼 힘들고 무기력한 일상을 버티고 있을지 모른다. 육아에 치이고, 감정에 치이고, 모든 게 나 하나만 참으면 될 일 같아서 조용히 살아왔을지도 모른다.

하지만 어느 순간, 그 조용함이 내 삶 전체를 송두리째 삼켜버리기도 한다. 그게 바로 나의 삶이었다. 그리고 지금은 다행스럽게도 거기서 한 발짝 나왔다. 이 책은 내 인생의 작은 회복 기록이자, 앞으로 도전하는 이들에게 건네는 응원이다. "이제 나도 할 수 있을까?"라는 물음으로 시작했지만,

지금의 나는 말할 수 있다. "그래, 할 수 있어. 누구든." 나는 여전히 실수가 잦다. 지금 이 글을 쓰는 순간에도 여전히 불안한 길을 걷고 있다. 과거의 불행했던 기억이 불쑥불쑥 올라오고, 여전히 마음 한구석은 온갖 불평으로 무너지기도 한다. 하지만 예전과 다른 건 이제 나를 어떻게 일으켜 세울 수 있는지를 알고 있다는 것이다. 넘어졌을 때 일어서는 법, 무너졌을 때 다시 붙드는 마음의 중심을 찾는 법. 그걸 배운 덕분에, 나는 지금도 계속 앞으로 나아갈 수 있다. 살면서 누구나 상처를 받는다. 그 상처를 없애는 게 목적이 아니다. 그 상처를 어떻게 바라보고 내 삶에 무기로 바꿀 것인지가 더욱 중요하다. 나는 더 이상 내 상처를 감추지 않기로 했다. 오히려 그것을 내 인생의 연료로 삼기로 했다. 이 책은 그런 나의 선택과 변화의 기록이고, 당신에게 작은 불빛이 되길 바란다. 그리고 그 불빛이 당신 안에서 꺼지지 않고, 아주 작게라도 계속 타오르길 바란다. 처음엔 아무것도 바뀌지 않는 것처럼 느껴질 수 있다. 나도 그랬다. 책을 읽고, 좋은 말을 듣고, 그 순간 가슴이 뭉클했지만 현실은 그대로였다. 하지만 포기하지 않고 반복하다 보면 어느 순간 그 작은 불씨가 점차 커지고 인생의 방향을 바꾸기 시작한다. 자신을 미

워하던 시선이 연민으로 바뀌고, 그 연민이 어느 날 응원이 된다. 그렇게, 정말 천천히 변화는 시작된다. 이 책은 '잘 사는 법'을 알려주는 책이 아니다. 다만, '나를 다시 바라보는 법'에 대한 기록이다. 나는 그걸 책을 통해 배웠고, 실천했고, 여전히 실천 중이다. 그리고 이제는 당신도 그 여정을 시작할 수 있다. 지금 당장 거창한 걸 하지 않아도 괜찮다. 오늘 단 3분 만이라도 나를 들여다보는 일, 내 안의 생각을 따뜻하게 바라보는 일부터 해 보자. 그게 진짜 변화의 시작이다. 이제는 당신 차례다. 나처럼 찌질하고 유약했던 사람도 없었던 꿈을 찾았고 그 꿈을 향해 나아가고 있다.

당신도 할 수 있다. 삶이란 참 묘하다. 누군가는 하루하루가 버티는 일이라 말하고, 또 누군가는 그 고된 하루조차 감사하다고 말한다. 나 또한 버티는 삶에 방황하며 살았다. 버텨야 할 이유도 불분명했던 과거의 시절이 있었다. 아이를 안고 울던 날도 있었고, 아무도 없는 부엌 한구석에서 식은 밥을 먹으며 '이게 내가 원하던 삶인가?' 싶던 날도 있었다. 그런 나에게 "이젠 괜찮아, 너는 지금 잘하고 있어."라고 말해주는 사람이 단 한 명이라도 있었다면, 아마 더 빨리 일어설 수 있었을지도 모른다.

그래서 나는 이 책을 쓰기로 마음먹었다. 누군가에게 그 한 사람이 되고 싶어서. 지금 이 글을 읽는 당신이 혹시 과거의 나처럼 혼자라고 느끼고 있다면, 오늘 하루만큼은 내가 당신 곁에 함께 있다는 걸 기억해 줬으면 좋겠다. 인간인 우리는 때로 외롭다. 겉으론 멀쩡해 보여도 마음은 텅 비어 있고, 다 괜찮다고 말하지만 사실은 매일 울고 싶은 감정을 참고 있는지도 모른다. 그런 감정은 누구에게나 있는 거지만, 누구도 쉽게 말하지 않는다. 그래서 이 책을 통해 솔직하게 말하고 싶었다. 예쁘게 포장된 이야기 말고, 있는 그대로의 고백. 실패하고, 주저앉고, 다시 일어나고, 또 넘어지면서도 결국 나 자신을 포기하지 않았던 그 시간들을 있는 그대로 담고 싶었다.

내가 겪은 상처와 좌절은 어쩌면 아주 평범한 일일지도 모른다. 하지만 그 과거의 아픔을 껴안고 살아가는 일은 결코 평범하지 않다. 나를 탓하고, 자책하고, 누군가를 원망하다가, 결국은 다시 내 자리로 돌아와야 하는 싸움의 연속이었다. 그 과정에서 가장 크게 깨달은 건 '자기 자신을 신뢰하는 것'이었다. 주변에서 아무리 좋은 말을 들어도, 정작 내가 나를 믿지 않으면 아무 소용이 없다. 나는 지금껏 나를 믿지 못했다. 그래서 늘 남과 비교했고, 남의 기준에 나를 끼워 맞추며 살아왔다. 하지만 이제는 안다. 진짜 변화는, 내가 나에게 '그래, 지금도 충분히 잘하고 있어.'라고 말해주는 그 순간부터 시작된다는 걸.

이 책에는 특별한 이론이나 거창한 전략은 없다. 오히려 너무도 사소해서 지나치기 쉬운, 하지만 삶을 진짜로 바꾸는 작고 현실적인 실천들만 있다. 나는 이 실천들을 통해 단단해졌다. 아직도 불안하고 흔들릴 때가 있지만, 이제는 넘어질 때 어떻게 일어나야 하는지를 알게 되었다. 내 내면에 나를 지탱해주는 문장이 있고, 내가 직접 써 내려간 회복의 경험이 있기 때문이다.

당신도 할 수 있다. 그 말이 어쩌면 너무 흔하게 들릴 수도 있겠지만, 나는 단순한 희망 고문으로 이 말을 하는 게 아니다. 나는 그 말에 수없이 실망해봤던 사람이기도 하다. "할 수 있어."라는 말이 때로는 더 잔인하게 느껴졌던 시절도 있었다. 그래서 이제는 감히 말한다. 당신이 진짜 '할 수 있는 사람'이 되기까지는 시간과 과정이 필요하다. 이 책은 당신과 그 여정을 함께 하기를 희망한다. 하루 10분, 당신을 위한 시간을 만들어 보자. 그 시간에 이 책을 펼쳐보는 것도 좋고, 그냥 멍하니 있어도 괜찮다. 중요한 건 당신을 위해 무언가를 한다는 사실 그 자체다. 그렇게 아주 작게 시작된 변화가, 언젠가는 커다란 전환점이 된다. 나는 그걸 직접 경험했다. 이 책은 그 경험을 기록한 증거이기도 하다.

     아이 둘 엄마, 사업으로 성장하다

끝으로, 꼭 전하고 싶은 말이 있다. 당신은 지금 이 순간에도 충분히 소중하고, 이미 잘하고 있다. 지금 하고 있는 고민, 슬픔, 외로움, 죄책감-그 모든 감정이 틀리지 않았다고 말해주고 싶다. 우리는 누구나 그런 시간을 거치며 조금씩 단단해지고, 조금씩 나아진다. 이 책이 당신에게 그런 '조금씩'의 시작이 되어줄 수 있기를 바란다. 그러니 두려워하지 말고, 조심스럽게 첫 장을 넘겨보자. 나도 그렇게 시작했으니까.

제1장

타인의 시선에 갇혀
나를 잃어버린 시간들

1

'해본 적 없다'는 말 뒤에 숨겨둔
비겁한 안전장치

어쩌면 나는 실패가 두려웠던 게 아니라 '내가 나를 믿지 못하는 것'이 더 문제였다.

2020년 10월, 지금으로부터 5년 전까지만 해도, 나는 오롯이 두 아이의 엄마로만 살고 있었다. 하루의 시작과 끝은 아이들을 위한 삶뿐이었다. 나라는 사람은 그 육아 안에서 완전히 사라진 존재였다. 누구보다 바쁘게 움직였지만, 정작 나 자신을 위한 시간은 단 몇 분조차도 없었다. 매일 반복되는 육아 속에서 나는 조금씩 우울해지고 있었다. 그야말로 하루하루가 무기력했다. 아이들이 잠든 밤이면 문득 이런 생각이 들었다. "내가 지금 무얼 하고 있는 거지?" 미래를 생각하면 막막했고, 과거를 돌아보면 아쉬움뿐이었다. 나 자신을 믿는 마음조차 없었다. 새로운 일을 시작해 볼까 해도, 곧바로 드는 생각은 '과연 내가 할 수 있을까.' 하는 의심부터 들었다. 그래서 도전 자체를 멀리했다.

사실 과거에도 비슷한 경험이 있었다. 대학을 졸업하고 취업이 쉽지 않자, 교대 편입을 준비해 볼까 고민한 적 있었다. 주변에서는 "직장은 안정적인 게 최고야."라는 말을 많이 했다. 나도 그 말에 동감했었다. 불안정한 삶은 나를 더욱 불안함으로 몰고 갈 것이라 믿었기 때문이다.

오랜 고민 끝에 몇 개월간 모아둔 '쌈짓돈'을 들여 교대 편입 학원에 등록했다. 합격률이 높은 학원에 다니면 어떻게든 될 것 같았다. 그러나 두 달이 지나고, 결국 벽에 부딪혔다. 공부는 생각보다 훨씬 어려웠고, 따라가기가 버거웠다.

그때 내 머릿속에 들었던 생각은 이랬다. "내가 지금 시작한다고 합격할 수 있을까? 교대 편입은 뭐 아무나 하나?" 그런 자기 의심은 빠르게 포기로 이어졌다. 결국 학원 등록비만 날리고, 다시 일상으로 돌아왔다. 그 한 번의 경험은 내게 깊은 상처를 남겼다. '역시 나는 안 되는구나.' 하고 자기 불신이 점점 더 강해졌다.

그 이후로 나는 새로운 시도조차 하지 않았다. 뭔가 해 볼까 싶다가도, 실패가 불을 보듯 뻔해서 시작조차 하지 않았다. 꿈이란 걸 생각하려 할 때면 '꿈은 나에게 사치야.'라고 내면의 목소리가 나를 훼방했다. 그렇게 나는 해 보지 않은 도전, 경험으로부터 점점 멀어져갔다. 이러한 시간이 쌓이니 우울한 현실만 눈에 들어왔다.

어쩌면 나는 실패가 두려웠던 게 아니라 '내가 나를 믿지 못하는 것'이 더 문제였다. 내가 나를 믿지 못하니 그 어떤 일도 용기 있게 끌고 갈 수 없었다. 누구나 새로운 도전 앞에서 망설이게 되는 건 자연스러운 일이다. 익숙한 것을 버리고 낯선 곳으로 발을 디딘다는 건, 실패할 위험을 받아들인다는 뜻이기 때문이다. 실패하면 상처받을까 봐, 주변의 시선을 의식하게 될까 봐, 스스로 못난 자신을 혐오하게 될까 봐 우리는 주저한다.

과거에 나는 '실패는 곧 불행이다.'라고 믿었다. 그야말로 잘못된 신념 하나로 내 인생을 허투루 낭비한 꼴이 된 것이다. 생각이 잘못되면 결국 실행도 잘못될 수밖에 없다. 더구나 실수를 허용하지 않는 환경도 문제였다. 이제는 깨달은 진리 중 하나. 수많은 실수를 거듭하면서 성장으로 나아가는 법인데. 나 어릴 때는 실수하면 부모님, 선생님에게 혼나는 일이 다반사였다.

또한 '지금 이대로도 괜찮은데 굳이 불안한 도전이란 걸 한다고?'라는 생각을 자주 했었다. 즉 편안하고 안전한 걸 최고로 치는 가정, 사회 분위기가 문제였다. 새로운 길을 선택하면 무조건 잃을 거라는 신념이 나 자신을 감쌌다. 시간이 아깝고, 에너지가 소모되고, 결과가 기대에 못 미칠까 걱정되었다. 내 안에 완벽주의 근성이 곧 시도를 막는 주요한 요인이었다.

성공한 사람들은 이구동성으로 말한다. 도전을 피하면 성장도 없다는 것을. 단순하지만 중요한 진리는 머리로는 쉽게 이해가 된다. 문제는 마음이 따라주지 않는다는 것. 그래서 사람들은 종종 "준비가 더 되면", "상황이 더 나아지면"이라는 핑계를 댄다. 사실 완벽한 준비란 있을 수 없다. 결국 도전은 늘 두려움을 동반한다. 뇌과학 측면에서도 새로운 시도는 뇌를 불안케 한다고 한다. 차라리 두려움이 없기를 바라는 대신, 두려움을 안고 앞으로 나아갈 수 있는 배짱을 키우는 게 낫지 않을까.

고시원 창업을 시작할 때 나는 '내가 이거 해서 망하면 어쩌지?' 하는 생각 수도 없이 했다. 그런 생각 들 때마다 긍정 확언으로 불안한 마음을 잠재우려 했다. '내가 이거 해서 물론 실수할 수 있지, 그렇지만 나는 그 과정에서 이전에 배워보지 않은 경험을 하게 될 거야!'라고 마음을 고쳐먹곤 했다. 배달요식업 사업 시작할 때도 내 주변 사람들 반대 많이 했었다. 특히 친정엄마는 "너 집에서 밥도 잘 안 해 먹는 애가 무슨 식당이냐? 네가 일도 많이 안 해 봤는데, 그런 일이나 할 수 있을 것 같아?" 내 열정과 의지를 꺾는 피드백을 수없이 들었다. 그런 말을 들을 때면 내 안에서 '맞아, 내가 요리할 줄도 모르는데, 무슨 식당 사장이야? 요리에 관심도 없고 잘할 줄도 모르는데…', '요리 잘하는 사람들이 얼마나 많은데 내가?' 이런 자기 파멸적 독백은 나를 벼랑 끝으로 몰고 갔다.

일단 인정하는 게 우선이다. 두려운 게 정상이라는 말이다. 문제는 그다음이다. 두려움을 감내해 가면서 의지적으로 도전을 한다. 분명 시행착오는 있을 수 있다. 고시원 사업을 결심하고 막상 운영을 시작하게 되었을 때 무엇부터 해야 할지 막막하기만 했다. 당장 현금이 들어오고 나가고 해야 하는 상황에서 가장 급한 일부터 해야 했다. 고시원 운영자가 바뀐 상태에서 기존 입실자들에게 마음을 편히 가질 수 있도록 안정시키는 게 급선무였다. 일의 우선순위를 정하지 못하고 우왕좌왕 입실료부터 받으려 했던 나의 불찰이 화근이 되기도 했다. 그 순간에 나는 두려웠다. '혹시라도 잘못되면 어쩌지?' 하는 불안감이 엄습했다. 뭐든 처음에는 실수와 시행착오가 있을 수 있다. 급할수록 차분한 마음으로 찬찬히 하나씩 해결해 나가면 된다. 문제 앞에서 당황만 하다간 제대로 해결할 수 없다.

배달요식업을 하겠다고 결심했을 때. 시뮬레이션을 돌려봤다. 머릿속 상상만으로 할 수 있다는 확신이 들었다. 한 번도 해 보지 않은 요식업도 불안했지만 나를 믿고 당당히 오픈할 수 있었다. 물론 경험 전에 상상을 해 보아도 실제와는 물리적 거리감이 크다는 걸 안다. 이러한 쓰디쓴 경험이 다음 새로운 시도를 하는 데 발목을 잡기도 한다. 새로운 도전에 대한 시행착오는 누구나 겪는 당연한 절차이다. 인간이라면 누구나 경험하지 않은 도전을 쉽게 결정하기란 힘든 일이다. 그럼에도 새로운 도전과 경험이 선행되지 않으면 그 어떤 변화와 성장도 이룰 수 없다.

항상 똑같은 사람으로 살기를 바라는 사람은 아마 이 세상에 거의 없을 터다. 우리는 작게 변화하더라도 어제보다 오늘이, 오늘보다 내일이 달라질 수 있기를 원한다. 이전에 해 보지 않은 경험을 마다해서는 절대 안 된다. 내가 세 번의 사업을 해 보았기 때문에 과거의 불행했던 그 자리에서 벗어날 수 있었다. 두렵고 불안하다며 그 어떤 시도도 해 보지 않았다면 나는 여전히 무기력한 삶을 살고 있을 터다. 이제는 새로운 경험이 쌓여 당당히 나아갈 수 있게 되었다. 꿈도 없던 내게 꿈이란 것도 생겼다. 그 꿈을 향해 활력 있는 삶을 살고 있다는 사실에 감사한 마음이다. 이는 두려움을 딛고 새로운 시도를 한 덕택이다.

지금 나의 삶이 맘에 들지 않고 변화하기를 원한다면 가만히 앉아 편한 것만 찾아서는 안 된다. 불편하더라도 새로운 도전이 뭐가 있을까 하며 둘러보아야 한다. 그 어떤 것에도 호기심이 없었던 때가 있었다. 만사가 귀찮기만 했다. 새로운 정보가 들어오더라도 그냥 모른 척하며 살았다. 지금 돌아보면 호기심이 생기지 않았던 건 내 탓이었다. 즉 새로운 걸 경험하고 배웠다면 자연스레 호기심이 생길 수밖에 없다는 뜻이다.

한마디로 두려움을 핑계로 나 스스로 한계를 그었던 것 같다. 중년의 나이가 되어 나와 주변 사람들의 현재의 위치를 비교하니 후회만 들었다. '나도 그때 했어야 했는데.', '그때 한다고 할걸.' 이런 후회만 하게 되었다. 후회는 해 봤자 자기 상처만 깊어지는 꼴이었다. 누구나 해 보지 않은 건 두려울 수 있다는 걸 인정하고 내 상황을 날카롭게 바라보아야 한다. 그리고 실행해 가야 한다. 남들과 절대로 비교하면서 나 자신을 괴롭혀서는 안 된다. 나는 나이며 상대는 상대라는 사실. 누구나 속도는 다 다를 수 있다. 내 페이스대로, 내 상황에서 나아가야 할 방향을 찾아야 한다. 그리고 모든 사람은 자신만의 최우선 가치가 다르다. 이는 팩트이다. '이 세상에 같은 DNA를 가진 사람이 없듯이, 사람들의 최우선 가치도 다 다를 수밖에 없다.'라고 〈시크릿 회복탄력성〉의 저자 존 디마티니 교수는 말한다.

내 안의 작은 깨달음의 씨앗이 움트기 시작하면서 그 순간부터 작은 시도들을 하나씩 이어갔다. 해 보지 않은 경험과 시도가 늘어나니 '끌려가는 삶'

에서 '이끄는 삶'으로 바뀌고 있다는 사실을 느꼈다. 예전엔 하루하루가 고된 일상이었고, 그 시간이 그저 빨리 흘러가길 바랐다. 고된 하루가 끝나면 무사히 끝났다는 사실에 안도감이 몰려왔다. 하지만 이제는 하루의 시간을 스스로 통제할 수 있다는 것에 활기가 생겼다. 어려운 일을 마주하더라도 "이건 내가 선택한 거야."라는 마음이 생기니까, 책임감도 생겼다. 낮았던 자존감도 올라가기 시작했다. 과거에는 나를 누군가의 그림자처럼 느꼈지만, 지금은 내 삶의 주인으로 돌아온 느낌이었다. 여전히 불안감은 때로 찾아온다. 과거만큼 나 자신을 누를 정도의 큰 두려움은 아니었다. 문득문득 자신 없던 과거의 나와 마주할 때가 있다. '지금 시도하는 게 너무 늦은 건 아닐까?', '이렇게 한다고 뭐가 달라질까?' 그럴 때마다 나는 내 내면의 나에게 소리 내어 대답한다. "늦어도 괜찮아. 뭔가 하고 있다는 사실이 중요해!" 타인의 평가보다 내 안의 목소리를 듣는 연습. 이것이 바로 회복의 증거다.

성장은 반드시 거창한 결과로만 이어지지 않는다. 어제보다 오늘 내가 조금 더 나를 이해하고, 오늘보다 내일 주변 사람들에게 더 따뜻한 말을 건넬 수 있다면, 이것만으로 내가 달라지고 있다는 증거 아니겠는가. 결과보다 과정이 더 중요하다.

도전은 지금도 두렵다. 하지만, 이제 두려움을 극복하려 애쓰기보다는 두려움과 함께 걷는 법을 배우고 있다. 어린아이의 모습을 자세히 들여다보면 누가 봐도 위험천만한 일을 서슴지 않고 한다. 부모는 걱정스러운 눈빛으로 아이를 바라보고 노심초사한다. 아이는 그 누구의 도움을 필요치 않고 불도저처럼 자기가 원하는 행동을 가감 없이 한다. 문제는 그랬던 아이들이 점차 나이가 들면서 어느새 새로운 일과 경험에 주저하는 모습을 보이게 된다. 이는 여러 번의 시행착오를 겪으며 원치 않는 결과를 얻으면서 스스로 좌절하게 되는 것이다. 더불어 주변의 부정적 평가도 아이의 시도를 못 하게 한다.

두려움 없이 시도했던 어린아이처럼 우리 자신도 새로운 도전에 당당할 수 있었으면 좋겠다. 한순간에 바뀌기는 어렵다. 인식부터가 시작이다. 내가 나답게 살기 위해서는 변화가 반드시 필요하다. 그 변화가 내가 원하는 성장을 가져다줄 수 있다.

내 세계를 가로막던 벽을 허물자
비로소 길이 보였다

"시도하지 않은 일에 대해서는 실패라는 말조차 할 자격이 없다." – 알랭 드 보통

'어차피 경쟁이 심하니 내가 들어가봤자 쓸데없이 힘만 빼는 거야.'라고 독백을 늘어놓았다.

가끔은 알면서도 못 움직일 때가 있다. 이렇게 살아서는 안 된다는 걸 누구보다 잘 아는데, 막상 무언가를 바꾸려고 하면 두려움이 먼저 앞선다. "지금보다 더 나빠지면 어떡하지?", "괜히 힘만 들고 아무것도 안 바뀌면?" 이런 생각들이 나아가지 못하도록 발목을 붙잡는다. 변화를 꿈꾸지만, 머릿속에서는 실패 시나리오만 그려진다. 그 결과, 오늘도 어제와 똑같은 하루를 반복하게 된다. 왜 우리는 정체된 삶에서 벗어나기가 이토록 어려운 걸까?

대학 졸업 후 대기업이나 은행에 취직하는 선배들을 보며 부러워만 했었다. 다양한 스펙을 쌓고 회사에 들어가기 좋은 조건을 만들어 가는 그들의 모습을 보며 나와는 딴 세계의 일이라고 치부해 버렸다. 해 보기도 전에 아예 선을 그어 버린 것이다. 경쟁이 치열할 거라는 나름의 자기합리화를 하였다. '어차피 경쟁이 심하니 내가 들어가봤자 쓸데없이 힘만 빼는 거야.'라고 독백을 늘어놓았다. '내가 잘할 수 있는 일을 해야지 성과가 나오는 거야.'라며 평소 잘할 수 있고 쉬운 일만 떠올리기 시작했다. 그리고는 아이들 과외

나 학원에서 강사로 취업을 결심했다. 치열한 취업 현장을 멀리하니 마음의 안도감이 올라왔다. 쉬운 걸 선택한 것이다. 가르치는 일이 나에게 적합하다고 합리화한 것이다. 처음에는 편한 직업을 선택하니 마음만은 편했다.

그러나 몇 년 후, 대기업, 전문직에서 고액 연봉을 받으며 직장에 다니고 있는 친구들과 선배를 보며 자괴감이 올라오기 시작했다. 대놓고 '잘난 체'하는 친구들을 보니 순간 내가 그들에 비해 너무 작게 느껴지기 시작했다. 그런 마음이 나를 자극하여 '나도 한번 도전해 볼까?' 하고 다니던 학원을 나올까도 생각했지만. 이미 때는 늦어있었다. 나이는 이미 20대 후반으로 넘어가고 있었고, 내가 쌓아온 스펙은 정말 별 볼 일 없었다. 남들 다 간다는 어학연수 경험도 없었고 토익 성적은 그냥 평균 수준이었다. 이런 스펙으로 은행이나 대기업에 입사하는 건 말도 안 되는 일이었다. 무엇보다 자존감이 바닥을 치고 있었다. 누가 봐도 대기업이나 은행과 같은 곳에 입사하기는 늦은 나이었지만, 그 당시 자존감만 높았어도 시도는 해 봤을 수도 있다. 긍정적 생각으로 뭐든 도전하려고 했다면 분명 후회는 없을 텐데.

돌아보면 무엇보다 마음 관리를 먼저 했었더라면 실패를 무릅쓰고 여러 도전을 감행했을 텐데. 그 점이 가장 아쉽다. 칼을 뽑았으면 무라도 잘라야지, 사회에 첫발을 들인 내가 아무런 도전을 하지 않았다는 건 결국 원하는 성장을 이룰 수 없었고 이는 고스란히 후회로 남을 뿐이었다. 다양한 경험과 시행착오를 통해 내 약점을 보완해 나갔다면 분명 새로운 기회를 찾았을 터인데. 이제는 그때의 아쉬움을 생각하며 더 이상 똑같은 실수를 반복하지 않으려 한다.

고등학교 때 난 남의 눈치를 많이 보는 편이어서 친구 사귀기가 너무 힘들었다. 그러다가 나와 성향이 다른 활발한 친구와 사귀게 되었다. 그 친구는 겉보기에도 명랑하고, 누구와도 말을 잘 건네는 친구였다. 사교성이 좋은 덕택에 나처럼 조용한 성격의 친구도 잘 품는 것 같았다. 그런 친구를 사귀게 된 그 순간, 이전에 느껴보지 않은 기분을 느낄 수 있었다. 친구가 없이 혼자 있던 때에는 학교 가는 일이 꼭 감옥에 가는 것과 같았다. 그런 내게 자존감이 높고 활기찬 친구가 내 옆에 있으니 정말 든든한 마음이었다. 그러던 어느 날, 그 친구는 어느 순간부터 내 의견은 무시한 채 자신의 의견대로 나를 끌고 가려고 했다. 내가 원하지 않는 일도 그 친구는 스스럼없이 '나 이거 하고 싶은데 같이 하자.'라면서 나의 의견은 묻지도 않았다. 내가 '나는 그거 별로 인데.'라고 말하려 하면 바로 '그럼 나 너랑 같이 안 놀아.'라고 말하며 나에게 엄포를 주기도 하였다. 그렇게 매일의 삶이 지속되니 내가 원하지도 않는 일들을 하게 되었다. 하루하루 불편한 감정이 쌓이고 쌓이니 어느 순간 눌러왔던 감정이 폭발하기 시작했다. 그러고는 화가 치밀 듯, '나 이거 안 할래.'라고 그 친구에게 큰 소리로 말하였다. 그 친구는 평소답지 않은 내 반응에 놀라 '그럼 나는 다른 친구 하영이랑 하면 돼.'라고 말하고는 나와의 관계를 매몰차게 끊어버렸다. 친구와 헤어지는 것이 두려웠지만 내 자존심이 상하는 건 더 이상 참을 수 없었다. 결국 난 혼자가 되었다. 몇 달간 혼자서 밥을 먹고 외로움을 감내하려고 하니 학교 가기가 너무 싫어졌다. 그러고는 다시 그 친구에게 가서 '내가 너에게 잘못한 것 같아, 화해하자.'라고 말하고 다시 관계를 회복하게 되었다. 지금도 그때를 떠올리면 자존심이 매우 상한다. 나에게 '독'이 되는 관계를 끊고 새로운 친구를 사귀려고 했다면 좋았을 것을. 다시 누군가를 만나고 사귀는 걸 도통 어려워했던 그때를 떠올리니 가슴이 아린다. 나를 더 아프게 하는 관계를 오히려 끊지 않고 '울며 겨자 먹기식'으로 관계를 이어가야 했던 그 시절. 자존감이 높았다고 하면 얼마든지 독이 되는 관계를 끊었을 텐데. 그때 일을 떠올리면 지금도 아쉬운 마음이 올라온다.

고등학교 3학년 때, 나는 성악과를 지원하고 싶어 했다. 평소 노래 부르는 걸 매우 좋아했고, 아버지께서 성악 전공자였기 때문에 아버지의 격려로 음악 인생을 살아보고 싶었다. 그런데 문제는 성악을 배우려면 매달 학원비가 들어가야 했다. 그 당시 우리 집 경제 상황은 학원비를 댈 정도의 상황이 아니었다. 단 한 번도 부모님께 학원을 보내달라고 졸라본 적이 없었다. 그런데 대학은 입학해야 했고, 그나마 내가 잘할 수 있는 일은 노래 부르기였다. 예체능을 선택하면 시험 성적이 높지 않아도 서울에 있는 대학에 진학할 수 있을 것만 같았다. 결국 부모님께 성악과에 지원하고 싶다고 말하고 '종로음악학원'에 등록하게 되었다.

그 당시, 시간당 7만 원의 수강료를 내며 성악 공부를 하게 되었다. 문제는 성악을 배우는 내내 열심히 배워서 입시에 합격해야겠다는 마음보다는 부모님이 매달 학원비를 내야 한다는 부담감이 가장 마음에 쓰였다. 부모님에 대한 부담감이 계속되니 더 이상 열심히 해야겠다는 마음이 들지 않았다. 결국 두 달 만에 성악 공부를 그만두게 되었다. 부모님은 갑작스러운 나의 결정에 당황해하면서도 내심 다행이라는 생각을 하시는 것 같았다. 어쩌면 빠르게 포기해 주는 딸이 고마웠을 테다. 지금도 내 꿈을 펴보지도 않고 아쉽게 내려놓았던 그때가 안타깝기만 하다. 나를 먼저 생각하지 않고 타인을 먼저 배려하고 의식했던 일이 결국 원하는 일을 해 보지 못했던 이유가 되었던 것 같다.

어릴 때는 누구나 본능적으로 타인보다 나를 먼저 생각하는 것이 일반적이다. 그런데 내가 내 자신보다 왜 상대를 먼저 의식했을까? 그 속마음에는 '내가 이렇게 돈을 들인다고 해서 과연 합격할 수 있을까? 괜히 돈만 버리는 건 아닐까?' 나에 대한 신뢰 부족이 결국 나를 지키지 못했던 것 같다. 내가 정말 잘할 수 있고, 어떻게 해서든 나는 해낼 수 있다는 자신감이 넘쳤다면 아마도 부모님의 부담보다 나를 먼저 생각했을 게 분명하다.

나의 성향과는 너무나 다른 동생은 부모님이 힘든 한이 있더라도 어떻게 해서든 자신의 요구를 표현하곤 했다. 그런 동생이 욕심 많고 이기적으로 보이기도 했다. 그런데 사실 동생의 행동은 지극히 자연스러운 행동이었다. 즉 나만의 '한계'에 갇혀 내 성장을 꾀하지 못했던 나보다는 동생이 오히려 후회가 없을 거다. 사람들은 환경, 관계, 상황 등의 기준을 잣대로 변화로 나아가길 두려워한다. 내가 어떤 이유로 하고자 하는 일에 대해 주저하고 있는지. 그 원인을 파악하고 변화를 시도할 수 있어야 한다. 고인 물에 있다 보면 썩듯이, 내가 그 고인 물에 있다는 걸 인식한 후 빠져나올 수 있는 용기가 필요하다.

나는 2021년 3월부터 나 자신의 변화를 꾀하기 위해 살을 빼기로 결심했다. 그 당시 내 체중은 70kg을 넘었다. 즉 '거구' 같다는 말을 자주 듣곤 했다. 보기에도 뚱뚱하니 옷 가게 가는 게 두려웠다. 어렵사리 용기를 내어 옷을 사러 가면, 직원이 친절하게 옷을 골라주는 일이 드물었다. 그에 비해 날씬한 동생과 옷을 사러 가면 나보다는 동생에게 직원이 집중하며 옷을 골라주었다. 그런 일들이 번번이 계속되었고, 나는 자존감이 계속 나락으로 떨어졌다. 불편한 감정이 계속됐지만, 변화하겠다는 생각은 해 보지 못했다. 그냥 내면에는 '내가 뭐 그렇지. 나는 원래 뚱뚱하니까.' 이런 식의 자기 파멸적 독백만 했다. 변화하겠다는 의지는 꿈도 꿀 수 없었다. 사람들은 내게 '살만 빼면 미인이겠는걸.'이라는 말을 많이 했다. 그들이 하는 말은 그저 '접대용' 말로만 들렸다. 내가 나를 낮추어 생각하니 오랜 시간 '뚱뚱하고 못생긴' 모습이 바로 나였다. 그 당시 '나는 아름다운 사람이야, 나는 뭘 입어도 예뻐.'라고 생각했다면 아마도 늘어난 체중을 빼야겠다는 생각 바로 했을 것이다.

책을 읽고 나를 바라보기 시작하면서 '셀프 러브'가 왜 중요한지를 깨닫게 되었다. 나를 존중하고 나를 사랑하니 자연스럽게 다이어트, 운동으로 이어지게 되었다. 나를 '혐오하던 나'에서 빠져나오지 못했다면 지금도 나는 '뚱뚱하고 자기 관리 안 되는' 그런 사람으로 살고 있었을 터다.

　지인들 중 본인이 필요하지도 않은데 남들 보기 좋다는 이유로, 사치를 부리며 물건을 사 모으는 경우 종종 보게 된다. 설령 경제적으로 여유가 된다고 해도 쓰지도 않는 물건을 자꾸 사서 쌓아두는 것은 바람직해 보이지 않는다. 물론 경제적 여유가 있어서 취미라고 말한다면 더 이상 할 말이 없다. 문제는 경제적 여유가 안 되는 상황에서도 맨날 '돈 없다, 돈 더 벌어야 해.'라며 입버릇처럼 말하면서 사치 습관을 버리지 않을 때 자신에게 독이 될 수 있다.

　정체된 삶에서 벗어나기 위해 필요한 건 거창한 용기가 아니다. 작은 '내 편 들기'에서 시작된다. 스스로를 믿는 힘, 나를 더 이상 깎아내리지 않는 태도, 실패할지도 모른다는 두려움을 안고도 한 발 내딛는 결심. 인생은 완벽한 타이밍을 기다려 주지 않는다. 나중이란 건 오지 않을 수도 있다. 지금 이 순간, 가장 먼저 바꿔야 할 건 상황이 아니라 자기 자신에 대한 믿음이다. 끝없이 비교하고 포기하던 과거의 나에게 '쿨하게' 작별을 고하자. 이제는 누군가의 기대가 아닌, 진짜 '내가 원하는 삶'을 위해 나아가야 한다. 멈춰 있는 당신에게 말하고 싶다. 두려운 건 당연하다. 하지만 지금 이 순간 용기를 내는 것이, 앞으로의 삶을 통째로 바꿀 수 있다.

3

주인공인 척했지만
사실은 내 인생의 방관자였다

순종적으로 살아야 힘들게 하루하루 애쓰는 부모님을 돕는 길이라 생각했다.

나는 어릴 때부터 자존감이 매우 낮았다. 오 남매 중 셋째로 자랐다. 경제적으로 바쁘신 부모님께 나는 언제나 '말 잘 듣는 착한 딸'로 인정받았다. 그렇게 순종적으로 살아야 힘들게 하루하루 애쓰는 부모님을 돕는 길이라 생각했다. 다들 어릴 때는 하고 싶은 게 있거나, 먹고 싶은 게 있으면 부모님께 떼를 부리며 어떻게 해서든 자신의 욕구를 채우려 한다. 그러나 나의 경우엔, 떼를 부려 본 적 없다고 늘 부모님은 칭찬하셨다. 그런 칭찬이 어느 순간부터 짜증으로 바뀌기 시작했다. '내가 말 잘 듣는 사람이었다고? 나도 언니가 다니는 그런 유치원 가고 싶었는데?' 마음속으로는 내가 하고 싶었지만 못 했던 이야기를 차마 부모님께 말해본 적이 없었다.

그렇게 자라고 보니 학교생활에서도 아이들과 원만한 관계를 이어갈 수 없었다. 학교에서는 친구 없이 혼자서 밥을 먹어야 했고, 나는 언제나 친구들, 선생님 눈치 보기 바빴다. 남들 의식을 많이 한 탓에, 내 손에는 언제나 긴장 상태로 땀이 흥건히 젖어 있었다. 누군가 말을 걸라치면 깜짝깜짝 놀랄 때가 한두 번이 아니었다.

이러한 긴장하는 태도는 어른이 돼서도 크게 바뀌지 않았다. '불안'은 언제나 나와 함께였다. 내 의견을 소신 있게 표현하는 건 말도 안 되는 일이었다. 대학에 갈 때도 나는 부모님의 의견을 전적으로 따를 수밖에 없었다. 어쩌면 부모님이 내 모든 것을 결정해 주길 바랐는지도 모른다. 결국 종교적 성향이 강하신 아버지의 의견에 따라 '종교학과'에 입학하게 되었다. 재미도 없고 내 관심사와는 거리가 먼 학과를 선택하는 것이 마음 편한 선택 같아 보이진 않았다. 솔직히 중어중문학과 또는 영어영문학과에 진학하고 싶었다. 스스로 내 의견을 자신 있게 표현하기 두려웠던 나는 아버지의 말씀에 그냥 따를 수밖에 없었다, 아버지가 말씀하신 대로 종교학과에 입학해서 당신이 원하는 대로 '수녀'가 되었으면 했다. 내가 바라던 꿈도 아닌데, 아버지가 말씀하시니 나는 그렇게 하는 게 맞는 거라고만 생각했다. 나는 부모님께 언제나 말썽 일으키지 않는 '착한 딸'이었으니 말이다.

나는 아버지 의견대로 종교학과를 어렵사리 마쳤다. 문제는 졸업 후 취업이 어려웠다. 인문학 계열이 상경 계열에 비해 취업하기 어려웠다. 더구나 '종교학과' 전공으로는 현실적으로 직장 구하기가 '하늘의 별 따기'였다. 그 순간 깨달았다. 내가 원하는 어학 계열로 진로를 결정했었더라면 그나마 취업하기 덜 힘들었을 텐데. 이미 때는 늦었다. 4년 동안 나는 현실과는 무관한 이상적이고 추상적인 공부만 해왔을 뿐이었다.

아버지께 탓해봤자 소용이 없었다. 결국 내가 선택한 일이었다. 내가 나를 믿지 못하고 상대에게 의존했던 나의 불안이 결국 내 소신껏 판단하지 못하게 된 이유였다.

내가 나를 믿는 일이 가장 우선시 되어야 했다. 나를 신뢰하지 못한 상태로 사회에 나가서도 대담한 도전이 어려웠다. 취업이 어려워 결국 학교 취업 상담실을 방문하였다. 취업 상담실에서는 그 당시 승무원이 될 수 있는 프로그램을 안내하고 있었다. 이력서 쓰는 법부터 면접 방법까지 세세한 설명 방식이 맘에 들어 참여해 보기로 했다. 수업을 들으며 '나도 승무원이 될 수 있겠다'라는 자신감을 가지려 애썼다. 다행히 1차 서류에 합격할 수 있었다. 그리고 2차 면접을 보게 되었다. 승무원복을 입고 면접을 치르는 날, 나는 충격에 사로잡혔다. 면접 보는 학생들 대부분이 아름답고 자신감이 넘쳐 보였다. 그에 비해 나는 너무 초라하고 영어로 질문하는데 제대로 답변이 어려웠다. 일단 면접 보기 전부터 상대의 모습과 당당한 기운에 이미 자신감이 떨어졌다. '나는 된다.' 하고 면접에 응했었다면 아마도 결과는 좋았을 수도 있다. 그런데 나는 면접 보기 전부터 나와 타인을 비교하며 '저 사람들과 경쟁이 안 되겠구나.' 싶은 마음을 갖게 된 건 실패를 위해 그 면접을 보는 거나 다름없었다. 생각이란 거 이토록 중요하다. 단 하나의 부정적인 생각이 나를 감싸니 그 어떤 말도, 표정도 자신감을 드러낼 수 없었다. 내가 면접관이라고 해도 나처럼 불안정하고 자신감 없어 보이는 사람을 뽑을 리는 없었다. 결국 한 번의 실패로 승무원의 꿈을 접어야 했다.

대체 '나를 받아줄 곳은 어디에 있을까?' 하며 걱정을 달고 살던 어느 날. 문득 어려운 취업의 문을 뚫고 경쟁하느니 능력 있는 남자를 만나 결혼하는 게 더 빨라 보였다. '어차피 좋은 직장에 못 들어갈 텐데 차라리 결혼이나 하자.' 그 순간부터 열심히 남자를 만나기 시작했다. 그런데 자존감 낮은 나를 매력적으로 보는 남자가 과연 많았을까. 소개를 받아 만나는 사람들 모두 결혼이 목적인 나에게 얼마나 매력을 느꼈을까. 돈을 좇으면 돈이 오히려 멀어진다는 명언처럼 결혼이 목적이었던 나에게 오히려 결혼이란 거 내게서 더 멀어지고 있었다. 즉 남자를 만나서 오랜 시간 교제가 어려웠다. 20대 후반부터 30대 후반까지 결혼을 목적으로 시간을 허비하고 있었다.

대략 10년이란 시간이 그렇게 흘렀다. 제대로 된 배우자를 만나지 못한 나에게는 희망이란 게 없어 보였다. 결국 난 무기력에 빠졌다. 모든 걸 내려놓고 싶었다. '난 좋은 사람 만나기 어려운가 보다.'라고 스스로 결론을 내렸다. 바로 그때 지금의 남편을 만나게 되었다. 무언가에 집착하니 그 목적을 이룰 수 없다는 걸 깨달았다. 결혼을 온전히 내려놓으니 결혼이 어느새 내 앞에 다가와 있었다. 그토록 바라던 결혼은 골인했다. 그런데 여전히 나는 나 자신을 믿지 못했다. 평생 낮았던 자존감이 한순간에 높아질 리 없었다. 문제는 자존감을 높이기 위한 노력도 없었다. 아니 방법조차 몰랐다.

그토록 바라던 결혼 생활을 한 지 6개월이란 시간이 흘렀다. 결혼만 하면 아이 갖는 건 당연하게 생각했었다. 우리 부부에게는 임신 소식이 당연하지 않았다. 나와 남편 둘 다 늦은 결혼이라 빨리 아이를 갖고 싶었다. 불행하게도 우리 부부는 자연 임신으로 아이를 갖기 어렵다는 의사의 검사 결과를 듣게 되었다. 나와 남편은 청천벽력 같은 그 소식을 받아들이기 어려웠다.

다행스러운 건 병원 진료와 한의원 치료를 병행해 나갔다. 기적처럼 자연 임신으로 큰아이를 갖게 되었다. 그렇게 귀하게 얻은 아이. 우리 부부는 정말 잘 키우고 싶었다. 내가 자라면서 못 받은 교육과 환경을 우리 아이에게 만큼은 제대로 해 주고 싶었다. 특히 아이들에게 다른 것보다 독서 교육만은 수준별로 해 주고 싶었다. 그래서 대형 출판사에 문을 두드렸다. 임신 초기부터 아이를 위한 독서 프로그램에 관심을 갖기 시작했다. 내 아이를 위해서라면 무엇이든 해 주고 싶었다. 나 어릴 때처럼 열악한 가정환경에서 낮은 자존감으로 키우고 싶지 않았다.

감사하게도 연년생으로 둘째 아이도 생겼다. 아이 둘을 양옆에 앉혀 놓고 매일 수십 권의 책을 읽어주었다. 아이들에게 읽어주는 책이 늘어가면 갈수록 내 안에는 낮았던 자존감이 올라가는 듯했다. 아이들이 누워 있을 때부터 책을 읽어주다 보니 그 또래 아이들보다 말 배우는 속도가 빨랐다. 큰아이는 생후 6~7개월부터 웬만한 단어들을 말하기 시작했다. 아이가 돌 될 때쯤에는 문장을 말하기 시작했다. 주변에서는 말이 빠른 큰아이를 보며 감탄하기 시작했다. 그런 평가를 받을 때면 내가 무언가를 성취한 기분이었다. 목이 터져라 고생한 보람이 있었다. 아이들의 성장이 곧 내 성장임을 착각하고 있었다. 내가 어릴 때 경험하지 않았던 그 경험을 아이들은 나를 통해 하고 있었다.

지금 돌이켜보면 아이에게 쏟은 열정은 다름 아닌 '대리 만족'이었다. 문제는 아이들이 성장하면서 나도 성장했느냐, 그건 아니었다. 아이들은 분명 나를 통해 성장해 가고 있었다. 그에 비해 내 모습은 점차 초췌해지고 있었다. 이는 겉모습만이 그런 게 아니었다. 마음도 점차 우울해져 가고 있었다.

힘없이 쪼그라져 있던 내가 나 자신에게 물었다. '너는 정말 행복하니?'라고 물었다. 답은 '아니다.'였다. 거울을 통해 내 모습이 보였다. 몸은 뚱뚱하고 얼굴에는 주근깨가 더덕더덕 붙어 있는 거무스름한 혈색의 못생긴 여자가 거울 앞에 서 있었다. 아이들만을 위해 살았던 몇 년의 시간. 나를 위한 시간이 전혀 없었다. 내가 하고 싶은 것도, 내가 먹고 싶은 것도 제대로 해 본 적 없었다. 어릴 적에도 나를 위한 시간 가진 적 없었는데. 어른이 되어 결혼을 했지만 내가 나를 위해 하는 건 전혀 없었다.

아이를 키우면서 남편은 나에게 로맨틱한 말 한마디 해 준 적 없었다. 우리 부부는 그냥 '동거인'이었을 뿐이다. 생각해 보니 내가 원하던 삶은 이런 게 아니었다. 그때부터 내가 나에게 질문을 던지기 시작했다. 나는 왜 이 세상에 태어난 것일까. 두 아이를 잘 키우기 위해서 내가 존재하는 걸까. 그럼 나는? 아이만을 키우기 위해 이 세상에 나오진 않았을 텐데. 나의 존재에 대한 물음이 꼬리에 꼬리를 물기 시작했다. 여러 물음 앞에서 나는 그 어떠한

   아이 둘 엄마, 사업으로 성장하다

명확한 답변도 내릴 수 없었다. 내가 그토록 열심히 살아왔는데. 주변에서는 '수고한다'는 말 외에는 나에게 큰 의미로 다가오지 않았다.

누군가에게 듣는 위로와 칭찬보다 어쩌면 내가 나를 인정해 주는 시간이 없었다. 나는 두 아이를 위해서만 존재하는 사람 같았다. 나는 누가 봐도 지금껏 성실히 잘 살아왔다. 나를 위해 시간을 쓰기보다 아이를 위해서라면 그 어떤 희생도 감내할 자신이 있었다. 그건 누가 봐도 잘 살아온 것처럼 보일 수 있다. 그런데 내가 나를 돌아보니 나를 위해 잘 산 삶은 절대 아니었다. 외식을 해도 내가 좋아하는 음식보다는 아이들 입맛에 맞는 메뉴만 골랐다. 내가 나를 위해 쓰는 비용은 아까웠지만, 아이들 교육에 들어가는 비용은 전혀 아깝지 않았다. '나를 위한 사랑'이 너무 없었다. 아이를 키우는 그때 그 시간에는 전혀 몰랐다. 그렇게 사는 것이 맞는 것이라 믿었다. 이는 집착에서 비롯됐다는 사실 한참 후에야 깨닫게 되었다. 수십 년간 굳어져 왔던 낡은 생각의 패턴들. 그리고 낮은 자존감은 나를 좀 먹는 줄 몰랐다. 자존감이 낮은 채로 살아온 삶은 결국 나를 가장 소중하게 대하지 못했던 주요한 이유였다. 나는 언제나 타인의 기대에 맞추려 했다. 내 만족보다는 타인에게 인정받으려 애썼다.

내가 아닌 남을 기준으로 살다 보니 결국 본래의 '나'라는 사람은 점점 힘을 잃어갈 수밖에 없었다. 돌이켜보면 나 자신을 사랑하지 않았던 게 아니라, 사랑하는 법을 몰랐었다. 나를 먼저 챙기는 게 이기적인 게 아니라는 사실, 나를 돌보는 것이 먼저여야 가족도, 아이도 제대로 돌볼 수 있다는 걸 비로소 깨달았다. 당신도 혹시 '좋은 사람', '착한 사람', '누군가의 엄마'로만 살아가고 있지 않은가? 그렇다면 이제는 당신 자신에게 묻고, 대답해 줘야 할 시간이다. "나는 지금 행복한가?" 그 물음에 자신 있게 "그렇다."라고 말할 수 있어야 진짜 나에게 의미 있는 삶이다. 당신이 괜찮다고 말해주지 않으면, 세상 누구도 당신에게 그런 말을 해 주지 않는다. 이제는 당신이 당신을 위로하고, 인정하고, 응원해 주어야 할 때다. 나를 사랑하는 일, 그것이 모든 변화의 시작이다.

4

무기력의 늪에서 발견한 '가짜 나'의 실체

"우울은 약한 사람이 겪는 문제가 아니라, 오래 버틴 사람이 무너질 때 나타난다." – 『Lost Connections』, 요한 하리

우울은 어느 날 갑자기 찾아온 불운이 아니라, 나를 무시하며 견뎌온 시간이 보내온 신호였다. 나는 이제 억지 긍정으로 상처를 덮는 대신, 무릎에 난 상처를 씻어내듯 내 아픔을 정직하게 마주하기로 했다.

우울은 느닷없이 찾아오는 게 아니다. 오랜 시간 쌓인 무게가 어느 날 문득 무너지는 것이다. 나에게도 우울은 그렇게 찾아왔다. 두 아이를 키우며, 나를 돌보는 일은 늘 뒷전이었다. 아이들의 밥, 잠, 감정, 발달, 안전이 내 삶의 우선순위였다. 나라는 사람의 삶은 그 하루의 어딘가에 끼어들 틈조차 없었다. 거울 속 나는 점점 낯설어졌고, 문득 이런 생각이 들었다. '나는 아이 키우는 기계인가?' 존재 의미를 묻는 이 질문은, 어쩌면 이미 한참 전부터 깊은 내면의 나에게 물어온 것이었다. 그렇게 나는 우울함에 잠식되고 있었다.

내가 우울한지도 몰랐다. 주변에선 나의 말과 행동을 보며 '너 우울증 아니야?'라며 병원에 가볼 것을 권했다. 보통 우울한 사람들은 '나는 그런 거 아니야, 그냥 기분이 나쁜 것뿐이야.'라며 회피하려 한다. 나도 그랬다. 하루는 아이들 어린이집에서 전화가 왔다. "어머니, 아이가 친구들에게 해서는 안 될 말을 하고 폭력을 써요, 아무래도 아이 심리 치료를 받아보게 하면 좋

겠어요."라며 아이 상태를 말해주었다. 그 전화를 받고 든 생각은 '내가 그간 아이들만 바라보며 열심히 키웠는데, 뭐가 문제인 거야?'라며 자괴감이 들기 시작했다. 열심히 한 것에 대한 보답이 고작 이건가 싶어 부정의 늪으로 빨려 들어가고 있었다. 꼬리에 꼬리를 무는 부정의 생각이 나를 괴롭혔다. '내가 뭐 그럼 그렇지.', '내가 못났으니 아이들도 그런 거야.', '나는 결혼해서는 안 될 사람이었어, 아이들을 불행하게 만든 장본인이잖아.', '나는 예상했던 대로 인생 루저야, 나도 아이들도 불행한데 뭐 달라질 게 뭐가 있겠어?' 이런 부정의 사고가 끊임없이 나를 뒤흔들어 댔다.

하루하루가 지옥이었다. 그토록 바라던 결혼도 했고, 어렵사리 늦은 나이에 두 아이도 얻었지만 그게 끝이었다. 허탈했다. 내가 진짜 원하던 게 아니었다. 내가 이 세상에 태어난 진짜 이유가 이건 아니었다. 결혼과 육아는 대부분 사람들이 나이 들면 하는 평범한 일상에 불과했다. 나라고 해서 그 2가지 일을 해낸 게 아니었다.

물론 나와 남편에게 온 두 아들은 기적과 같은 존재였다. 하마터면 못 만났을 수도 있던 두 아들. 부모로서 정말 잘 키우고 싶었다. 두 아이를 잘 키우고 싶던 마음의 비중보다 나를 위한 삶에 좀 더 초점이 맞춰져 있었다면 우울로 빠지진 않았을 터다. 내 마음과 감정을 생각하며 내 삶을 건강하게 유지했더라면 나도 아이들도 행복했을 거다. 나와 상대를 바라보는 마음이 균형을 이뤘어야 했다. 그게 가장 아쉬운 바다.

맨날 먹는 밥, 쌓인 설거지 하기가 버거울 때 외식을 선택했다. 문제는 나도 아이들도 둘 다 만족스러운 메뉴를 고르긴 어려웠다. 아이들이 좋아하는 메뉴가 먼저였다. 나와 남편은 아이들이 남긴 음식을 먹고 만족해야 했다. 아이들 돌보는 일에 지칠 때면 잠깐이라도 쉬고 싶었다. 어릴 때부터 돈 쓰는 것에 민감했던 나, 외식해도 낭비해서는 안 된다는 생각이 컸다. 외식에서 내 몫을 당당히 시키는 건 낭비가 아니었다. 그런데 그때는 어린 두 아들은 어른 한 몫으로 생각하고, 두 개의 다른 메뉴를 시키면 그건 고스란히 내 몫이라 생각했다. 언제나 내 몫은 없었다. 내 몫이 없다는 건 결국 내가 쓸모없는 존재라는 뜻. 이걸 난 미처 깨닫지 못했다. 내가 나를 인정하지 않는데 나 아닌 타인을 사랑하고 품는 건 말도 안 되는 일이었다. 내가 나를 먼저 인정했어야 했다.

나를 인정하지 않던 사고 패턴은 어릴 때부터 시작되었다. 나보다는 상대를 먼저 배려해야 한다고 배웠다. 특히 내 욕구보다는 부모님의 입장을 먼저 배려하려 했다. 언제나 부모님께 순종하는 딸인 이유가 바로 그런 생각에서 비롯되었다. 경제활동보다는 봉사에 집중하는 아버지를 대신해 애쓰는 엄마를 내가 배려해야 한다고 믿었다. 내가 바라보는 엄마의 모습은 언제나 지치고 힘겨워 보였다. 그런 엄마의 모습을 보며 내 미래가 밝을 것이라 단 한 번도 생각해 본 적 없었다. 그만큼 내 주변 환경, 현실은 어둡기만 했다.

그야말로 나는 '흙수저'였다. 아무리 노력해도 난 절대 '안 되는' 사람이었다. 어차피 내 부모도 가난했고, 나도 제대로 지원받지 못하고 자랐으니 잘될 리는 없었다. 그게 악순환의 고리였다. 하나의 희망의 빛이 그 악순환의 방향을 틀어놓았더라면. 아마도 난 우울함의 늪으로 빠지진 않았을 터다. 계기가 필요했다.

K라는 동창이 있다. K는 자신이 오랜 시간 다니고 있는 회사에서 제대로 인정받지 못하는 시간을 보냈다. 하루 종일 열심히 일하고도 잘했다는 말보다 '더 할 수 있을 텐데.'라는 말로 모든 노력이 부정당하는 느낌이라 했다. 처음엔 그런 반응에 분노했고, 나중엔 무기력으로 변하였다고 했다. 결국 그는 "내가 잘못된 걸까?"라는 자책에 빠지며 우울로 번졌다. 문제는 그 누구도 그의 마음을 알아주지 않았다. 그 친구가 잘못한 건 없었다. 그의 노력에

상대가 모를 뿐이었다. 결국 자기 자신도 자신의 노력을 인정하지 않게 되었다. 이는 곧 우울로 빠지는 이유였다. 그가 처한 상황, 환경이 잘못된 건 전혀 없다. 그 상황과 환경을 어떻게 바라보느냐가 문제다. 시선의 문제라는 이야기다.

H라는 지인이 있다. 그녀는 타인의 시선을 지나치게 의식하며 살았다. SNS에 올라온 사람들의 삶은 언제나 행복해 보였고, 그녀는 끊임없이 자신을 비교하며 초라함을 느꼈다. '나는 왜 저렇게 살지 못할까?'라는 열등감은 점점 자존감을 갉아먹었고, 결국 어떤 선택도 자신 없게 만들었다. 남들이 보기엔 아무 문제 없이 보였지만, 그는 내면 안에서 조용히 무너지고 있었다. 우울함은 한 번의 사건, 한 번의 기분 나쁜 상황으로 바로 나타나는 게 아니다. 삶의 방향성을 잃고 감정이 무너지는 빈도수가 쌓이면서 나타나게 된다. 우울함이 올라오는 것 같다면 그 원인이 무엇인지 따져 물어야 한다. 문제의 원인을 살펴 해결하려 한다면 깊은 우울의 늪으로 빠지진 않을 것이다.

날씨가 따뜻한 봄날, 지하철에서 우연히 만난 한 60대 여성. 우연히 그녀와 이야기를 나누게 되었다. 그녀는 가족을 위해 평생 헌신해 왔다. 남편 뒷바라지, 아이들 교육, 집안일까지 쉬지 않고 달려왔다고 한다. 그런데 아이들이 독립하고 나자, 그녀에게 남은 건 공허함뿐이었다. '이제 나는 뭘 위해 살아야 하지?' 자신만의 삶이 없었던 그녀. 오로지 아이들과 남편 뒷바라지만 했던 그녀에게 아이들의 성장과 독립, 남편과의 사별, 결국 그녀 자체의 존재 의미를 잃어버릴 수밖에 없다.

이처럼 우울의 원인은 다양하다. 누군가는 과도한 책임감 속에서, 누군가는 비교와 기대 속에서, 또 누군가는 상실의 공백에서 우울을 마주한다. 중요한 건, 그 어떤 우울도 '별거 아닌 일'로 치부되어선 안 된다. 겉으론 멀쩡해 보여도, 마음속 깊은 곳에서는 수많은 감정이 서로 충돌하고 있을 수 있다.

내가 겪은 우울도 그랬다. 단지 육아가 힘들어서가 아니었다. 그 안에는 '나'라는 존재가 없었다, 나조차도 알아주지 않는 외로움이 있었다. 우울은 어떤 한순간의 감정이 아니다. 그것은 나를 무시하고 참아온 시간이 축적된 결과다. 그렇기에 우울을 이해하기 위해서는 그 원인을 정직하게 바라볼 필요가 있다. 무턱대고 부정의 기억을 긍정으로 돌리려 해서는 안 된다. 내가 왜 힘든지를 정확히 마주해야 한다. 계단에서 넘어져 무릎에 상처가 났다. 상처가 났다고 그 상처 부위를 밴드로 그냥 붙이면 안 된다. 그 상처 부위를 깨끗이 씻고 소독한 후, 약을 바른 후 밴드를 붙여야 한다. 이처럼 아프다고 상처를 피해 가서는 안 된다. 마음에 상처가 났다면 그 마음을 있는 그대로 바라보고 인정해야 한다. 그것이 회복의 첫걸음이다.

자기 계발을 시작했을 무렵, 긍정 확언의 반복이 얼마나 중요한지를 깨닫는 순간이 있었다. 그때 이후로 부정적 감정이 올라올 때마다 무조건 긍정의 언어로 불편한 감정을 덮어버리려 했다. 물론 부정어보단 긍정어를 반복하는 건 어느 정도는 좋은 효과를 가져온다. 그런데 문제는 해결 없이 무조건 덮는다고 없어지는 게 아니었다. 오히려 상처가 곪아 터지며 비슷한 상황에서 더 큰 상처로 다가온다는 사실이다. 공감이 일 순위라는 말이다. 내가 내 감정을 첫째로 읽어주고 공감해 주어야 감정의 폭발로부터 자신을 지킬 수 있다. 우리는 상대의 우울을 가볍게 단정 지을 수 없다.

그 이유는, 상대의 우울 속에 한 사람의 삶 전체가 담겨 있기 때문이다. 우리는 때로 서로의 고통을 쉽게 판단하지만, 진짜 필요한 건 판단이 아니라 이해가 먼저다. 당신이 어떤 이유로 힘들었는지, 그 이야기를 들어주는 사람, 그리고 무엇보다 그 이야기를 들어주는 나 자신. 우울은 그렇게 조금씩 빛을 마주할 수 있다. 나에게도 우울이라는 감정을 받아들이는 데에 한참의 시간이 걸렸다.

내가 만약 내 상황과 감정을 받아들이게 되면 나를 실패자로 인식하는 게 두려웠다. 내 안에는 언제나 '나는 괜찮아야 해.', '엄마니까 강해야 해.', '다들 이렇게 사니까 나도 참고 살아야 해.' 이런 생각들이 무기력으로 몰고 갔다. 하지만 돌이켜보면, 그건 내가 진짜 괜찮아서가 아니라, 그래야 한다는 가정, 사회의 통념 속에 길들여 온 반응이었다. 내가 진짜 괜찮아지려면 내가 나의 감정을 인정하는 것에서부터 시작되었다. 거울을 보며 나에게 물었다.

"지금 네 감정은 어떤 색깔이니? 넌 어떨 때 행복하니?" 이 질문에 뜨거운 눈물이 볼을 타고 흘렀다. 내 안의 감정은 슬픔과 외로움, 억울함과 미안함으로 뒤섞여 있었다. 복잡하게 얽히고설킨 감정의 실타래를 풀어야 했다. 해결되지 않은 감정이 켜켜이 쌓이고 쌓이니 결국 내 안의 감정은 탁하게 변해 있었다. 감정은 누른다고 사라지지 않는다. 감정은 건강하게 표현해야 한다. 말해야 할 때, 표현해야 할 때 하지 못하면 결국 곪아 터지게 되어 있다. 내 안에서는 '나 좀 제발 바라봐 줘.'라고 말하고 있었는데 말이다. 그 작은 외침에 귀 기울이기 시작하자, 우울은 적이 아니라 내가 내면을 다시 만나게 해주는 통로가 되었다. 회복은 어느 날 갑자기 찾아오지 않는다.

다만 내가 나를 이해하고 돌보는 날이 조금씩 쌓일 때 찾아온다. 지금 이 글을 읽으며 당신 마음속 어딘가가 찌릿했다면, 그건 당신 안에 소중한 감정이 살아 있다는 신호이다. 괜찮지 않아도 괜찮다. 지금의 아픔은 약함이 아니라, 무시당했던 감정이 마침내 당신에게 말을 걸고 있는 순간이다. 우리는 누구나 인생에서 한 번쯤 무너진다. 중요한 건 무너지지 않는 것이 아니라, 무너진 나를 어떻게 다시 마주하느냐이다. 당신이 울고 싶을 때, 누군가 "그래도 힘내."라며 덮어버리지 않길 바란다. 당신의 눈물, 당신의 외로움, 당신의 억울함은 이유 있는 감정들이다. 그 감정을 무시하지 않았으면 좋겠다. 억지 긍정보다 필요한 건 진짜 감정에 귀 기울이는 일이다. 회복은 '괜찮아

   아이 둘 엄마, 사업으로 성장하다

야 해.'라는 강박이 아니라, '지금 난 이런 감정을 느끼고 있구나.' 하고 스스로를 이해하는 데서 시작된다.

당신은 이미 충분히 잘하고 있다. 누군가의 엄마로서, 아내로서, 친구로서, 동료로서. 그리고 무엇보다 '당신 자신'으로서. 지금은 조금 지쳐 있어도 괜찮다. 잠시 멈춰도 괜찮다. 중요한 건, 당신 마음을 당신이 알아주는 일이다. 그것이 가장 깊고 따뜻한 위로가 된다.

세상 누구보다 당신이 당신의 편이 되어주면 좋겠다. 어둠 속에서 빛을 찾는 여정은 절대 혼자가 아니다. 당신이 손을 뻗으면, 그 손을 잡아줄 누군가가 분명 있다. 그 손을 잡아줄 첫 번째는 바로 당신이다. 그러니 이제 당신 스스로에게 이렇게 말해주면 어떨까. "괜찮아, 넌 충분히 잘하고 있어. 내가 네 마음을 누구보다 잘 알아."

5

지옥 같던 비교의 늪,
창살 없는 감옥

"비교는 기쁨을 훔치는 가장 빠른 방법이다." – 시어도어 루스벨트

질투의 감정으로 내가 원하지 않는 일을 선택해서 곤욕을 치렀다.
내가 진정으로 원하는 일을 선택해야 본인만의 잠재력을 한껏 펼칠 수 있다.

나는 어릴 때부터 동생과 비교당하며 자랐다. 같은 부모 밑에서, 같은 집에서 자랐지만, 사람들의 눈에 우리 자매들은 전혀 다른 존재였다. 동생은 밝고 활달했다. 낯가림도 없고 누구와도 잘 어울렸다. 동생은 눈치도 빨랐다. 사랑받는 방법을 그 누구보다 잘 알아 어딜 가든 귀여움을 독차지했다. 동생에 비해 나는 조용했고, 욕심이 없었다. 사람들 앞에 나서는 것 자체를 부담스러워했다. 주변 사람들은 나와 동생을 보며 "네 동생은 어쩜 저렇게 씩씩하니?", "너도 좀 자신감 있게 행동해 봐." 대놓고 동생과 나를 비교하였다. 별 뜻 없이 한 말은 나에게 상처를 안겨주었다.

남들 앞에서 춤추는 걸 좋아했던 동생은 어느 날, 연예인이 되겠다며 부모님을 조르기 시작했다. 아무리 떼를 써도 부모님은 동생의 욕구를 채워줄 수 없었다. 이유는 2가지였다. 먹고살기도 바쁜데 동생의 학원비를 대줄 수 없었다. 두 번째는 부모님의 보수적인 생각 때문이었다. 연예인이 되는 건 잘

못된 길로 흐르기 쉽다는 생각 때문이었다. 결국 동생의 성화에 못 이겨 외할머니께서 학원비를 대주시겠다고 했다. 그 이야기를 듣고 나도 동생처럼 학원에 함께 다니겠다고 떼를 쓰게 된 것이다. 그 이전까지는 내가 배우고 싶은 게 있어도 말 한번 해 본 적 없던 내가 동생에게 기회가 생긴다고 생각하니 질투가 올라왔었나 보다. 나의 강한 요구에 외할머니는 우리 두 사람 모두 학원에 등록해 주셨다. 학원에 막상 들어가 수업을 듣다 보니 무대 앞에 자주 서서, 자신만의 끼를 한껏 뽐내야 했다. 질투의 감정으로 인해 동생과 함께 학원 등록에는 성공했지만 무대에 자주 서야 하는 일이 나에겐 큰 부담이었다. 동생은 무대에 서는 걸 즐겨 했지만 나는 아니었다.

결론적으로 그 일은 내가 진짜 원하는 일이 아니었다. 질투의 감정으로 내가 원하지 않는 일을 선택해서 곤욕을 치렀다. 많은 이들은 자신이 원하는 일이 아님에도 타인의 기준 즉 사회가 말하는 잣대로 남의 삶을 사는 경우가 많다. 어릴 때건 어른이건 구분할 필요 없이 내가 진정으로 원하는 일을 선택해야 본인만의 잠재력을 한껏 펼칠 수 있다. 결국 동생과 함께 다니던 학원은 중도 하차하게 되었다. 이때 경험했던 기억은 어른이 돼서도 사라지질 않았다. 오히려 그 사건을 통해 나는 동생보다 못한 존재라고 강하게 각인시키는 계기가 되었다.

나는 동생과 강점이 다른 것뿐이다. 사람마다 타고난 장점이 다르다는 걸 인정했었더라면 적어도 자존감에 상처받는 일은 없었을 텐데. 그게 가장 아쉽다. 도전했지만 그 기회가 나의 성향에 맞지 않았을 뿐이다. 나는 다른 분야에 관심이 더 많을 수 있다. 이런 생각을 했었더라면 적어도 그 사건이 나를 무능한 존재로 결론짓지 않았을 텐데. 그 이후로 나는 새로운 도전을 꺼리기 시작했다. 나는 해도 안 되는 사람이라 생각하기 시작했다. 남들 앞에서 자신 있게 말할 수 없는 나. 조용한 성격을 가진 내가 모자라고 틀렸다고 생각하기 시작했다.

이 세상에 그 누구도 나와 상대를 비교할 수 없다. 내가 가진 장점, 내가 가진 유전자, 그 어느 사람과 동일한 조건인 사람은 이 세상에 존재하질 않는다. 물론 세상의 잣대, 기준으로 나와 상대를 비교하는 경우는 흔하다. 대부분 나와 상대를 비교하며 나보다 월등한 상대를 보며 기분 상해하는 건 어쩌면 사람이라면 본능적 감정일 수 있다. 중요한 것은 '나'라는 사람은 상대와 철저히 다르다는 것. 그 사실을 인정해야 한다. 나와 상대의 속도가 다를 수밖에 없는 건 모든 면에서 다르기 때문이다. 그 자체를 인정하면 나 자신을 온전히 지킬 수 있다.

그런데 어릴 때 나는 그런 생각을 할 수 없었다. 거울을 보면 "나는 왜 저 사람처럼 눈이 크지 않지?", "왜 나는 피부색이 까맣지?" 하는 생각들이 꼬리에 꼬리를 물며 나를 괴롭혔다. 외모, 성격, 능력 등 상대와 나를 비교하며 나를 부정하기 시작했다. 내가 나를 사랑하지 않는데 그 누구도 내 안에 들어올 수 없었다. 평소 이런 마음 상태로는 평안함을 유지하기 어려웠다. 언제나 나는 긴장, 상대에 대한 경계심이 디폴트값이었다. 나를 있는 그대로 받아들였더라면 그 누구와의 소통도 어렵지 않았을 것이다.

나는 언제나 다른 사람의 시선에 나를 맞추려 애썼다. 아무리 노력해도, 나는 동생이 될 수 없었다. 나는 예쁘고 멋진 타인이 될 수 없었다. 내가 나를 하찮은 존재로 느꼈다. 사람들 앞에 서면 목소리가 작아졌다. 학교에서 발표할 기회가 생기면 몸이 부르르 떨렸고 어색하고 작은 목소리 탓에 선생님의 지적을 받았다. 그러면 그럴수록 나는 학교에 가는 게 부담이었다. 학창 시절로 다시 돌아가라 한다면 나는 절대 그러고 싶지 않다. 이런 과거의 아픔이 있었기 때문이다.

세월이 지나 나와 내 동생은 각자의 삶을 살고 있다. 동생은 여전히 에너지가 넘치고, 나는 조용한 내 페이스대로 살아간다. 하지만 여전히 비교는 사라지지 않는다. 비교 대상만 달라졌을 뿐이다. 동생에서 친구로, 친구에서 회사 동료로, 회사 동료에서 SNS 속 수많은 타인으로. 나는 끊임없이 나를 비교했다. '왜 나는 저렇게 멋진 회사에 다니지 못하지?', '왜 나는 여전히 변변찮은 직업을 갖고 있지?', '왜 나는 저 사람처럼 빛나지 못하지?' 이런 비교하는 생각은 하루에도 수십 번씩 나를 의욕 없이 불안에 떠는 사람으로 만들곤 했다.

비교라는 건 끝이 없다. 한 사람과의 비교가 끝나면 곧 다른 사람에게 눈이 갔다. 자격증을 몇 개나 가진 친구, 외모가 뛰어난 동료, 부모의 재산 덕분에 걱정 없이 사는 지인. 그들과 나를 비교할 때마다 나는 점점 작아졌고, 삶에 대한 애정도 사라져갔다. 무언가를 이뤘을 때도 기뻐하지 못했다. 이미 누군가는 나보다 더 큰 성취를 이뤘기 때문이다. 내 기쁨은 항상 상대적인 기준에 눌려 있었고, 마음은 늘 허전했다.

어릴 때의 비교는 자신감을 잃게 했고, 성인이 된 후의 비교는 삶을 불완전하게 만들었다. 무언가를 시작하려 해도, '나는 어차피 안 될 거야.'라는 생각이 먼저 들었다. 그런 사고의 패턴이 습관이 됐다. 좋은 아이디어가 떠올라도 '이건 이미 누가 했을 거야.', '내가 해 봤자 별거 없을 거야.'라며 시도조차 하지 않았다. 내 삶은 도전 없는 일상의 반복이었고, 나는 점점 무기력해졌다.

내가 좋아하는 게 뭔지, 뭘 잘하는지조차 생각할 여유가 없었다. 비교는 나를 '결핍'으로만 바라보게 만들었다. 나는 가진 게 없고, 모자라고, 부족하다고만 생각했다. 실제로 누군가 "넌 이런 게 참 좋아."라고 칭찬을 해줘도, 진심으로 받아들이지 못했다. '그건 그냥 하는 말이겠지.', '그 정도로는 뭐….'라며 스스로를 다시 깎아내렸다. 나는 나 자신을 가장 가혹하게 대하고 있었던 셈이다.

어느 날, 문득 이런 생각이 들었다. '내가 왜 이러고 살아야 하지?' 내 삶은 남의 삶이 아니다. 남들이 나보다 낫다고 해서, 내가 무가치한 건 아니다. 내가 나로서 살아갈 수 있는 삶, 그 자체로 충분할 수 있지 않을까? 그렇게 생각하자, 갑자기 내 안의 다른 시선이 열리기 시작했다.

나는 나와 동생이 전혀 다른 사람이라는 걸 인정하게 되었다. 동생은 동생만의 길을 걷고 있고, 나는 나만의 길을 가고 있다. 동생에게 있는 매력이 나에게 없다고 해서, 내가 가치 없는 건 아니다. 오히려 나는 나만의 강점을 가지고 있었고, 그동안 그걸 찾지 못했을 뿐이다. 나란 사람은 다양한 사람들과의 깊은 대화를 좋아하고, 조용히 무언가에 집중하는 성향을 갖고 있었다. 그것도 소중한 나의 일부였다.

비교는 시선을 바깥으로만 돌리게 만든다. 나를 들여다보는 시간을 뺏고, 타인의 기준에 내 삶을 끼워 맞추게 한다. 그러다 보면 점점 나답지 않은 삶을 살게 된다. 나의 속도, 나의 방식, 나만의 기준이 사라진 삶에서는 아무리 잘 살아도 허무하다. 그리고 그런 허무함은 결국 나를 지치게 만든다.

지금도 때때로 비교하는 마음이 든다. 누군가의 성취를 볼 때, 나도 모르게 위축된다. 하지만 예전과 다른 점이 있다면, 이제는 그 감정을 인식할 수 있다는 거다. '아, 또 비교하고 있구나.' 그렇게 스스로를 깨우치면, 다시 내 안으로 시선을 돌릴 수 있다. 지금 이 순간의 내 삶, 내가 걸어온 길, 내가 만들어 온 작은 성취들. 그런 것들이 모여 지금의 나를 만들었다는 걸 이젠 안다.

비교는 결국 삶을 흐리게 만든다. 나의 중심을 흔들고, 나를 잃게 만든다. 나는 그 사실을 뼈저리게 경험했다. 어릴 적부터 지금까지, 비교는 내 삶에 그림자처럼 따라다녔다. 하지만 이제는 그 그림자를 인식하고, 떼어낼 힘을 기르기 시작했다. 비교하지 않을 때, 삶은 조금씩 나를 향해 열렸다. 비로소

아이 둘 엄마, 사업으로 성장하다

나답게 살 수 있는 길이 보이기 시작했다. 남들과 비교하지 않을 때, 나는 나로서 존재할 수 있다. 더 이상 무언가를 증명하려 애쓰지 않아도 된다. 있는 그대로의 나, 그 자체로 괜찮다는 사실을 조금씩 믿게 되었다. 완벽하지 않아도 좋다. 중요한 건 남과 다른 내가 아니라, 내가 나답게 살아가는 삶이다.

이 세상에 '나'라는 사람은 유일무이하다. 나랑 똑같은 사람은 존재하지 않는다. 나 자체로 독창성을 품은 존재이다. 비교를 한다는 것은 기준이 동일해야 가능하다. 더 이상 비교하면서 나를 무가치한 존재로 끌고 가서는 안 된다. 이 글을 쓰는 중에도 잠깐 SNS를 확인한다. 누군가 엄청난 조회수를 기록한 걸 보고 순간 박탈감이 들었다. '나는 어떻게 하면 저렇게 조회수가 많이 나올까?' 순간 드는 생각이었다. 그 생각을 하게 되니 머리가 아파지기 시작했다. 그는 그이며 나는 나이다. 내가 가진 강점과 그의 강점은 엄연히 다를 수밖에 없다. SNS를 보면서 상대적 박탈감을 느끼는 건 바로 비교 때문이다.

더 이상 비교를 통해 자신을 불행의 구렁텅이로 끌고 가선 안 된다. 이는 내면의 나에게 하는 소리이기도 하다. 이 세상에 유일한 나로서 나만의 가치를 뿜어내야 한다.

이 글을 읽는 당신에게 꼭 전하고 싶은 말이 있다. 혹시 지금 누군가와 자신을 비교하고 있다면, 잠시 그 시선을 거둬보자. 당신의 눈길이 향해야 할 곳은 바깥이 아니라, 바로 당신 자신이다. 남들과 다른 당신의 걸음이 틀린 것이 아니라, 그저 '다른 방식'일 뿐이다. 누구보다 빠르게, 높게 나아가지 않아도 된다. 중요한 건, 그 길이 '당신만의 길'인가 하는 것이다. 타인의 삶을 기준 삼아 자신을 깎아내리는 순간, 우리는 스스로를 외면하게 된다. 하지만 세상에 오직 하나뿐인 존재인 당신은, 누구와도 같은 기준으로 평가될 수 없다. 비교는 늘 부족함을 키우지만, 있는 그대로의 자신을 인정하는 순간, 삶은 훨씬 단단해진다. 삶의 속도도, 방향도, 이유도 모두 각자의 것이라는 사실을 잊지 말자. 당신이 지금 있는 자리에서 충분히 의미 있는 존재라는 것을 믿어도 된다. 더 이상 증명하지 않아도 괜찮다. 당신은 그 자체로 소중하다.

"넌 원래 그래."
세상의 가스라이팅에 속지 마라

"변명은 언제나 그럴듯하다. 그래서 더 위험하다." – 조던 피터슨

돌아보면 한 걸음도 떼지 못한 이유를 외부 탓으로 돌렸고, 나는 점점 '변명 전문가'가 되어갔다.

나는 40대가 되기 전까지 인생 대부분을 자기합리화라는 수렁 속에서 허우적거리며 살아왔다.

그 수렁은 눈에 보이지 않았고, 심지어 나에게는 '이성적인 판단'처럼 느껴졌다. 그건 현실을 직면하지 않기 위한 내 마음의 방어기제였다.

나는 오 남매 중 셋째로 자랐다. 부모님은 항상 바빴고, 아이 하나 하나에게 집중할 여유가 없었다.

나는 어릴 때 주목받지 못하며 자랐다. 조용히 존재감 없이 지냈다. 아이들과 대화하는 것도 부담이 되었다. 이유는 내 생각이 틀렸을지 모른다는 생각이 있었기 때문이다. 내가 나를 신뢰하지 못하니 상대의 의견도 신뢰하기 어려웠다. 무조건 상대는 부담스러운 존재 그 자체였다.

어느 누가 내 이야기를 들어줄 거라 기대하지 않았다. 그런 탓에 내 감정을 들여다보는 법도 몰랐다.

내가 기분이 울적하고 속상할 때면 "이 정도도 못 참냐?"라는 말이 돌아왔

다. 기분이 좋을 땐 나 혼자 웃고 말았다. 그렇게 나는 조용히 내 감정을 밖으로 드러내지 못했다. 어쩌면 감정은 나쁜 것인 줄 착각하고 살았던 것 같다.

나는 원래부터 내성적이며 말이 없는 사람이라고만 생각했다. 학교에서 소극적인 나를 좋게 봐주는 사람은 없었다. 아이들도 조용한 나를 재미없는 아이로 생각했다. 발표도 제대로 못 하고 우물쭈물 주저하는 나를 보는 선생님은 답답해하셨다. 그런 내가 좋을 리 없었다. 활달하고 자기표현을 잘하는 친구들이 부럽게만 느껴졌다. 대부분의 일에 서툴렀던 나는 할 줄 아는 게 없다고 생각했다. 해 보지 않아서 잘할 수가 없었다.

사실 무언가를 하면서 잘하게 되는 건데 그 자체를 시도하지 않았다. 그 누구도 "뭐든 하면서 느는 거야."라고 말해주지 않았다. 지금에야 넘어지고 일어서고를 반복하다 보면 성장할 수 있다는 걸 알지만 어릴 때는 그 점을 알기가 어려웠다. 내가 못 하는 건 원래 못하는 사람이기 때문이라고만 단정 지었다. 하나의 부정적 생각은 둘로, 셋으로 기하급수적으로 늘어나기 시작했다. 하지 못할 이유가 많았다. 그것이 합리화인 줄 미처 몰랐다. 그 자기합리화의 사고 패턴은 어른이 돼서 더 강화됐다. 주변에 높은 연봉을 받으며 대기업, 전문직 종사자들을 볼 때면 "저 사람들은 원래 금수저라 그런 거야, 유전자 자체가 좋은 거야."라며 그들이 잘 될 수밖에 없는 이유를 찾았다. 창업해서 성공한 사람을 보면 "저들은 원래부터 돈이 많았을 거야, 잘 될 수밖에 없는 사람들이야."라는 말로 그들과 내가 다름을 당연시 받아들였다. 처음엔 그런 자기합리화가 나를 위로한다고 믿었다. 그것은 착각이었다. 자기합리화는 나의 성장을 방해했다. 내가 안 되는 명확한 이유를 제공한 것이다.

돌아보면 한 걸음도 떼지 못한 이유를 외부 탓으로 돌렸고, 나는 점점 '변명 전문가'가 되어갔다.

시도를 하지 않는 이유는 늘 그럴듯했다. "지금은 타이밍이 아니야.", "내

   아이 둘 엄마, 사업으로 성장하다

형편에 무리하면 안 돼.", "나 같은 사람은 안정적이지 않으면 안 돼." 그리고 그 말끝에는 항상 이 말이 따라붙었다.

"나는 원래 끈기가 없는 사람이니까." 끈기 없는 나를 스스로 인정했고, 그런 나에게 책임을 묻지 않았다.

무언가를 포기할 때도 "어차피 끝까지 못 할 걸 왜 시작해."라는 말로 변명을 찾았다.

실패는 성장의 발판이 아니라, 부당한 현실이라 믿었다. 불편한 실패는 해서는 절대 안 될 일이었다. 실패를 안 하려면 시도 자체를 하면 안 되었다. 잘못된 생각이 어느새 나를 감쌌다. 인간은 생각을 통해 변화와 성장을 이룬다. 잘못된 생각 하나가 그 사람의 인생을 망친다는 건 몸소 뼈저리게 체험하였다. 잘못된 생각의 패턴을 바로잡았었다면 다양한 경험을 하면서 성장할 수 있었을 텐데.

부모, 선생님 등 주변의 어른들은 아직 생각이 정립되지 않은 어린이들에게 올바른 가르침을 해 주어야 할 의무가 있다. 어릴 때 형성된 가치와 신념은 평생 삶의 지침이 된다. 이런 부정적 신념으로 내 아이를 키울 때 문제가 되었다. 내가 무능하다 생각하니 우리 아이들도 부모를 닮아 그저 그런 인생을 살 거라 믿었다. 내가 자신을 그렇게 믿은 대로 우리 아이들도 그럭저럭 힘든 세상에서 살아남으면 된다고 여겼다. 내가 믿는 신념을 고스란히 아이들에게 전하고 있다는 것이 문제였다. 어른들이 아이를 그렇게 판단하는데 아이들 스스로 잠재성이 무한하다는 걸 인정하는 건 거의 불가능에 가까웠다.

아이를 키우면서 내가 모르는 아이의 장점을 마주하게 되었다. 그 순간 나는 자연스럽게 아이의 장점 자체를 바라보기보다 '우연히 그런 걸 거야.'라고 아이의 잠재성을 무시했다. 말이 유난히 빨랐던 큰아이를 보며 '내가 책을 많이 읽어줘서 그런 거지, 아이가 지능이 좋아서 그런 건 아닐 거야.'라며 합리화를 하곤 했다. 큰아이는 유독 기억력이 좋다는 평을 받는다. 그에 비해 작은 애는 여러 번 알려줘도 금방 까먹기 일쑤였다. 그러고는 너무도 익숙한 자기 비난으로 연결되었다. '내가 머리가 나쁘니까 아이가 그런가 보다.' 그러한 '자기 파멸적 독백'은 나를 더 힘들게 만들었다. 과거 상처에서 비롯된 자기 비하가 내 아이에게까지 옮겨가고 있었던 거다. 그건 정말 독이 되는 사고 패턴이었다.

나는 내 한계를 내 아이에게까지 투영하고 있었다. 어쩌면 내가 겪었던 아픔, 좌절, 열등감을 아이에게 씌우고 있었던 거다. "내가 뭐든 할 줄 아는 게 없는 사람이라 우리 아이도 그렇겠지.", "내가 노력해도 안 됐으니까, 얘도 어차피 비슷하겠지." 그건 분명히 나만의 착각이었다. 엄연히 아이는 나와 다른 존재이고, 가능성이 무궁무진한 존재라는 사실 미처 깨닫지 못했다. 그러다 우연히 시작한 자기 계발. 긍정을 담은 성공학, 자기 계발 서적은 그간의 잘못된 생각을 송두리째 바꿔 놓았다. 한 강의에서 강사가 말했다. "여러분은 노력과 환경이 받쳐주지 않아서 재능이 발휘되지 않은 사람일 수 있습니다." 그 말이 이상하게 내 안에 꽂혔다. 나는 머리가 원래부터 나쁜 게 아니라, 내 가능성을 제대로 써본 적이 없었던 거다. 즉 끈기가 없었던 게 아니라, 끈기를 키울 시도 자체를 해 본 적 없었다.

순간 깨달았다. 과거의 잘못된 신념을 벗어던지고 지금 이 순간부터 다시 시작하면 된다는 걸. 과거로부터 벗어나는 게 가장 빠른 길이라는 걸. '새 술은 새 부대에'라는 말이 있듯 내 안의 잠재성은 원래부터 있는 것이며, 지금 새로운 생각을 나에게 새기면 나는 새로운 사람이 될 수 있다는 걸 결심하면 되었다. 부모가 흙수저라 해서 자식도 못 살라는 법 없다. 내가 비록 잘못된 신념을 가졌다손 치더라도 내 자녀들은 올바른 신념을 갖고 자신의 밝은 미래를 만들어 가면 된다. 일단 내가 바뀌면 된다. 내 신념을 바꾸고 내 현재를 바꾸면 된다. 내가 안 된다고 생각하니 아이들도 안 되는 게 수두룩했다. 하루는 큰아이가 나에게 "엄마는 왜 맨날 안 된다고만 해?" 그 말이 내 가슴을 먹먹하게 만들었다. 나도 모르게 아이들에게까지 안 된다는 말을 수시로 던졌던 모양이다.

어릴 때 부모님이 가난했던 건 인정한다. 나에게 충분한 애정을 주지 않았던 것도 사실이다. 그건 이제 과거의 사실이며 그 과거로 인해 현재와 미래를 갉아먹게 해서는 안 된다. 오로지 내 선택에 달려 있다. 삶의 통제력은 이제 나에게 주어져 있다. 여전히 내가 과거의 상처와 아픔에 머물러 있다면 과거를 끊어내지 못하는 나의 선택이란 말이다. 그걸 인정하는 데 오랜 시간이 걸렸다. 현실이 이런 이유는 어쩔 수 없다는 걸 스스로 인정하는 순간 내 삶은 불행으로 나아간다. 『위대한 성공의 시작』을 쓴 저자 얼 나이팅게일은 '인간은 생각하는 대로 현실이 된다.'라고 말한 바 있다. 내가 현재 무슨 생각을 하는지에 따라 현실은 결정된다. '지금까지 생각한 것의 결과가 지금의 현실이다.'라고 말한 얼 나이팅게일의 말처럼 혹시라도 과거에 부정적 신념을 갖고 있었다면 지금 이 순간부터 긍정적 신념으로 바꾸는 노력이 필요하다.

가난한 사람은 가난에서 벗어나기 어렵고 부자는 부자일 수밖에 없는 이유가 바로 생각 자체의 다름에서 비롯된다. 아이의 말 한마디가 나를 정신 차리도록 했다. 나는 더 이상 억울한 피해자 역할을 연기할 수 없었다. 내가 변화하지 않으면, 내 아이도 나처럼 자기 한계 속에 살게 된다. 그 사실을 깨닫는 순간 나는 더 이상 부정어를 입에 담지 않기로 했다. '나는 원래 이런 사람이야.'라는 생각 절대 않기로 했다. 나는 충분히 변화 성장을 이룰 수 있는 사람임을 인정하기로 했다. 다만 끈기 없던 과거를 인정하고 이제부터는 끈기를 키울 수 있도록 다양한 시도를 하면 되었다. 문제의 원인을 찾으니 다음 단계로 넘어가기 쉬웠다.

답답한 과거의 굴레를 끊기로 결심하니 현재와 미래가 밝게 빛이 나기 시작했다. 일단 1가지 일이라도 끝까지 해 보기로 했다. 실패해도, 계속해서 시도해 보기로 했다. 누가 날 도와주지 않아도, 스스로 해 보기로 했다. 이제는 안다. 내가 특별히 무능했던 게 아니라, 안 될 거라 지레 겁먹고 포기한 채 살아왔던 거다. 지금이라도 늦지 않았다. 자기합리화라는 진흙탕에서 빠져나오는 첫걸음은, '나는 무슨 일이든 할 수 있다.'는 가능성을 믿는 거다. 자기 계발을 시작하면서 도전했던 100일 챌린지. 이를 통해 나는 나의 가능성을 확인할 수 있었다. 나 혼자서는 내 가능성을 알기가 쉽지 않았다. 함께 하는 끈기 챌린지 안에서 나도 할 수 있는 사람임을 인정하게 되었다. 내가 만약 그 도전이 두렵다 해서 시도조차 하지 않았다면 지금의 나는 존재할 수 없었을 터다.

처음부터 대단할 게 없다. 아주 작은 것부터 시작했다. 책 한 페이지씩 읽는 것. 하루에 단 10분이라도 눈을 감고 명상하는 것. 내가 나에게 긍정 확언을 하는 일. 부모로서 아이 눈을 바라보며 대화하는 일, 오래도록 미루고 외면해왔던 집안일 하나를 끝까지 해내는 일 등 급하지 않지만 중요한 일을 찾아서 하나씩 실행하려 했다. 하나의 성취가 쌓이면 쌓일수록 내가 나를 믿기 시작했다. 자기 신뢰가 빠진 채로 무언가를 시도한다는 건 불가능에 가까웠다.

때론 하나씩 이루어 가는 성취감을 뒤로 한 채 내면의 부정적 목소리가 나를 괴롭히기도 했다. "과연 이걸 해서 뭐가 달라질까.", "지금 와서 해 봤자 늦었지." 내면의 목소리는 과거의 친숙하고 편안함을 유혹하는 소리였다. 과거의 생각 패턴은 한순간에 사라지지 않는다. 부단히 반복해야 달라질 수 있다. 순간순간 내가 아닌 부드러운 목소리의 존재가 나를 흔들 수 있다. 하지만 이제는 안다. 그건 과거의 그림자이며 나와 이미 멀어진 존재일 뿐이다.

작은아이가 예전에 했던 질문을 반복해서 했다. 과거의 나였다면 "그걸 또

    아이 둘 엄마, 사업으로 성장하다

몰라?"라고 짜증을 냈을 터다. 그런데 난 짜증보다는 현재의 내 판단을 따랐다. "그래, 내가 알려줬는데 그새 잊었구나, 다시 알려줄게. 아직 익숙하지 않아서 그러니 괜찮아." 내가 그 말을 꺼낸 순간, 아이의 눈이 평상시와 달리 빛났다. 엄마의 달라진 태도에 아이는 놀라워했다. 못하는 건 잘못된 게 아니란 사실을 인식하는 것 같았다. 반복하고 연습하면 잘할 수 있다는 걸 인정하는 듯 보였다. 이 지점이 바로 내가 성장하고 있다는 뜻이었다. 아이도 엄마도 함께 성장하고 있었다.

나에게도 나를 진정으로 믿어주는 사람이 필요했는지 모른다. 내가 나를 믿기 시작했으니 이제는 아이에게 그 신뢰의 마음을 줄 수 있었다. 넉넉지 않은 통장 잔고를 보며 언제나 한숨이 나왔다. 이런 나의 처지를 보며 과거엔 "나는 돈이 없으니 아무것도 못 해."라고 말했다. 그런데 이제는 "지금은 비록 돈이 넉넉하지 않지만 앞으로 더 벌 수 있어."라는 생각으로 전환할 수 있었다. 나에게 찾아오는 작고 소소한 기회도 놓치지 않기로 마음먹었다.

과거 같으면 '이건 내 수준이 아니야.'라며 물러났겠지만, 이제는 시도해서 못 할 걸 먼저 생각하기보다 도전했다는 것에 의미를 두기로 했다. 그런 선택들이 쌓이며, 내 삶이 아주 조금씩 방향을 틀기 시작했다. 이 글을 쓰는 지금도 나는 여전히 완벽하지 않다. 여전히 불안하고, 여전히 과거의 생각이 고개를 들 때도 있다. 하지만 더 이상 그 안에서 허우적거리지 않는다.

과거의 상처와 자기합리화 속에 갇혀 살았던 나는, 이제 더 이상 변명의 전문가가 아니다. 실패를 두려워하며 시도조차 하지 않았던 나는, 이제 한 걸음씩 도전하는 사람이 되었다. 중요한 건 '나는 원래 이런 사람이야.'라는 고정 관념을 깨는 것. 변화는 생각을 바꾸는 데서 시작된다. 나를 믿기 시작하면, 아이도 세상도 달라진다. 지금부터라도 늦지 않다. 작지만 확실한 시도를 통해 누구나 다시 시작할 수 있다.

7

'편안함'이라는 달콤한 독약이
내 성장을 멈췄다

"안전해 보이는 선택이 가장 큰 위험이 될 때가 있다." – 존 F. 케네디

아직 자라지 않은 내면 아이를 내가 부모가 되어서 돌봐주고 격려해 줘야 비로소 당당한 어른으로서 새로운 변화를 시도할 용기가 생긴다.

변화를 두려워하는 건 인간에게 너무 자연스러운 감정이다. 누구나 익숙한 것에 안주하려는 본능이 있다. 새로운 환경, 새로운 시도, 새로운 사람들 앞에서 우리는 본능적으로 한발 물러서게 된다. 이는 생존을 위한 감각에서 비롯된 것이기도 하다. 익숙한 환경은 예측 가능하고, 예측 가능한 상황은 위험이 적다. 반대로 변화는 불확실하다. 결과를 알 수 없고, 때로는 실패를 의미하기도 한다.

그래서 많은 사람들은 변화보다 익숙한 반복을 선택한다. 더 나아질 수 있다는 가능성보다 지금을 유지하는 안정감을 택한다. 심리학적으로도 변화에 대한 불안을 설명하는 개념이 있다. 예를 들어 '인지 부조화'는 우리가 기존의 신념이나 태도를 바꿔야 할 때 느끼는 심리적 불편함을 뜻한다. 사람들은 그 불편함을 피하고 싶어 한다. 또 '자기 효능감'이 낮을수록 변화에 대한 저항감은 커진다. 내가 해낼 수 있을지에 대한 믿음이 없으면, 변화는 '가능성'이 아니라 '위험'으로 인식된다.

나도 그랬다. 변화 앞에서 망설이고, 돌아섰던 순간들이 허다했다. 겉으로
는 '아직 준비가 안 됐어.'라는 말로 포장했지만, 사실은 실패가 두려웠다. 내
안에는 '내가 과연 잘할 수 있을까?'라는 물음이 끊임없이 맴돌았다. 현재 가
진 능력조차 온전히 믿지 못하는데, 그 능력을 바탕으로 새로운 것을 시도하
긴 더없이 어려웠다. 변화는 그 자체로 도전이었고, 도전은 실패를 부르는
일이었다. 실패를 상상하는 것만으로도 몸과 마음이 굳어 버렸다. 만약 작
은 성취라도 여러 번 이룬 경험이 있었다면 아마도 도전이 그리 어렵지는 않
았을 터다. 어릴 때부터 나는 해 보지 않은 일 앞에 긴장이 앞섰다. 긴장하면
일단 손에 땀이 흥건히 젖었다. 태생적으로 예민한 성향인데 초등학교 전학
을 세 번 이상 하면서 예민한 성향이 더 강화된 것 같다.

겉으론 조용하고 차분해 보였던 나. 그런 나의 내면은 온통 불안과 긴장이
오고 갔다. 그런 나의 내면을 알아주는 사람은 내 주변에 없었다. 아침에 일
찍 집을 나서시는 부모님께 내 생각을 전할 틈도 없었다. 저녁에 늦게 들어
오시는 부모님은 나를 포함한 형제들 모두가 잘 먹고 잘 크고 있는 줄로만
아신 것 같다. 전학 외에 개인적으로 새로운 경험을 할 기회가 많지 않았던
것도 나를 시도에 두려움을 갖게 하는 요인이 되기도 했다. 일상에서 새로운
음식을 먹어보는 것도 예민하게 반응했던 나에게 부모님은 굳이 먹어보라
고, 해 보라고 강요하지도 않았다. 어쩌면 예민한 나에게는 변화 자체가 나
를 불편하게, 힘들게 하는 일이 되므로 나를 보호하기 위해서는 변화를 피하
는 일이 답이었다. 차분하고 조용한 성격인 나를 부모님은 그저 '착하고 말
잘 듣는 아이'로 이해했다.

솔직히 내가 진짜 해 보고 싶은 일이 없었던 건 아니다. 내 의견을 입 밖으
로 표현해봤자 바쁘신 부모님이 들어줄 리 없다고 내 선에서 단정 지어 버렸
다. 내가 못 한다 하면 그 어떤 일도 해낼 수 없다. 생각과 말이 이토록 중요

한 이유이다. 능력이 없어서 해내지 못하는 게 아니다. 어린아이들은 '잘한다, 잘한다.' 칭찬을 해 주면 하던 일을 계속 하려고 한다. 즉 주변에서 '잘할수 있어.'라는 말 한마디, 격려 한마디가 그 아이의 도전과 변화를 위한 동기부여가 될 수 있다. 내가 어릴 적 인정받는 환경에서 자랐다면 아마도 '한번해 볼까?'라는 마음을 갖게 되고 다음 스텝으로 넘어갈 수 있었을 터다. 어른이 돼서도 어릴 때의 감정과 사고의 패턴은 비슷하게 간다. 어른이 되었다고모든 시도가 쉬울 수는 없다.

물론 어릴 때보다야 도전의 수위가 높아질 수 있다. 그럼에도 여전히 아이의 마음이 어른이 된 나에게 여전히 남아 있었다. 심리학에서 말하는 '내면아이'가 여전히 성장하지 못한 채 어른이 되었다는 얘기다. 아직 자라지 않은 내면 아이를 내가 부모가 되어서 돌봐주고 격려해 줘야 비로소 당당한 어른으로서 새로운 변화를 시도할 용기가 생긴다. 내면 아이가 여전히 세상의변화에 두려움이 많다면 작은 시도부터 하나씩 해 나갈 수 있도록 스스로 다독이며 나아갈 수 있게 이끌어야 한다.

어릴 때 무엇이든 시도 해도 자랑스럽게 생각하지 못했고, 나의 행동에 누군가는 고개를 갸웃거릴 거라 미리 단정해 버렸다. 그런 마음으로 변화는 불가능에 가깝게 된다. '변화해봤자, 알아주는 사람도 없을 텐데.'라는 생각이앞선다. 어릴 적 환경은 자아를 형성하는 데 지대한 영향을 미친다. 나는 주변 어른들의 반응에 민감했고, 친구들의 시선에 예민했다. 나를 믿지 못하는자아. 내면이 단단하지 않으니 기준이 자꾸 흔들렸다. 내가 뭘 좋아하고, 잘하는지보다 상대가 나를 어떻게 말하는지가 더 중요했다. 이런 이유로 변화를 시도하려다가도 남들이 부정적 의견을 보일까, 그 평가가 두려워 시도 자체를 안 한 적 많았다. 시도해 볼까 하는 생각은 많았지만 생각만 할 뿐, 행동으로는 이어지지 않았다.

경험 자체가 없으니 실패를 감당할 준비도 안 되어 있었다. 실패하게 되더라도 나를 격려하고 다독여 줄 내 편도 없었다. 결국 중요한 건 나에 대한 전적인 신뢰, 나를 지지해 줄 상대가 있어야 했다. 남이 뭐라 하든 내가 하고 싶어 하는 마음. 실패해도 좋으니 일단 부딪쳐 보겠다는 강인한 마음. 성숙한 어른이 된 지금은 안다. 변화는 누구의 인정을 받기 위해 하는 게 아니다. 나를 위한 일이다. 그 누구를 위해서 내가 변화하는 게 아니다. 예전에는 그 단순한 사실을 몰랐다. 나 자신보다 주변의 평가가 더 중요했다. 내가 선택하면 될 일을 굳이 상대에게 설득해야 한다고 믿었다. 설득은 나 자신이 나에게 하면 된다. 굳이 내가 원하는 변화를 나 아닌 타인에게 설득할 필요 없다.

만약 배우자가 있다면 공동의 책임 차원에서 배우자를 설득해야 할 수도 있다. 그런 상황 아니고서는 내가 나로서 어떤 일을 결정하는 데 있어 나의 기준을 잣대로 선택하고 나아갈 수 있다. 자기 계발을 시작한 이후 내 생각 패턴은 바뀌기 시작했다. 두 번의 고시원 사업, 세 번째 배달요식업까지. 넘어지고, 주저앉고, 다시 일어나는 과정을 반복하면서 나만의 기준이 생겼다. 그 과정이 순탄했던 건 아니다. 실수 하나에도 쉽게 무너졌고, 어떤 날은 그냥 모든 걸 포기하고 싶었다. 용기 내서 새로운 도전을 하게 되었지만 막상 체력적으로나 정신적으로 무너지는 나를 마주할 수밖에 없었다.

하지만 그런 날들이 쌓이면서 비로소 나를 알아갔다. 완벽하지 않아도 괜찮고, 누군가 인정하지 않아도 괜찮다는 걸. 『회복탄력성』의 저자 김주환 교수는 어려움과 고통이 나에게 닥칠 때 나에게 유리한 스토리텔링을 하면 당면한 문제를 지혜롭게 극복해 나갈 수 있으며 이는 곧 회복탄력성이 좋아지게 된다고 말한 바 있다. 결국 변화는 '할 수 있을까?'에서 '해 보고 싶은가?'로 질문을 바꿀 때 시작되는 거였다. 즉 '내가 진정으로 원하는 게 맞는가? 내가 하고 싶은 일이 맞는가?' 하면서 자기에게 끊임없는 질문을 하고 답변을 얻어야 한다.

대다수의 사람들은 피상적 질문은 자주 해도 깊이 있는 내면 대화는 꺼린다. 아니 내면의 대화를 해 본 적 없는 경우도 많다. 내면의 나에게 '네가 원하는 게 대체 뭐야?'라고 물으면 그 열정이 이끌리는 대로 시도하고 변화를 꿈꿀 수 있다. 변화를 두려워하는 마음은 그 누구에게도 피해 갈 수 없다.

지금도 새로운 일에 망설이는 일이 많다. 배달음식점을 처음 하겠다고 했을 때 정말 많이 두려웠다. 그리고 배달음식점 운영하면서도 새로운 도전에 맞닥뜨리게 됐다. 그 순간마다 지금도 긴장되고 두렵다. 다만 그 마음을 알아차리고, 그 뒤에 숨은 감정들을 바라볼 수 있어야 한다. 두려움 뒤에는 늘 '나는 괜찮은 사람일까?'라는 질문이 숨어 있었다. 그 질문에 '그래, 괜찮아.'라고 대답할 수 있게 되자, 변화는 두려움에서 가능성으로 조금씩 이동했다. 변화를 두려워하는 건 이상한 게 아니다. 다만 그 마음을 그냥 덮어두는 게 아니라, 한 겹씩 들여다보는 게 필요하다. 왜 두려운지, 그 두려움 뒤에 어떤 상처나 경험이 숨어 있는지. 그걸 알게 되면 변화 자체보다, 변화를 가로막던 나를 이해하게 된다. 그리고 그게 진짜 변화의 시작이 된다.

지금 돌이켜보면, 내가 변화 앞에서 느꼈던 가장 큰 두려움은 실패 그 자체가 아니라, 실패했을 때 나를 어떻게 바라봐야 할지 몰랐기 때문이었다. 뭔가를 시도했다가 결과가 안 좋으면, 그건 내 존재 전체가 부정당하는 기분이었다. '나는 안 되는 사람'이라는 결론으로 너무 쉽게 이어졌다. 예전의 나는 결과와 나를 구분하지 못했다. 실패한 일은 그저 실패한 일일 뿐인데, 나는 곧잘 '나는 실패자다.'라고 받아들였다. 그러니 변화는 항상 모든 걸 걸어야 하며 진입 장벽이 높다고만 느껴졌다. 그로 인해 작은 시도조차 하기 어려웠다.

하지만 그 감정을 자주 마주하고 나서야 조금씩 깨달았다. 모든 변화가 거

    아이 둘 엄마, 사업으로 성장하다

창할 필요는 없다는 것, 작고 느린 변화도 충분히 의미 있다는 걸. 나는 '성공'이란 단어에 너무 큰 무게를 줬고, 변화를 통해 반드시 뭔가를 이루어야 한다고 믿었다. 하지만 요즘은 조금 다르게 생각한다. 그냥 한 발 내딛는 것, 해 보고 아니면 돌아오는 것도 괜찮다고. 어떤 변화는 결과보다 과정이 훨씬 더 중요하다. 실패한 경험에서 얻는 건 분명 있었다. 예전 같으면 실패하자마자 후회부터 했겠지만, 지금은 '이런 상황에서도 나는 버텼다.'는 기록으로 남긴다.

이는 다음 변화를 위한 명분이 된다. 그리고 무엇보다 중요한 건, 나만의 기준을 만드는 일이었다. 예전엔 남들이 정해준 기준으로 움직였고, 거기서 벗어나는 게 두려웠다. 지금은 남이 아닌 내가 정한 기준대로 시도할 용기를 갖는다. 이를테면 '매일 조금씩이라도 나아지기', '하고 싶은 마음이 생기면 일단 메모하기', '두려워도 일단 작은 행동부터 해 보기' 같은 단순한 원칙들. 이 기준들은 거창하지 않지만 변화하는 데 불을 지펴준다. 남들과 비교해서 부족해 보여도, 어제의 나보다 나아졌다면 그 자체로 충분하다. 시도 앞에 두려움은 여전히 존재하지만, 이제는 그 감정에 휘둘리지 않는다. 그 감정과 함께 용기로 한 발 디디려 한다. 같이 걸어가려고 한다. 변화는 완벽함을 요구하지 않는다. 지금 할 수 있는 만큼, 내 속도로 가면 된다.

"두려움은 자연스러운 감정입니다. 그 감정을 없애려 애쓰기보다, 그 감정과 함께 나아가 보세요. 모든 변화가 성공으로 이어지지 않아도 괜찮습니다. 중요한 건 '하고 싶은가?'라는 내 안의 목소리를 듣는 일입니다. 남이 아닌, 나의 기준으로. 남이 아닌, 나를 위한 한 걸음을 오늘 내디뎌 보세요. 작고 서툴러도, 그것이 진짜 변화의 시작입니다. 당신은 해낼 수 있습니다."

8

내일을 망치는 가장 확실한 방법, '해 볼걸'이라는 후회

과거가 원인이 아니라 앞으로 일어날 일 즉 미래가 원인이라 생각을 바꾼다면 지금, 오늘의 시간과 삶이 그 어느 때보다 달라질 수 있다.

사람은 누구나 후회를 안고 살아간다. 후회는 지나온 시간 속에서 "그때 그렇게 하지 말걸.", 혹은 "그때 왜 그러지 않았을까." 하는 아쉬움이다. 누군가는 공부를 더 열심히 하지 않은 것을 후회하고, 누군가는 말 한마디를 하지 못했던 순간을 떠올리며 밤잠을 설치기도 한다. 그때는 별일 아니라고 넘겼던 일들이, 시간이 지나고 나서야 삶의 궤도를 살짝 바꿔 놓았다는 걸 깨닫게 된다.

그렇게 '작은 선택 하나'가 긴 후회의 그림자를 만든다. 예를 들어, 20대에 진로를 결정할 때 너무 안정적인 길만을 좇다가 나중에 '진짜 내가 원했던 건 그게 아니었구나.'라는 걸 뒤늦게 깨달은 사람들도 많다. 혹은 인간관계에서 자존심을 세우느라 용서를 구하지 못해 현재까지 관계가 끊긴 경우도 있다. 사랑, 우정, 직업, 가족 어떤 영역에서든 후회는 남는다. 그리고 그것이 반복될수록 사람들은 "내가 그때 왜 그랬을까?"라는 질문으로 자기 자신을 탓하게 된다. 시간이 흐를수록 후회의 무게는 더 커진다.

후회의 마음은 시간이 흐르면 희미해진다. 그러나 어떤 후회는 오히려 시간이 흐를수록 더 선명해진다. 특히 나이가 들수록, 선택지가 줄어든다는 생각에 과거 못 했던 것에 대한 후회는 더욱 날카롭게 다가온다. '지금 이미 늦었다'는 감정이 더해지면, 그 후회는 단순한 아쉬움이 아니라 하나의 상실감으로 바뀐다. 내가 놓친 시간은 다시는 돌아오지 않는다. 그 시간 동안 쌓을 수 있었던 경험, 관계, 성장은 어디에서도 채울 수 없다. 내가 그랬다. 40대 되기 전까지, 내 삶을 내가 진두지휘하지 못했다.

누군가에 의존하여 내 삶을 그저 지탱해 왔다. 도전이라는 경험은 나에게 너무나도 낯설었다. 되든 안 되든 해 보기라도 했다면 덜 후회했을 텐데. 해 보지 않은 그 시간들에 아쉬움이 컸다. 차라리 호기심 많은 내 동생처럼 다단계에 들어가서 실패도 보고, 쇼호스트 하겠다며 학원비에 경험이라도 했었다면 과거가 덜 아깝게 느껴졌을지 모른다.

나는 안 하는 게 오히려 현상 유지라도 할 수 있으리라 믿었다. 남들처럼 대기업에 들어가기 위해 스펙도 쌓고 시험도 봤다면 결과야 어쨌든 나는 해봤다는 생각에 자책은 안 했을 거다. 경쟁의 현실이 두려워 결혼을 도피처로 생각했다는 게 가장 큰 후회로 남는다. 내가 나를 믿지 못했던 과거가 나를 도피의 방식으로 몰고 갔다. 나는 뭐든 해도 안 되는 사람이라 믿었다. 그래서 도전은 어림도 없었다. '도전보다 회피'가 익숙했고, 변화보다는 체념이 편했다.

졸업하자마자 IMF가 터졌다. 금융위기가 터진 그 시기엔 취업이 '하늘의 별 따기'였다. 졸업 후 보험회사에 입사했다. 그 당시 보험회사에 입사하니, 서울 4년제 대학, SKY 졸업생들조차도 회사에 수두룩했다. 그때 느꼈다. '정말 취업하기가 어려운 거구나.' 심각한 상황에서 스펙도 없고 취업 활용도가 낮은 전공을 했다 보니 흔히 말하는 '고액 연봉'의 직업을 선택하기는 불가능해 보였다. 결국 나는 학원 강사, 방과 후 강사처럼 단기 아르바이트나 비정규직이라도 들어가야 한다고 생각했다. 내가 원하는 진로를 차분히 탐색해 보며 찾았다면 어쩌면 지금처럼 방황하지는 않았을 텐데.

그 당시엔 바로 직장을 구하지 않으면 안 된다고 생각했었다. 보험회사에서 7~8개월 근무 후 퇴사, 영업직에서 5~6개월, 그렇게 입사와 퇴사를 밥 먹듯 하면서 시간을 보냈다. 그렇게 나는 취업을 위해 최대한 경쟁이 덜 치열한 곳에서 부딪혀야 했다. 실력이 쟁쟁한 사람들과는 나와 다르다고 생각했다. 그런 탓에 나는 중심이 아니라 사이드였다. 나는 어차피 해 봐야 그저 그런 삶을 사는 사람이었다. 나는 월 200만 원도 벌기 힘든 그런 사람에 불과했다. 내가 하는 일은 나 아닌 그 누구도 해낼 수 있는 지극히 평범한 일 중 하나였다. 그리고 어느 순간부터 '누군가가 나를 책임져 줬으면 좋겠다.'는 생각으로 바뀌기 시작했다. 결혼이 바로 그 출구처럼 보였고, 능력 있는 남편을 만나면 내 인생이 안정될 거라는, 아주 단순하고 안일한 기대를 하기 시작했다.

지금 생각하면 정말 부끄럽기 짝이 없다. 그 당시엔 결혼만이 최고 대안이었다. 내가 스스로 내 인생을 개척해 나가야 했지만 그럴 용기가 나질 않았다. 사회가 정해놓은 틀 안에서 수동적으로 따라가기만 했다. 만약 지금 내가 30대로 다시 돌아간다면, 내가 원하는 삶을 위해 적극적으로 도전을 선택할 것이다. 실패해도 좋으니 스스로 부딪쳐 보며 경험을 쌓고, 내가 진짜 원하는 게 뭔지 끝없이 물어볼 것이다.

나를 너무 과소평가했다. 내가 나를 인정했었더라면 결혼이라는 틀에 나를 묶어두진 않았을 터다. 내 삶의 목표를 이루고자 보낸 세월보다 결혼을 하겠다며 보낸 세월이 아쉽다. 내 능력을 키울 수 있었던 시간, 여러 길을 모색할 수 있었던 기회를 쉽게 흘려보냈다. 후회만으로는 아무것도 바뀌지 않는다.

내가 그 사실을 깨달은 건, 40대가 되고부터이다. 더 이상 누구에게도 기대지 않기로 했다. 나 자신이 내 인생의 책임자가 되어보기로 했다. 물론 처음엔 쉽지 않았다. 처음부터 모든 걸 다 잘할 수는 없었다. 시작이 두려웠다. 하지만 도전이라는 건, 능력이 있어서 하는 게 아니다. 하다 보니 잘하게 되는 걸 하면서 깨닫기 시작했다. 변화하겠다는 결심을 하였다. 그리고 작은 일부터 도전했다.

두 번의 고시원 사업, 세 번째로 도전한 배달요식업까지. 하나하나의 경험이 발판이 되었다. 도전 중에 무너질 뻔한 순간도 분명 있었다. 때론 체력적으로, 때론 감정적으로 위기의 순간 있었다. 하지만 그 고비들을 넘고 나니, 나는 내가 원래 생각했던 나보다 훨씬 강한 사람이었다. 상상도 못 했던 방향으로 삶이 움직이기 시작했다. 이전과 다른 변화가 나를 활력 있게 만들어 주었다. 생기 넘치는 사람으로 만들어 주었다.

과거에 대한 후회가 완전히 사라진 건 아니다. 마음은 20대, 30대의 열정인데 몸이 따라주질 않을 때면 '진작 시작했더라면'이라는 생각이 고개를 든다. 후회해봤자 지금의 열정을 꺾을 뿐이란 사실 잘 알고 있다. 그저 '그 시절의 나도 나름대로 최선을 다했다.'라고 인정하면 된다. 부족함을 탓하기보다 과거의 시간이 있었기에 지금이 더 빛을 발하는 것이라 믿는 것이다. 우리는 과거를 원인이라 생각한다. 일부는 맞고 일부는 틀리다. 과거가 원인이 아니라 앞으로 일어날 일 즉 미래가 원인이라 생각을 바꾼다면 지금, 오늘의 시간과 삶이 그 어느 때보다 달라질 수 있다. 내가 원하고자 하는 목표를 내 마음에 새긴다면 지금, 이 시간에 무엇을 어떻게 해야 하는지 답이 나온다.

후회는 끝이 없다. 지금의 선택들도 나중엔 또 다른 후회가 될 수 있다. 하지만 중요한 건 후회를 줄이는 삶을 사는 게 아니라, 후회를 마주할 때 무너지지 않는 삶을 사는 것이다. 우리는 늘 부족한 선택을 하며 살아가고, 그 부족함 속에서도 성장을 만들어 낸다. 세월이 흐른 뒤 느끼는 후회는 누구나 받아들이기 힘들다. 후회를 후회로 생각하기보다 지금과 미래를 위한 반면교사로 삼아보면 어떨까?

삶은 후회의 총합이 아니다. 살면서 지난 후회를 어떻게 다시 일으켜 세웠는지의 총합이다. 지금 내가 살아가는 하루하루는 잘못된 과거를 바로잡는 시간이다. 더 나아가 현명한 현재와 미래를 만들어 가는 시간이다. 비록 늦게 시작했지만, '내가 지금 잘하고 있다'는 그 믿음이 중요하다. 그리고 그 믿음이 현재에 몰두할 수 있는 힘을 가져다준다. 심신이 건강하다면 나이는 그다지 중요하지 않다. 인간이 나이라는 기준을 세웠을 뿐이다. 물론 사회의 기준을 무시할 수는 없다. 다만 내 자신이 그 기준과는 달리 나 자체로 평가하고 바라보는 시선이 더욱 중요하다.

과거처럼 후회막급으로 살기보다 지금 내가 할 수 있는 선택에 집중하려고 한다. 완벽한 계획을 세우기보다, 지금 당장 실행할 수 있는 일을 찾는다. 과거의 나는 생각만 많았다. 그에 비해 실천은 턱없이 부족했다. 이제는 작더라도 구체적인 행동을 실천하려 한다. 예를 들어, AI(인공지능)에 대해 배우고 싶다면 책이나 영상을 먼저 찾아본다. 그리고 배운 내용을 토대로 SNS에 바로 올려보려고 한다. 예전 같으면 "지금 배워서 뭐 해."라고 넘겼을 일도, 지금은 "조금이라도 늦지 않았으니 해 보자."는 마음으로 다가간다. 그 작은 실행 하나가 후회를 줄이는 유일한 방법이라는 걸 깨달았기 때문이다.

후회의 감정을 부정적으로만 보지 않으려고 한다. 후회는 나에게 '무엇이 소중했는지', '어떤 삶을 원했는지'를 알려주는 중요한 신호다. 과거의 나를 부끄러워하거나 미워하지 않고, 그 시절의 선택도 충분히 공감하고 받아들이려 노력한다. 그때는 그럴 수밖에 없었다는 걸 인정해야, 지금의 나도 온전히 받아들일 수 있다. 후회를 통해 배우고, 그 배움을 바탕으로 지금을 살아가는 것. 그게 지금의 나를 더 행복하게 성장시키는 방법이다.

우리는 누구나 인생의 어느 시점에선 '과거로 돌아가고 싶다'는 마음을 품는다. 하지만 시간을 되돌릴 수는 없다. 대신, 그때 하지 못했던 선택을 지금 해 보는 것만으로도 충분히 새로운 인생을 만들 수 있다. 나는 지금 내 삶을 다시 시작하고 있다. 과거의 후회는 여전히 나와 함께 있다. 그 후회가 나를 짓누르기보다 그 후회의 감정이 오히려 앞으로 나아가게 해 준다. 그 사실 하나만으로도, 나는 지금의 이 시간이 고맙다. 후회는 누구에게나 찾아온다. 중요한 건 그 감정에 주저앉지 않고, 지금이라도 작은 실천을 시작하는 용기이다.

"늦었다고 생각될 때가 바로 당신에게 가장 빠른 때입니다."

제2장

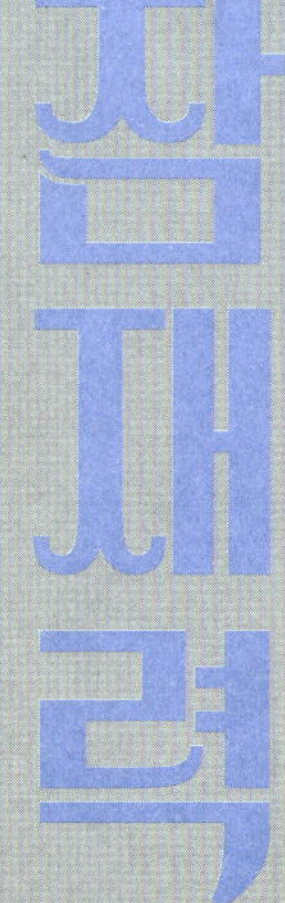

당신의 한계는
당신이 정하는 것이 아니다

1

인생의 스승,
켈리 최가 내게 던진 단 한 마디

내 삶의 주인공은 아이들이 아니라 바로 '나'였다. 나는 아이들을 위한 '엑스트라'가 아니었다.

나는 서른 중반이 넘은 나이에 늦은 결혼을 했다. 30대 후반 나이에 아이를 갖는 건 생각보다 어려운 일이었다. 병원에서는 자연 임신으로는 어렵다고 했다. 우리 부부는 낙담했다. 아이 없이 부부로서 미래를 그리는 것이 무의미하게 느껴졌다. 희망으로 시작한 결혼 생활이 순간 절망으로 바뀌었다.

그런 우리 부부에게 두 아이가 연년생으로 기적처럼 찾아왔다. 남들에겐 당연한 임신이 내겐 큰 파도처럼 어렵게 느껴졌다. 임신을 위해 좋은 음식과 몸을 관리하며 어렵사리 임신에 성공했다. 건강한 출산까지 누리게 되니 기쁨은 이루 말할 수 없었다. 우리 부부에게 너무나 소중한 두 아이의 존재. 아이들을 낳자마자 내 모든 사랑과 열정을 쏟아부었다.

부모님에게 충분히 사랑받지 못했다고 느꼈던 나. 못 받은 것들을 귀하게 생긴 내 아이들에게만큼은 모두 주고 싶었다. 어릴 때 책을 읽지 않았던 나에게 고등학교 수업은 따라가기 어려웠다. 그 순간 나는 결심했다. '난 결혼해서 아이를 갖게 되면 책을 읽어주는 엄마가 되어야지.'라고 말이다. 임신

하자마자 배 속 아이에게 책을 읽어주기 시작했다. 책을 읽어주겠다는 열정은 집착으로 변했다. 주변에서 유명하다고 하는 책들은 아낌없이 사서 읽어주었다. 엄마의 열정 덕분에 아이들은 또래보다 말을 빨리 시작했다. 언어 능력이 좋다는 이야기를 자주 듣곤 했다. 아이들에 대한 평가는 나에게 보상처럼 다가왔다. '내가 충분히 잘하고 있구나.'라는 안도감으로 다가왔다. 아이들을 위해 하는 책 읽기는 힘에 부치곤 했다.

온종일 책을 읽다가 지칠 때면 아이의 밝은 미래를 떠올리며 버텼다. 하지만 즐거운 마음 없이 버티는 건 절대 오래 갈 수 없었다. 언제부터였을까. 하루하루 의욕이 떨어지기 시작했다. 아이들에게만 몰입된 하루는 점점 무의미하게 느껴졌다. 불만과 짜증이 늘기 시작했다. 나는 오로지 아이들을 위해서만 존재하고 있었다. 큰아이가 자라 두 살 무렵, 작은아이가 태어났다. 연년생 두 아들을 키우는 게 버겁게 느껴졌다. 숨이 턱에 찰 만큼 답답해하고 있던 어느 날. 나는 '대체 내가 누구일까? 내가 무엇을 좋아하는 걸까?' 내 안의 내가 질문하였다. 도저히 질문에 답이 떠오르지 않았다. 마치 미궁 속에 갇힌 느낌이었다. 밖을 어떻게 해서든 나가고 싶은데 탈출구를 찾기 어려웠다.

나는 아이들에게 괴성을 지르기 시작했다. 자주 화가 났고 그 화는 아이들과 남편에게 영향을 미쳤다. 퇴근하고 돌아오는 남편을 두고 울면서 억울한 마음을 쏟아내기 시작했다. 두 아이와 남편이 잘못한 건 없었다. 무엇이 잘못됐는지 그때는 알 길이 없었다. 엎친 데 덮친 격으로 두 아이가 다니는 어린이집에서 전화를 받았다. 두 아이 모두 어린이집에서 문제 행동을 보인다는 이야기였다. 전화를 끊고 뜨거운 눈물이 볼을 타고 흘렀다. '내가 뭘 잘못했을까? 난 내 열정을 다했는데…' 순간 그간의 모든 노력이 부정당하는 느낌이었다. 무언가 잘못되고 있는 게 분명했다. 인정해야 했다.

내가 열심히 살아온 건 의심의 여지가 없었다. 다만 방법이 틀렸다. 그걸

   아이 둘 엄마, 사업으로 성장하다

인정하기까지 많은 시간이 걸렸다. 바로 그 순간부터 방법을 찾아야 했다. 전문가의 도움을 받아야 했다. 병이 있다면 고쳐야 했다. 그런데 문제는 그 당시 내가 아프다는 생각은 부정했다. 아이들이 아프다고만 생각했다. 아이들이 아프다는 건 엄마의 잘못된 육아 탓이라는 게 분명한데. 그때는 내가 잘못했다는 걸 끝까지 부인하고 싶었다. 난 전혀 문제가 없고 아이들만이 문제가 있다고 생각했다. 다만 내가 행복하지 않다는 건 인정할 수 있었다.

과거를 돌이켜보니 결혼할 때, 임신했을 때. 단 두 사건이 내가 느낀 행복의 전부였다. 눈을 뜨는 아침이 나에겐 기쁨보다는 버거운 일상의 시작이었다. 내가 무얼 위해 살고 있는지 도통 알 수 없었다. 지루한 시간이 흘러 무기력이란 게 온통 나를 휘감았다.

무거운 눈꺼풀을 겨우 뜨고 있던 어느 날. 나는 동생이 보내준 영상 하나를 보았다. 그 영상 속 한 주인공은 이렇게 말했다. "찌질했던 나도 이렇게 성장하고 부자가 되었는데 당신이 못할 게 뭐 있어요?" 지금 돌아보면 지극히 단순한 말이었다. 그런데 그 당시 그 한 문장이 나에겐 충격으로 다가왔다. 야구 방망이로 머리를 한 대 얻어맞은 기분이었다. 그 말을 했던 주인공은 바로 '켈리 최'라는 사람이었다. 켈리 최 회장의 영상, 책, 인터뷰를 공부하기 시작했다. 책과 영상 속 그녀는 유복한 집이 아닌 '흙수저'에서 스스로 노력으로 빛을 발한 사람이었다. 고등학교도 다닐 수 없어 서울로 무작정 혈혈단신 상경했다. 그녀의 용기, 모험심은 정말 닮고 싶었다. 손에 아무것도 쥐고 있지 않았지만 내가 보기에 그녀에게는 무서울 게 없었다. 이 세상에 두려움이 없는 사람이 과연 있을까? 그녀에게도 분명 두려움이란 게 없을 수 없다. 다만 두려움보다 미래를 위해 용기를 선택했다.

그녀는 성공했고, 부자가 되었다. 더욱 그녀를 빛나게 했던 건 부자가 되고 끝이 아니었다. 자신의 성공 과정을 사람들에게 공유해서 희망을 주고 있었다. 그녀는 '나는 선한 영향력을 주는 사람이고 싶다.'라고 말했다. 나 같으면 부자가 되었다면 가진 걸 다 가졌다며 굳이 유튜브를 찍거나 책을 내서 힘들게 살 것 같지는 않았다. 그 모습이 남달라 보였다. 그녀의 이야기를 들으니 어둠의 그늘 속에 있던 나에게도 희망의 빛이 보이기 시작했다.

나를 바라보니 부모에게 받지 못한 사랑과 돌봄에 탓을 돌리며 살았었다. '나는 어차피 받은 게 없으니….'라며 부모 탓, 환경 탓을 돌리고 있던 사람이었다. '내가 불행한 건 당연해.'라는 논리를 펼쳤다. '도전할 수 없는 건 경험이 없으니 어쩔 수 없어.'라고 생각했다. '경험이 없으니 도전을 더 해야지.'라고 생각했었더라면. 새로운 도전을 통해 실패와 어려움을 겪고 그다음 단계로 넘어갔어야 했는데. 나는 그 방식을 회피했다.

성장이 없으니 나보다 재능있는 배우자를 만나면 그만이었다. 내가 못 하니 능력 있는 남편을 만나면 어떻게든 살아낼 수 있을 것 같았다. 자기 신뢰가 없는 한, 누군가에게 의존할 수밖에 없었다. 그런 나에게 켈리 최는 "누구에게도 휘둘리지 말고, 당신 자신의 삶을 사세요."라고 말했다. 그 한마디는 내 뼛속을 타고 흘렀다. 그러고 보니 나는 단 한 번도 자신의 삶을 살아본 적이 없었다. 내가 좋아서 하는 일보다 남이 좋아하는 일을 했다. 내가 나를 칭찬하기보다 남에게 칭찬받기 위해 살았다. 그만큼 나보다 남을 의식하며 살았다. 아이들을 키우며 내가 즐거워하기보다 남편과 부모님이 즐거우면 그만이었다. 나는 언제나 '착한 딸, 착한 아내, 착한 엄마, 착한 며느리'로 살았다. 한평생 가면을 쓰고 살았다. 나로서 산 삶이 한순간도 없었다.

켈리 최 그녀는 '자신의 삶'을 살았다. 빚더미에 앉아 자살까지 생각했다. 그러나 그녀의 엄마를 떠올리며 다시 잘 살아야겠다고 다짐했다. 그리고 자신의 길을 당당히 찾았다. 사업을 하기 위해 갖은 노력을 했다. 초밥의 장인을 찾아가 도움을 청하였다. 그 모든 과정들이 그녀 스스로 결정한 일들이었다. 처음부터 잘 되는 사람은 없었다. 그녀도 마찬가지였다. 그런데 경험하고 공부하며 자신이 원하는 목표를 위해 나아갔다. 내 삶에는 그 과정이 빠져 있었다.

켈리 최는 나의 롤 모델이 되었다. 그녀가 하는 말을 따라 하기 시작했다. 말과 행동을 따라 하니 부정적이었던 내가 점차 변하기 시작했다. 처음엔 아주 조금씩, 하지만 분명히 달라지고 있었다. 더 이상 "나는 안돼."라고 말하지 않았다. 대신 "해 보자.", "될 수도 있어."라고 생각하기 시작했다. 달라져 있는 내가 결심한 건, 온전히 아이를 위한 삶이 아니라, 나의 삶을 살아가고 싶다는 마음이 생겼다. 내가 행복해야 아이들도 행복할 수 있다는 걸 깨달았다. 그녀를 알면 알수록, 내가 누구인지, 어떤 삶을 원하는지, 그리고 지금까지 어떻게 살아왔는지를 진지하게 들여다보기 시작했다.

늘 아이를 위한 삶만 살아왔고, 그게 정답이라고 믿었는데. 정작 나는 바쁜 삶 속에서 점점 내 모습이 사라지고 있었다. 하루의 시작과 끝이 오직 육아였고, 내 감정은 항상 뒷전이었다. 힘들다는 말 한마디 꺼내는 것도 죄책감이 앞섰다. 아이를 낳았으니 당연히 견뎌야 하는 줄 알았다. 엄마라는 존재는 아이들, 가족을 위해 희생하는 존재라고 배웠다. 나를 포함한 이 땅에 엄마들이 그런 왜곡된 신념으로 자신을 방치하고 있었다. 나를 돌보지 않는 삶은 결국 그 누구에게도 건강하지 않다는 걸 깨닫기 시작했다. 그렇게 그녀의 말은 나의 내면을 하나하나 되짚어 보게 만들었다. '지금 내 감정은 괜찮나?', '나는 무엇을 하고 싶지?', '나는 어떤 엄마가 되고 싶지?'와 같은 질문을 던졌다. 질문에 답을 하기 시작하니 내가 어떻게 살아야 하는지 알 것 같았다.

내 삶의 주인공은 아이들이 아니라 바로 '나'였다. 나는 아이들을 위한 '엑스트라'가 아니었다. 아이들이 건강하게 자라날 수 있도록 돕는 건 엄마로서 당연한 역할이다. 그런데 내가 나를 주인공으로 인식하며 아이들을 대하는 건 다른 문제다. 나는 지금껏 왜 그걸 모르고 있었을까? 켈리 최 회장의 말과 글은, 내 마음 깊숙이 침잠해 있던 질문들을 밖으로 끌어냈다. 나에게 '변화'는 불현듯 찾아왔다. 갑작스레 찾아온 '그 사건' 하나를 통해 내 일상이 변하기 시작했다. 아침에 눈을 뜨고 오늘 내가 무엇을 할지 스스로 선택하는 일, 좋아하는 커피를 천천히 마시는 일, 책 한 권을 온전히 나를 위해 읽는 일─그 조그마한 행동들이 쌓이면서, 나는 조금씩 달라졌다.

작은 변화들이 쌓이고 나서야 비로소 보이기 시작한 것들이 있었다. 예전에는 거울을 보는 것조차 싫었다. 피곤하고 지쳐 있는 누런 내 얼굴, 희망이라곤 없는 무기력한 내 눈빛을 보는 게 괴로웠다. 하루에 단 10분이라도 나를 온전히 들여다볼 수 있는 명상의 시간. 작은 일 하나라도 내가 직접 선택하기 등 내가 내 삶을 이끌어 가는 것 자체가 나에겐 새로운 기회였다. 어느새 거울 속 내 모습이 이전과는 달라지기 시작했다. 뭔가 대단한 일을 해서가 아니라, '나는 충분히 그럴만한 가치가 있다'는 감정을 느끼기 시작했기 때문이다. 두 아이의 엄마, 한 남자의 아내라는 역할을 뛰어넘어 '나다운 나'로서 나를 바라보게 되었다.

내 삶의 혁명이었다. 누군가를 위해서만 존재해야 했던 나에서 온전히 나를 위한 삶을 살게 되었다는 것. 그것은 내가 나에게 주는 첫 번째 선물이었다. 왜 나는 지금껏 이 사실을 깨닫지 못했을까? 내 안의 '나'라는 존재가 얼마나 외로웠을까? 내가 나에게 정말 미안했다. 나를 바라봐달라고 그토록 소리치며 불렀을 걸 생각하니 마음이 아렸다.

내가 변하자 아이들도 달라졌다. 예전엔 왜 아이들이 내 말을 안 듣는지, 왜 그렇게 날 힘들게 하는지 이해할 수 없었다. 그런데 이제는 알 것 같았다. 내가 먼저 지쳐 있었고, 내 감정이 날마다 흔들리니 아이들도 불안했던 거였

아이 둘 엄마, 사업으로 성장하다

다. 아이들이 불안하면, 그 불안은 언어가 아닌 행동으로 표현될 수밖에 없다. 나는 그걸 미처 몰랐다. 진정 아이들에게 해 주고 싶은 마음은 차고 넘쳤다. 문제는 내가 나를 존중하지도, 사랑하지도 않는데 상대에게 그 존중과 사랑을 줄 수는 없었다. 사랑도 받아본 사람이 줄 수 있다고 한다. 일단 내가 나를 사랑하는 게 우선이었다. 내가 나를 위한 시간을 선물하니 여유가 생겼다. 그 여유는 아이를 사랑으로 바라볼 수 있는 에너지로 발현됐다.

나는 여전히 배우는 중이다. 지금도 가끔은 불안하고, 또 때로는 과거의 습관처럼 자책하는 나 자신과 싸운다. 하지만 적어도 이제는 그런 감정을 억누르기보다 당당히 바라볼 수 있는 용기가 생겼다. 돌아보면 나는 육아가 단지 체력적으로 힘들어서 지쳤던 것이 아니었다. 나 자신, 내 존재를 잃어버린 채 살고 있었기 때문에 쉽게 무너졌었다. 이제는 나를 다시 찾는 과정이야말로, 진짜 성장이라는 걸 깨닫는 중이다. 나는 이것을 켈리 최라는 사람을 통해 배웠다. 물론 완벽하게 달라진 건 아니다. 여전히 흔들리고, 실수도 하고, 때로 예전의 나로 돌아가기도 한다. 하지만 적어도 이제는 안다. 내가 힘들 땐 어떻게 생각해야 하는지, 어떤 방향으로 나아갈지. 그리고 그 시작에는 켈리 최가 있었다.

그녀는 나에게 단순히 유명한 사람이 아니었다. 무너졌던 나를 일으켜 세운 사람이었다. 절망의 끝에서 손을 내밀어 준 사람. 내 인생의 '은인'을 만났다는 것에 다시 한번 감사함을 느낀다. 당신도 나처럼 벼랑 끝에서 손을 잡아줄 사람이 필요한가? 간절히 원하면 분명 당신도 그러한 인연을 만나게 될 거라 믿는다.

엄마이기 전에, 당신은 한 사람이다. 당신의 감정, 욕구, 꿈은 결코 사치가 아니다. 오늘, 아주 작게라도 '나를 위한 1가지'를 선택해 보면 좋겠다. 그것이 당신 삶의 혁명이 될 수 있다. 진짜 변화는, 나로부터 시작된다.

2

바닥난 자존감을 멱살 잡고 끌어올린 400일의 몰입

"사람은 실패해서 자신을 잃는 게 아니라, 반복하지 않아서 자신을 잃는다." – 존 C. 맥스웰

알고 보니 내가 그어 놨던 한계, 선은 내가 만들어 놓은 착각에 불과했다. 챌린지를 통해 익힌 습관들은 그 자체로 삶의 엔진이 됐다.

내 인생이 온전히 바뀐 건 단 한 사람을 만난 이후부터였다. 켈리 최. 그녀의 이야기를 처음 접했을 때, 내가 가진 가능성에 대해 진지하게 고민하게 됐다. '나도 할 수 있을까?'라는 질문이 마음 한구석에 자리 잡았다. 하지만 질문만으로는 아무것도 바뀌지 않았다. 변화는 실천에서 시작됐다.

그녀가 주도하는 '100일 끈기 챌린지'에 참여하게 되었다. 구체적인 실천을 담은 프로젝트였다. 독서, 꿈 노트 쓰기, 운동, 동기 부여 필사. 이 4가지를 매일 하고, SNS에 인증을 올리면 되었다. 처음엔 별로 어렵게 느껴지지 않았다. 그런데 막상 실행하는 건 쉬운 일이 아니었다. 그것도 100일간 매일 하는 일이었다. 한두 번 하는 건 얼마든지 할 수 있다. 하루도 빠짐없이 매일 하는 건 강한 의지가 필요하다. 나는 '미라클 모닝'을 선택했다. 아침 5시에 일어나 하루를 시작하는 습관. 오전 시간 100일 챌린지를 하기로 마음먹었다.

시작은 늘 그렇듯 힘들었다. 하루 이틀은 정신없이 지나갔다. 세 번째 날, 네 번째 날부터는 무거운 눈꺼풀을 억지로 떠가며 침대에서 나오는 게 고통

이었다. 포기하고 싶은 생각이 수시로 들었다. 하지만 기특하게도, 하루만 더 해 보자는 마음이 들었다. 그 하루가 지나자 또 하루가 왔다. 그렇게 일주일이 지나고, 두 주가 흘렀다. 조금씩 달라지는 나 자신이 느껴지기 시작했다.

원래 나는 '작심삼일'의 아이콘이었다. 무언가 시작했다가 이틀도 못 가 끝내는 경우 허다했다. 끝까지 해 본 적 없는 내 모습에 자책했다. 실패할까 두려웠다. 그런데 왠지 이번에는 달랐다. 매일매일 인증을 하고, 결과를 눈으로 확인하였다. 인증 완료했다는 댓글을 보며 그들과 한배를 타고 있다는 편안함이 나를 감쌌다. 참여자들과 함께 소통하면서 서로를 격려했다. 기분이 좋지 않으면 챌린지를 미루고도 싶었다. 때론 몸이 아파 챌린지를 못 할 뻔한 때도 있었다. 감사하게도 첫 번째 100일 챌린지에 성공할 수 있었다. 끝까지 해낸 건 이번이 처음이었다. 단 한 번의 성공. 별거 아닐 거라 생각했다.

챌린지 성공 이후, 내 삶은 너무나 달라져 있었다. 몸은 가벼워졌고, 마음은 단단해졌다. 가장 큰 변화는 자존감이었다. '나 같은 사람도 해냈다'는 자부심. 그게 엄청난 에너지가 됐다. 그래서 멈추지 않았다. 200일, 300일, 말만 들어도 숨이 찰 정도의 숫자다. 하지만 나는 해냈다. 그 긴 시간을 하나하나 쌓아 올렸다. 하루하루가 작고 사소해 보여도, 그 작은 하루들이 모여 나를 신뢰하게 되었다. 끈기는 타고나는 게 아니라 훈련으로 좋아질 수 있다는 것. 하면서 느꼈다.

가장 중요한 깨달음 하나를 꼽는다면, 혼자 했다면 아마 끝까지 성공하기 어려웠을 것 같다. 같은 목표를 가진 사람들과 함께하니 가능했다. 매일 인증하면서 서로를 응원하였다. 포기하고 싶을 땐 누군가의 기록을 보며 의지를 다지곤 했다. 함께 한다는 것'이 얼마나 큰 힘을 발휘하는지, 그때 처음 알았다. 챌린지를 하면서 만난 사람들. 그들의 눈빛은 살아 있었고 긍정 기운이 흘러넘쳤다. 나처럼 꿈을 꾸고, 성장을 말하며 서로를 북돋아 주는 사람들이었다. 늘 피곤하고 의욕 없던 사람들 틈에 지쳐 있곤 했는데. 이곳은 분위기 자체가 달랐다. 좋은 사람을 통해 좋은 기운을 받을 수 있다는 것. 처음으로 경험했다.

긍정은 전염된다. 나도 긍정으로 가득 찬 사람들과 변하기 시작했다. 드디어 400일 끈기 프로젝트를 성공리에 마쳤다. 성공했다는 성취감이 컸다. 무엇보다 나는 챌린지 하는 과정에서 많은 걸 배웠다. 챌린지 하는 내내 내가 무언가를 해내고 있다는 그 성취감에 매료됐던 것 같다. 성장도 중독이 될 수 있다는 것 그때 깨달았다. 나는 챌린지 하기 전과는 다른 사람이 되어 있었다. 뭐든 할 수 있다는 자신감이 생겼다.

챌린지를 하기 전까지는 '내가 뭘 잘할 수 있을까? 내가 과연 챌린지에 성공이나 할 수 있을까?' 내가 나를 믿지 못했다. 나에 대한 확신이 생겼다. 해보지 않은 경험도 얼마든지 할 수 있을 거란 용기가 생겼다. 새로운 경험에 벌벌 떨던 내가 해 본 적 없던 사업을 해 보겠다는 마음이 들기 시작했다. 사업하면 망하는 줄 알았다. 사업은 돈 있는 사람들만 하는 일로 생각했다. 돈을 버는 건 내가 할 수 있는 일 안에서만 가능하다고 생각했다.

학원에서 아이들 가르치는 일로 돈을 벌었다. 내 시간과 재능을 써야만 돈을 벌 수 있다고 믿었다. 400일 챌린지에 성공한 후 내 시간을 갈아 넣지 않아도 얼마든지 돈을 벌 수 있다고 생각하게 되었다. 그 순간부터 사업에 대한 개념이 달라지기 시작했다. 월급으로만 돈을 벌 수 있다고 생각했던 나에게 사업해서 돈을 버는 일은 굉장한 혁신이었다. 사업을 통해 내 삶을 내가 주도할 수 있을 거란 희망이 들기 시작했다.

100일 챌린지를 하며 매일 루틴을 하기 시작했다. 운동, 독서, 글쓰기, 긍정 확언. 매일의 스케줄이 정해졌다. 처음부터 모든 일을 해내는 건 쉽지 않았다. 하루, 이틀, 사흘… 매일 쌓이고 쌓이니 없던 목표가 떠오르기 시작했다. 작은 목표에서 인생 목표까지. 내가 현재 살아가는 이유를 느끼게 됐다. 왜 사는지 이유를 몰랐던 '나'에서 이제는 루틴을 이루어 내고 새로운 목표를 위해 살아갈 '나'로 변해 있었다. 4년이 지난 지금도 나는 여전히 그 루틴을 하고 있다. 무슨 일이 있어도, 루틴은 내 삶의 일부가 되었다.

사람은 변하기 어렵다고들 한다. 그런데 사람은 변할 수 있다. 반복은 변화를 만든다. 한두 번 한다고 절대 변하지 않는다. 중요한 건 꾸준함이고, 끈기다. 그 끈기를 어떻게 기를 수 있는지 그건 자신의 의지에 달렸다.

이 글을 쓰는 지금도 여전히 매일 루틴을 유지하고 있다. 루틴을 통해 꿈도 함께 이루어 나가고 있다. 꿈이 없는 사람들 주변에 많다. 내가 원하는 가치와 목표를 이루기 위해서는 일단 루틴을 만들고 실행해 나가야 한다.

끈기 챌린지 400일 완성. 그것은 나에게 단순한 기록이 아니다. 챌린지 하며 내가 나를 믿게 된 시간이었다. 상처로 얼룩져 있던 나를 회복한 시간이었다. 내 안의 나를 정면으로 마주한 시간이었다.

내가 가진 '가능성의 기준'이 달라졌다. 한계를 넘어설 수 있다는 용기가 생겼다. 할 수 있는 일과 할 수 없는 일이 명확했었다. 그 경계를 넘는 건 말도 안 되는 일이었다.

이제 도전을 통해 하나씩 이루어 갈 수 있다는 생각부터 든다. 알고 보니 내가 그어 놨던 한계, 선은 내가 만들어 놓은 착각에 불과했다. 챌린지를 통해 익힌 습관들은 그 자체로 삶의 엔진이 됐다. 예를 들어 책을 읽고 나서 인상 깊은 문장을 필사하였다. 그 문장은 내가 어떤 사람인지 더 깊이 들여다보게 했다. 나를 바라볼 줄 몰랐고 나와의 대화는 있는지조차 몰랐다. 매일 일상에 치이고, 상대의 눈치를 보며 사느라 내 감정이나 내 진짜 바람을 돌볼 여유조차 없었다.

그랬던 내가 매일 꿈 노트를 쓰며, 목표를 계획하고 실행해 나갔다. 하루의 성과를 기록하며 내 감정과 생각을 글로 정리하였다. 어설프고 불안한 내가 이제는 나의 든든한 매니저가 되어 나를 관리하고 있었다. 나의 감정, 패턴, 습관, 강점, 약점을 글로 쓰니 머릿속으로만 맴돌던 게 명확해졌다. 단순한 끈기를 넘어서, '자기 관리'라는 패턴을 익히기 시작했다.

하루하루 루틴을 해 나가는 일은 겉보기엔 지루하고 단조로워 보일 수 있다. 매일 하는 일, 같은 시간, 비슷한 행동들. 나는 확실히 성장하고 있었다. 운동을 통해 몸이 강해졌다. 독서를 통해 사고가 확장되었다. 글쓰기를 통해 생각이 정리되었다. 급기야 긍정 확언을 통해 의식이 바뀌기 시작했다.

긍정 확언은 하루를 살아가는 '에너지원'이었다. 처음엔 입으로만 외치는 게 얼마나 효과가 있을까 싶었다. 놀랍게도 내가 한 말이 내 행동을 바꾸고, 바뀐 행동은 현실을 바꾸었다. "나는 할 수 있다.", "나는 매일 성장한다.", "나는 내 삶을 책임진다."라고 수십 번씩 반복하다 보면, 결국 그 말이 나의 신념이자 주인공이 되었다. 뇌는 현실과 상상을 구분 못 한다고 한다. 뇌를 속여 긍정 확언을 삶에 적용하게 되었다.

챌린지 이후 사람 만나는 태도도 달라졌다. 새로운 사람을 만날 때 두려움이 컸다. 상대가 나를 어떻게 볼까, 무시하지 않을까, 괜히 나선 건 아닐까 하는 마음이 컸다. 이제는 누구를 만나든 내 생각을 자유자재로 표현할 수 있다. 나를 설명할 수 있는 용기가 생겼다. 나만의 철학이 생겼다.

루틴은 나에게 분명 자신감을 줬다. "내가 매일 해낼 수 있는데, 이 일도 못 해낼까?"라는 자기 확신.

분명 나는 나와의 약속을 지켜낸 사람이었다. 그 경험은 사업을 하며 결정적인 힘이 되었다. 어려움이 닥칠 때, 파도에 휩쓸리듯 쉽게 흔들리지 않았다. 나는 이미 매일의 작은 성공들을 해내고 있기 때문이다. 매일의 루틴을 통해 인내와 끈기를 증명할 수 있었다.

오늘도 나는 도전하고 있다. 챌린지가 끝났다고 해서 끝난 게 아니다. 오히려 진짜 챌린지는 지금부터다. 나는 이제 안다. 어떤 목표든, 작게 나누고 매일매일 꾸준히 실천하면 결국 이룰 수 있다는 걸.

나는 더 이상 '작은 사람'이 아니다. 토니 로빈스의 말처럼 내 안의 잠든 거인이 살아 숨 쉬고 있다. 나도 상대에게 변화의 불씨가 될 수 있다고 믿는다. 과거의 내가 그랬던 것처럼, 누군가가 나에게 '나도 할 수 있을까요?'라고 묻는다면, 이렇게 말해주고 싶다.

"얼마든지 당신도 할 수 있어요. 작은 하루, 작은 일 하나가 결국 당신이란 사람을 바꾸게 할 거예요."라고 말이다.

끈기는 타고나는 게 아니라, 매일의 작은 실천에서 길러지는 힘입니다. 400일 동안 나는 매일 루틴을 지키며 내 안의 가능성과 마주했고, 작고 사소한 하루들이 모여 나를 완전히 바꿔 놓았습니다. 중요한 건 완벽함이 아니라 꾸준함입니다. 처음엔 흔들려도 괜찮습니다. 하루만 더 해 보자는 마음이 쌓여 당신을 성장시킬 겁니다. 작은 행동 하나가 당신의 인생을 바꿀 수 있습니다. 지금 시작하세요.

3

'착한 엄마'라는
가스라이팅에서 벗어나기로 했다

"당신이 반복하는 것이 결국 당신이 된다." – 윌 듀랜트

변화는 거창한 결심이 아니라 아주 사소한 선택에서 시작된다. 식당에서 새로운 메뉴를 고르고, 처음 가는 길을 택하는 것처럼 작고 단순한 시도가 삶의 방향을 바꾼다.

나는 변화를 두려워했다. 누군가 새로운 음식을 먹자고 제안하면 '입에 안 맞으면 어쩌지?'라며 거절했다. 항상 가는 길이 아닌 새로운 길로 가야 할 때면 불안함이 올라왔다. 모르는 일을 접할 때면 '내가 뭘 알겠어?'라며 자포자기를 선택했다. 하던 대로, 먹던 대로 사는 게 나를 지키는 일이라 생각했다.

그랬던 내가 400일 끈기 챌린지라는 걸 도전하게 되었고 끝끝내 해내고 말았다. 하루하루 나와의 약속을 지켜내려고 했다. 타인과의 약속보다 나와의 약속이 나의 성취를 도왔다. 챌린지를 통해 쌓인 감정은 단순한 성취감 이상이었다. '이제는 나를 믿을 수 있겠다'라는 확신이었다. 끈기는 다른 말로 나와의 약속을 지키는 행위이다. 더 나아가 내가 나에게 헌신하겠다는 용기였다.

다른 사람을 위해 목숨을 바치는 사람을 두고 우리는 '영웅'이라고 말한다. 그렇다면 내가 나에게 헌신한다는 것 또한 용기가 필요하다고 본다. 놀랍게

아이 둘 엄마, 사업으로 성장하다

도 내가 나에게 헌신할 용기를 갖게 되니 두려움이 사라졌다. 무언가 해 보지 않은 것을 하게 될 때, '실수하면 어떡하지?', '망하면 어쩌지?'라는 반응이 먼저였다. 나를 믿기 시작한 후부터 '이거 해 보면 재밌겠는데? 처음엔 어렵겠지만 하다 보면 잘할 수 있겠는걸?'이라고 생각하게 되었다. 어느새 바뀌어 있는 나를 보며 '내가 이런 사람이었나?' 얼떨떨하기도 했다.

변화는 사소한 것부터 시작해서 점점 커졌다. 식당 가서 메뉴판을 보며 먹어보지 않은 메뉴를 골라봐야겠다는 호기심이 생기기 시작했다. '이번엔 이거 한번 먹어볼까?' 실패하더라도 괜찮을 것 같았다. 새로운 경험은 나를 더 넓은 세계로 데려다줄 테니. '맛 좀 없으면 어때? 다음번에 안 시키면 되지.' 이런 식의 사고 습관이 생겼다.

지출 습관도 달라졌다. '돈은 반드시 필요한 곳에만 써야 해.'라는 강박이 있었다. 교육비, 생활비 등 나 아닌 상대를 위한 소비에만 돈을 쓴다고 생각했다. 그러던 내가 이제는 나를 위한 투자에도 돈을 쓸 수 있다고 바뀌기 시작했다. 돈을 쓰는 곳도 변하기 시작한 것. 나를 사랑하지 않았을 땐 나를 위한 투자는 생각 못 했다. 나에게 너무 인색했다. 새로운 걸 배우는 데 시간과 돈을 쓰는 게 아깝지 않았다. 설령 돈을 써서 결과로 이어지지 않더라도, 배운 그 순간이 나에겐 기쁨이었고 나중에라도 분명 도움이 되었다.

사고 패턴이 변하기 시작하자 행동이 바뀌었다. 이제는 도전 앞에서 두려움보다 흥분과 설렘이 다가왔다. '내가 할 수 있을까?'보다는 '어디까지 해낼 수 있을까?'라는 마음으로 변했다. 기회가 왔을 때 도전을 못 하게 되었을 땐 안 해 본 것에 아쉬움이 컸다. 나를 아는 사람들이 나를 오랜만에 보고는 달라진 나를 의심했다. 조용하고, 분위기에 온순하게 잘 따르던 나였다. 불평한마디 안 하던 내가 갑자기 따지기 시작했다. 알고 보니 내 속에 하고 싶은 말이 참으로 많았다. 상처받고 싶지 않아서, 갈등이 생기기 싫어서, 혹시 나 때문에 누군가 불편해질까 봐 늘 참았다.

내 목소리는 언제나 작았다. 강한 상대의 의견에 그냥 따를 뿐이었다. 자기 확신이 생기고 자존감이 올라가기 시작하니 비로소 내 생각과 감정을 표현하기 시작했다. 처음엔 '나답지' 않은 행동에 주변 사람들 무척이나 당황스러워했다. 가족들이 변한 나를 보며 심기에 무슨 충격이 있었나 하는 반응이었다. 변한 나를 보며 당황스러워 관계가 소원해지거나 심지어 아예 끊긴 사람도 생겼다. 내가 뭔가 잘못한 건가 자책하기도 했다. 변화 앞에는 진통이 따르듯 그 일련의 과정은 '회복의 과정'이었다. 본래의 나로 돌아가고 있었다. 감정은 건강하게 표현해야 한다. 그간 나는 내 감정을 꾹꾹 눌러왔다. 내가 상처받지 않기 위해 착한 사람으로 살아왔다.

도전과 변화는 내 안에 오래 묵혀 있던 매듭을 풀었다. 변화는 외부에서 내면으로까지 이어졌다. 사람들은 상대를 바꾸려고 하다 보니 갈등이 커질 수밖에 없다. 내가 먼저 바뀌면 관계는 자연스럽게 좋아질 수 있다. 나만의 고집스러운 신념에서 벗어나야 했다. 나를 지켜준다고 믿었던 형식들 그게 오히려 올가미였단 사실을 깨달았다. 사고의 유연함이 필요했다. 그게 변화의 시작이었다. 남들 눈치와 시선에 나를 맞추려 했던 모습을 뛰어넘어야 했다.

내 변화를 가까이서 지켜본 남편과 아이들은 달라진 아내, 엄마의 모습에 놀라워했다. 결핍을 채우고자 온전히 아이들 교육에만 전념하다 보니 늘 지쳐 있었다. 나를 돌볼 여유도 없었다. 그랬던 내가 매일 아침마다 운동을 하고, 책을 읽었다, 비전을 담은 꿈을 적고, 명확한 목표를 말하는 내가 되어 있었다. 그러고는 "나, 사업 좀 해 보려고."라고 불쑥 말하는 나. 남편은 돌발적인 나의 반응에 당황해하며 갈등을 빚기도 했지만 이제는 나를 묵묵히 응원해 주는 동료가 되었다. 아이들도 마찬가지다. 늘 화를 내고 잔소리만 하던 괴물 같은 엄마였다. 이제는 당당히 미래의 삶을 꿈꾸며 도전하는 엄마가

   아이 둘 엄마, 사업으로 성장하다

되었다. 긍정적 변화는 분명 아이들에게도 좋은 영향을 주고 있다고 생각한다. 꿈을 실행하는 엄마의 모습을 보며 아이들도 꿈을 향해 나아가고 있다.

내 삶의 변화에 대한 용기가 생겨난 건 의외로 아주 사소한 순간들이었다. 나에게 부당한 말과 표현을 한 사람에게 적절한 반응을 할 수 있게 되었다. 아니라고 말하기 전부터 가슴이 뛰었다. 혹시라도 내가 한 말로 사이가 틀어질 게 두려웠다. 해야 할 말은 용기 있게 하는 사람으로 바뀌기 시작하자 힘겨웠던 하루가 놀라움으로 바뀌기 시작했다. 이제는 관계가 끊어지더라도 나를 지키기 위해 당당히 나를 표현하기로 했다. 싫은 건 싫다고, 원하지 않는 건 원하지 않는다고 말한다. 당연히 이전보다 갈등은 더 많아졌다. 오해도 많아졌다. 다툼과 언쟁이 많아져도 분명한 건 내가 나를 나답게 지키는 일이며 이는 내면의 성장이 일어나고 있다는 뜻이다.

한계를 그었던 내가 유연성을 발휘하기 시작하니 더 많은 기회가 다가왔다. 누군가 "이런 거 한번 해 볼래요?"라고 말하면 두려움에 늘 뒷걸음쳤다. "저는 잘 몰라요", "제가 그런 걸 할 수 있을까요?"라고 말하며 기회를 놓치는 일이 반복됐다. 이제는 다르다. 두렵지만 두들겨 보고 해 보려 한다. 모르지만 겸허하게 배우려 한다. 용기가 없어도 나의 한계를 시험해 보고자 도전한다. 새로움에 대한 태도가 달라지니 안 해 보고 몰랐던 경험들이 하나둘 쌓이기 시작했다. 작은 워크숍 발표부터, 소모임 리더, 사람들 앞에서 이야기하는 자리까지. 굳이 안 하겠다고 하면 그냥 지나갔을 기회들이었지만, "한번 해 볼게요."라고 바꾸었다.

시도해서 결과가 항상 좋은 것만은 아니었다. 중요한 건 '결과'가 아니라 내가 나답게 변화하는 적응의 시간을 갖는 일이었다. 성패가 중요한 게 아니라 난 적어도 그 일을 해 봤으니 그것으로 족했다. 내가 하고 싶은 일보다는 해야 할 일에만 집중하며 살았다. 내 생애 내가 원하는 일을 해 보겠다고 생각해 본 적 없다. 지금은 내가 원하는 일에 초점을 맞추고 있다.

나에게 초점을 맞춘다고 타인의 요구를 무조건 배제하자는 얘기는 절대 아니다. 아이들 꿈이 중요한 만큼 엄마인 내 꿈도 놓치지 않겠다는 얘기다. 과거엔 아이들을 잘 키우기 위해선 엄마의 꿈과 직업도 당연히 포기해야 한다고 생각했다. 내가 엄마이기 전에 나는 '이광희'라는 사람의 꿈을 통해 성장하는 존재이다. 내가 진정으로 행복한 삶을 살아야 내 아이들도 행복하게 키울 수 있다. 손톱 발톱 물어뜯고 문제를 일으키던 아이들. 엄마가 변하자 아이들도 변했다. 백 마디 말, 잔소리가 필요 없었다. 엄마의 표정, 행동, 말이 바뀌니 아이들도 빠르게 변하기 시작했다.

엄마를 보며 찡그리던 아이들이었다. 이제는 환한 미소와 웃음으로 엄마를 반기고 있었다. 어느 날 작은아이가 내게 "엄마, 어떻게 그걸 했어?"라고 대뜸 질문했다. 그 말에 난 눈물이 핑 돌았다. "엄마도 무서웠지, 그런데 나를 믿게 믿기 시작하니 하게 되더라. 두려워도 일단 해 보면 별거 아니라고 느끼게 되거든." 이렇게 말하고 있는 내가 자랑스럽기까지 했다.

첫째, 변화는 거창한 결심이 아니라 아주 사소한 선택에서 시작된다. 식당에서 새로운 메뉴를 고르고, 처음 가는 길을 택하는 것처럼 작고 단순한 시도가 삶의 방향을 바꾼다.

둘째, 끈기는 '나와의 약속'을 지키는 힘이다. 타인을 위한 약속보다 스스로와의 약속을 우선순위에 두자. 자신과의 신뢰는 자존감을 세우는 근본이다.

셋째, 나를 위해 투자하는 데 주저하지 않았으면 한다. 시간과 돈을 써서 배우는 경험은 결코 낭비가 아니다. 그 순간의 몰입과 즐거움은 삶을 확장시키는 자산이 된다.

넷째, 감정을 억누르기보단 건강하게 표현하자. 갈등을 피하려다 내 목소리를 지우지 말자. 때론 관계가 멀어지더라도, 나를 지키는 것이 더 중요하다.

다섯째, 기회 앞에서 "한번 해 볼게요."라고 말해보자. 두려움보다 경험이 훨씬 큰 가르침을 준다. 결과보다 도전 자체에 더 큰 의미가 있다.

여섯째, 엄마로서의 나 이전에 '나'라는 존재가 있다는 걸 잊지 말자. 엄마가 행복해야 아이도 행복하다. 내가 꿈을 향해 나아갈 때, 아이들도 자연스럽게 꿈을 좇게 된다.

일곱째, 변화는 혼자 일어나는 게 아니다. 나의 변화는 가족, 관계, 삶 전체에 긍정적인 진동을 일으킨다. 내가 바뀌면 세상도 달라 보인다. 지금의 당신으로도 충분하다. 천천히 나를 믿어보자. 분명 인생이 달라지기 시작한다.

4

월급쟁이 마인드를 버리고
비로소 '장사'를 시작하다

'저 사람들은 특별해서 그런 거야.'라는 말 대신 '나도 해 볼 수 있지 않을까?'라는 가능성이 움트기 시작했다.

나는 어릴 때부터 '해도 안 되는' 사람이었다. 초등학교 2학년 때 자기소개를 하는 날. 나는 친구들 앞에서 나를 표현하는 게 서툴렀다. 내 이름이 불리고 교탁에 섰다. 입이 떨어지지 않았다. 교탁에 손을 얹었다. 교탁이 손에 있는 땀으로 적셔질 정도였다. 너무 긴장한 탓에 목도 굳었다. 선생님의 목소리가 들렸다. "너 지금 거기서 뭐 하고 있어? 벙어리야? 시간 없어!" 그 말이 나에게 상처로 다가왔다. 나는 선생님 말대로 벙어리였다.

적어도 어릴 땐 그랬다. 그리고 선생님, 아이들 앞에서 난 언제나 자신감 없는 아이였다. 그 이후 난 언제나 주눅이 들어 있었다. 친구들 사귀는 것도 어려웠다. 친구들 앞에서는 웃지만, 마음속 깊은 곳에선 울고 싶을 정도로 외로웠다. 난 언제나 외톨이였다. 어른이 돼서도 난 여전히 자신감 없이 살았다.

2020년 10월, 자기 계발을 시작했다. 한 번도 생각지 못한 세계가 펼쳐졌다. 처음에는 성공한 사람들을 따라 하기만 했다. 해 본 적 없는 나는 이미 성공을 경험한 사람들 이야기에 귀 기울이는 게 당연했다. 독서, 필사, 꿈 노트 쓰기, 운동, 긍정 확언. 좋다는 건 다 했다. 몸에 좋다는 건 뭐든 먹는 것처럼. 성장과 성공을 이미 경험한 사람들은 '루틴'으로 지금의 업적을 만들어 내었다. 40대 초반까지 부정적 신념으로 살아왔던 내게 어느새 '나도 할 수 있는' 사람이 되어가고 있었다.

하루하루 작고 사소한 실천들이 내 신념을 바꾸기 시작한 거다. 그러던 어느 날, 머릿속에 하나의 생각이 스쳤다. "나도 이제 부자가 될 수 있지 않을까?" 예전엔 감히 떠올릴 수조차 없던 단어였다. 부자, 성공, 경제적 자유. 나와는 상관없는 남의 이야기였다. 마치 내 마음에 금이 가면서 그 틈을 타 긍정의 빛이 새어 나오듯. '저 사람들은 특별해서 그런 거야.'라는 말 대신 '나도 해 볼 수 있지 않을까?'라는 가능성이 움트기 시작했다. 특히 켈리 최가 했던 말들이 뇌리에 깊게 남았다. "부자가 되고 싶다면, 사업을 해야 한다.", "경험할 수 있는 건 다 경험해 봐라. 단, 감당한 선에서." 이 말은 기존 생각의 기준을 뒤집어 놓았다. 나는 항상 '안전'만 생각하며 살았다.

새로운 기회를 만드는 건, 나에게 위험한 일이었다. 그런데 켈리 최는 뭐든 해 보란다. 특히 사업 도전에 적극적이었다. 그녀의 말을 통해 난 사업은 대단한 사람들만 하는 게 아니라는 걸 처음으로 이해하게 됐다. 이를 깨닫자마자 바로 사업 공부에 도전장을 내밀었다. 막상 사업 공부를 하려고 하니, 머릿속이 하얘졌다. 뭐부터 시작해야 할지. 어디서 뭐부터 배워야 할지 감이 오질 않았다. 당연했다. 나는 그 어떤 사업 경험도 없었다. 아이들을 가르치는 일을 했고, 평범한 주부였다.

사업 공부를 하겠다고 마음먹으니 그때부터 간절해졌다. 유튜브에 올라온 사업 성공자들의 영상을 보기 시작했다. 영상 속 주인공의 말, 행동, 태도를 하나씩 흡수했다. 사업 관련 책도 찾아 읽었다. 블로그나 SNS에 올라온 경험담도 꼼꼼히 챙겨봤다. 영상과 글을 읽으면서 사업을 하고 싶다는 마음이 점점 더 커져 갔다. 이때 알았다. 내가 무언가에 관심을 보이고 자료를 찾아보면 점차 열정이 올라온다는 사실. 종이 한 끗 차이였다.

사업에 전혀 관심 없던 30대. 새로운 경험에 대한 호기심조차 없었다. 자기 계발 공부를 하면서 호기심이 생겼다. 사업 공부를 시작하면서 경험하지 않은 내용에 흥미가 생기기 시작했다. '1년 만에 10억 벌기', '3년 안에 100억 만들기'와 같은 자극적 콘텐츠들. 내 마음을 들었다 났다 했다. 처음엔 마음이 조급해지기도 했다. 부자라고 말하는 사람들 이야기를 들으니 내가 너무 뒤처진 느낌이었다. 비교는 독이었다.

불도저처럼 달려들어 시작한 사업. 공부하면서 오르락내리락 롤러코스터를 탄 것처럼 불안감에 휩싸였다. 그때마다 잠시 멈추어 생각에 잠겼다. 내가 진짜 원하는 게 뭔지. 지금 가고 있는 이 길이 맞는지. 물음이 쏟아졌다. 묻고 생각하니 확신이 하나 생겼다. "난 늦은 게 아니야. 지금이라도 깨달았으니 난 이미 이룬 거나 마찬가지야. 사업은 내게 경제적 자유를 선물해 줄 거야. 그리고 잠재의식은 원하는 일을 할 수 있도록 이끌 거야. 이제부터 나는 사업하는 사람이야. 나는 사업으로 내 꿈을 이룰 거야."라고 말이다.

주먹을 불끈 쥐었다. 내게 하나의 영상이 눈에 띄었다. '송 사무장' 그의 말이 낯설지 않았다. 부동산, 다양한 사업에 대한 성공 경험을 말하고 있었다. 그는 유료 온라인 강의를 운영 중이었다. '사업 투자반'이라는 프로그램이 눈에 들어왔다. 내게 부담되는 수강료를 내야 하는 일. 그게 첫 번째 도전이었다. 결심한 이상 사업 공부에 진도를 빼야 했다. 필라테스, 수영장, 카페, 고시원 등 다양한 사업 분야의 사례들을 배우기 시작했다.

처음엔 이해가 안 갔다. 강의를 반복해서 들으니 조금씩 어색했던 단어가 들리기 시작했다. 내 마음에 '이거다'란 사업은 단연코 '고시원 창업'이었다.

강사는 나와 같은 평범한 주부였다. 세 아이의 엄마이기도 했다. 고시원 창업에 성공했다는 이야기는 내게 감동을 주었다. '나도 할 수 있겠다!' 용기가 불끈 솟았다. '저 사람도 했는데, 나라고 못 할 게 뭐 있어? 기술 없이도 할 수 있다는데 한번 해 보자!'라는 목소리가 나를 이끌었다. 그게 본격적으로 시작하는 계기였다.

그때부터 '고시원'이라는 단어를 마음에 새기기 시작했다. 가슴이 쿵쾅거리기 시작했다. 지금 당장이라도 해 보고 싶었다. 열정에 반해 현실은 녹록지 않았다. 돈이라는 현실의 벽이었다. 모아둔 돈이 없었다. 남편은 내게 생활비 조로 카드를 주었다. 그게 전부였다. 방법은 단 하나. 대출이었다. 주부인 내 조건으로는 대출받기 어려웠다. 직장 다니는 남편을 설득해야 했다. 처음엔 남편이 강하게 반대했다. 사업 경험이 없는 내가 대출해 달라고 하니 불안할 수밖에 없었다. 어렵사리 남편 설득에 성공했다.

낡은 미니룸 형태의 고시원을 인수했다. 고시원을 인수했다고 끝이 아니었다. 이제부터가 시작이었다. 낡은 고시원을 리모델링해야 광고를 내서 공실을 채울 수 있었다. 내가 봐도 어둡고 볼 것 없는 고시원에 들어오고 싶지는 않을 터. 인테리어 비용을 포함한 시설 수리비, 초기 운영비 등 계속해서 돈이 들어가야 했다. 역시 사업을 하려면 예비비라는 게 필요했다. 돈이 계속 들어가야 하니 마음이 조마조마했다. 돈 들어가야 하는 상황을 마주할 때마다 선택이란 걸 해야 했다. 내가 스스로 선택해 본 적이 있었나? 어릴 땐 부모에게 의존했고. 결혼해서는 남편이 중요한 일을 나를 대신해 결정했다.

이제부터는 내가 사업을 시작했으니 모든 걸 내가 결정해야 했다. '인테리어를 꼭 해야 하나? 냉장고를 바꿔야 하나? TV를 좋은 걸로 바꿀까? 그러면 돈이 많이 들 텐데. 작은 결정에서부터 큰 결정에 이르기까지. 난 모든 걸 스스로 선택해서 진행해야 했다. 번번이 남편에게 물을 수도 없었다. 남편도 사업은 처음이었다. 평생 한 직장만 다녔던 사람이었다. 물론 나보다는 사회 경험이 많았다. 여러 선택과 문제가 발생할 때마다 내게 예상치 못했던 불편한 감정들이 밀려왔다. 불안, 분노, 억울함, 두려움. 상황에 따라 느껴지는 부정적 감정 앞에서 좌절을 반복해야 했다. 처음엔 고시원 사업이 내게 맞지 않아서 그런 것이리라 생각했다. 감정의 기복이 점차 심해졌다.

요동치는 감정 앞에서 나를 바라볼 수밖에 없었다. 사업보다 더 중요한 감정 앞에 무너지기 시작했다. 어릴 때부터 눌러왔던 감정이 터지기 시작했다. 감정의 뿌리는 어릴 때 겪었던 상처와 연결돼 있었다. 내가 뭔가 했을 때 친구들과 선생님은 언제나 부정적 반응이었다. 그때 그 감정 앞에서 '내가 이걸 해서 망치면 어쩌지?' 하는 나를 믿지 못하는 마음이 올라왔다. 이런 마음이 계속되니 실패하면 더 이상 회복이 어려울 것만 같았다.

내가 만약 사업을 시작하지 않았다면 다양한 감정을 마주할 리 없었을 터다. 사업하기 전까지 난 편하고 익숙한 일만 했다. 안전지대에서 벗어나는 건 자폭이나 다름없었다. 내 감정을 공감받아 본 적 없었다는 것을 깨달았다. 사업 경험을 통해 내 안의 여러 감정을 마주하게 되었다. 물론 사업을 시작한 가장 큰 이유는 경제적 자유를 위해서였다. 그보다 더 중요한 이유가 있다는 걸 나중에야 깨달았다. 사업은 내 마음의 감정을 만나게 해 주었고 그 감정의 원인이 무엇인지를 알고 치유할 수 있게 해 주었다.

고시원 사업은 내 안의 두려움, 한계를 마주하게 했다. 불편한 감정은 애써 외면하려 했다. 감정을 주체하지 못해 눈물이 나기도 했다. 오르락내리락 감정의 기복 앞에서 주저앉을 때도 많았다. 그때마다 '내가 왜 이런 감정을 느끼는가?'에 초점을 맞추었다. 나를 토닥이기 시작했다. 시간이 흐를수록 내면이 단단해지기 시작했다. 감정과 분투하고 있는 사이 나는 사업가로서 현실적인 문제에 맞닥뜨리기 시작했다.

고시원을 인수했을 당시, 공실이 많았다. 공실을 채우는 데 빠른 전략이 필요했다. 중개사가 말한 대로 광고를 냈지만, 돈만 나갈 뿐 들어오겠다는 입실자는 많지 않았다. 광고를 보고 전화가 왔지만. 바로 입실로 이어지진 않았다. 만실을 해야 내가 원했던 현금 흐름이 가능했다. 민원이 수시로 발생했다. 밤낮으로 일어나는 민원 처리에 진땀이 났다. 입실자 중 말썽을 피우는 사람이 생겼다. 그로 인해 기존 입실자도 퇴실을 결정했다. 만실까지 가기엔 산 넘어 산이었다. 예상치 못한 일들을 해결하느라 잠도 설쳤다. 배관이 막혔다. 배관 수리 기사를 불렀더니 생각지 못한 돈이 들게 생겼다. 돈만이 문제가 아니었다. 해결할 수 있는 지혜가 딸렸다. 나는 고시원을 운영해 본 적 없는 '비전문가'였다. 알아보고 해결해야 하는 일들 앞에서 막막함을 경험했다. 직관력이 필요했다. 내가 한 결정이 옳을 때도 있었지만 실수가 더 많았다.

그 모든 과정을 감내할 수 있었던 건 그 이전에 성공했던 끈기 루틴 덕분이었다. 매일 아침 운동, 명상을 했다. 마음 근력을 키워야 했다. 매일 한 페이지라도 책을 읽었다. 책 속에 숨은 지혜들이 깜깜한 바다를 항해하는 나를 빛으로 안내해 주었다. 내가 썼던 꿈 노트 속 문장은 폭풍 속에 있는 나를 강하게 붙잡아 주었다. 사업이 예상보다 해결해야 할 난관들이 많다는 걸 뼈저리게 느끼면서도 포기하지 않았던 이유는, 내가 나를 믿기 시작했기 때문이다.

처음 사업을 해야겠다고 생각한 이유는 단연코 부자가 되기 위해서였다. 사업에 발을 디디고 매일의 루틴을 해오면서 부자가 되는 것 이상으로 중요한 이유를 찾게 되었다. 내가 내 삶을 스스로 살아갈 가치를 느꼈고 당당한 내 삶을 우리 아이들에게 보여주고 싶었다. "엄마가 왜 이 일을 도전했는지 아니? 안 해 본 걸 해 봄으로써 자신감을 키우고 내 자신의 능력을 확장시키기 위해서야.”라고 말하곤 했다. 내가 말대로 실천하는 모습을 보면 아이들도 엄마의 모습을 보며 용기를 갖게 될 것 같았다. “엄마도 사업하며 힘들 때 많아.” 늦은 밤 고시원 리모델링 공사가 끝난 후, 뭔가 모를 두려움이 나를 감쌌다. “이렇게 돈을 들였는데 잘 안되면 어쩌지? 대출은 어떻게 갚지? 이런 내 모습을 보며 아이들이 실망하면 어쩌지?” 불확실한 미래에 대한 질문으로 괴로울 때 나는 나에게 이렇게 되받아치곤 했다. '그럼 이거 멈출 생각이야? 멈추고 예전의 너로 다시 돌아가고 싶어?'

질문의 답은 명확했다. '아니, 절대 돌아가고 싶지 않아.' 설령 지금 가는 길이 틀렸을지라도, 해 보지 않은 이 길을 당당히 걷고 있는 내가 좋았다. 매일 두렵고 불안해도, 내가 내 삶을 움직이고 있다는 그 자체만으로도 뛸 듯이 기뻤다. 사업을 해 나가며 새롭게 느끼는 감정 앞에서 당황도 했다. 그 과정을 마주하고 해결해 나가는 그 순간이 값지게 느껴졌다.

어릴 땐 상대의 말에 수시로 상처받고 무너지기 일쑤였다. 이성적이기보다 감정적일 때가 많았다. 상대가 나에게 상처 되는 말을 던지면 상처받고 기분이 나빠질 뿐이었다. 그런데 이제는 상처받는 나를 바라보며 왜 쉽게 상대에게 휘둘리는지에 대한 이유를 바라보기 시작했다. 예기치 않은 일들 천지인 사업을 하며 다양한 감정을 마주할 수 있었다. 이는 자기 성장, 자기 확장으로 이어진다는 뜻이었다. 사업이란 건 사업을 주도하는 내가 위험 부분 즉 리스크를 감당해야 한다. 모든 걸 주도해서 판단하고 결정하는 위치에 있다 보니 여러 역할을 해왔던 '가면(페르소나)'이 아닌 진짜 나를 마주하게 됐다. 엄마로서, 아내로서, 며느리로서, 딸로서 나는 정말 잘 살아왔다.

그에 비해 내면의 '나'는 언제나 상처에 묶여 괴로워하고 있었다. 때론 실패에 대한 두려움에 무너질까 떨고 있던 내가 있었다. 내가 스스로 부모가 되어 나를 챙기기 시작하니 조금씩 용기가 생겨났다. 어릴 때 나에게 실수해

아이 둘 엄마, 사업으로 성장하다

도 괜찮으니 한번 해 봐.'라고 말해준 단 한 사람이 없었다. 이제는 내가 나에게 수시로 다독이며 말해준다. '좀 넘어지면 어때? 실패하며 배우는 거야. 성과보다 과정이 더 값진 거야.'라고 말한다.

경험하기 전과 후의 나는 온전히 달라졌다. 더 이상 세상과 사람들이 무서워 숨지 않는다. 나는 더 이상 '작은' 사람이 아니다. 내 안에 '거인'이 숨 쉬고 있다. '보조'에서 리더의 삶을 살고 있다. 사업을 주도하는 대표로서 꿈을 찾아 나아가고 있다. 사업은 돈을 벌기 위한 수단이었지만, 결국 나를 찾아가는 여정이었다. 어릴 적부터 자신 없고, 눈치 보며 살았던 내가 어느 순간 인생의 운전대를 잡기 시작했다. 겁이 나도, 몰라도, 해 보기로 했다.

이제부터 결정은 내가 내리고, 책임도 내가 졌다. 쉽지 않았다. 무너지고 흔들리는 날도 많았다. 하지만 그 안에서 나는 성장하고 있었다. 처음엔 돈이 목적이었지만, 지금은 사업을 통해 '내가 살아 있다는 감각'이 더 크다. 사업은 내 안에 숨어 있던 감정들을 깨워냈고, 그 감정들을 마주한 내가 결국 나를 키웠다.

이제 나는 누군가의 보조가 아니라, 내 인생의 대표다. 잘하고 못하고가 중요한 게 아니었다. 시작했느냐, 아니냐, 딱 그 차이였다.

5

단 한 번의 승리가 가져온 도미노 효과

내가 그동안 안 해서 못했던 것이었다. 처음부터 못하는 사람이 아니었다.

문서 작성 하는 도중 컴퓨터가 갑자기 꺼졌다. '억, 며칠 동안 했던 자료가 한순간 사라지다니.' 그러고는 컴퓨터 전공인 막냇동생을 불렀다. "동생아, 이 화면이 왜 이런지 한번 봐 줄래?", "왜 또 안 돼?", "응, 좀 도와줘." 바쁘게 무언가를 하고 있던 동생은 나에게 뭔가 할 말이 있는 듯. 표정이 평상시 같지 않았다. "언니는 왜 본인이 해 보지도 않고 나부터 불러? 나도 버튼 하나하나 눌러보며 알게 된 거야. 처음부터 잘하는 사람 없어. 자꾸 의존하는 버릇 버려." 그 말이 상처가 되었다. 부끄러웠다. 동생의 말이 하나도 틀린 게 없었다. 나는 원래 컴퓨터를 못하는 사람이라고 한계를 두었다.

아버지는 평상시 '난 기계를 다루는 데에는 소질이 없어.'라고 자주 말씀하시곤 했다. 내가 그렇게 말하는 아버지를 닮았다고만 생각했다. 나는 자녀 중 아버지를 가장 닮았다는 이야기를 들었기 때문이다. 더욱이 내가 스스로 문제를 해결하려 하지 않은 또 다른 이유는 바로 '자기합리화' 때문이기도 했다. "동생에게 물으면 시간이 절약되잖아. 뭐든 전문가가 따로 있는 거야."

나는 음식은 먹을 줄만 알았지 할 줄은 모르는 사람이라 생각했다. 어릴 때부터 '슈퍼우먼 콤플렉스'가 있던 엄마는 딸들에게 집안일 하나를 해 보라 하지 않으셨다. 어설프게 하느니 성질 급한 엄마가 신속하게 그리고 속 시원히 하는 게 맘 편하다고 생각하신 것 같았다. 집안일 포함해서 요리도 해 본 적 없던 내가 결혼을 했고 요리를 해야 했다. 문제는 음식을 해도 맛이 없었다. 남편은 내가 해 놓은 음식을 잘 먹지 않고 남겨서 버리기 일쑤였다. 힘겹게 한 음식을 버리게 되니 요리는 더 하기 싫었다. 결국 요리는 남편 담당이 되었다. 친정에서 반찬을 가져다 먹었다.

하루는 엄마가 내게 "이제 네가 아이 둘을 키우는 엄마인데, 알아서 해 먹어야지. 손 하나 까딱 안 하려고만 하니?"라며 나를 꾸짖었다. "나는 원래 요리 못하잖아." 사실 그 말은 책임을 회피하겠다는 뜻이었다. 요리에 관심을 갖고 만들다 보면 언젠가는 잘할 수 있는 때가 올 텐데 말이다. 관심 자체도 없었지만, 해야 한다고 생각하지도 않은 것 같다. 어쩔 수 없이 해야 한다면 어떻게 해서든 맛있게 만들 수 있는 방법을 알아봤을 것이다. 요즘엔 인터넷에 요리법만 검색해도 누구나 따라 할 수 있도록 설명이 나와 있다. 그 방법대로 따라만 해도 비슷하게 맛을 낼 수 있다. 아무리 인터넷에 레시피가 나와 있다고 한들 나는 요리 자체에 관심이 생기질 않았다. '나는 이 분야는 전혀 몰라. 그래서 전문가에게 맡겨야 해.'라고 생각했다.

내가 해 보지 않은 일은 무조건 해 보지 않고 전문가의 도움을 청하려고 했던 나였다. 그런 내가 한 번도 해 보지 않은 배달음식점을 하게 되다니. '난 요식업에는 왕초보인데… 과연 이 일을 잘해 낼 수 있을까?' 처음부터 걱정이 산더미 같았다. 왕초보가 배달음식점 사장이 되는 건 무모한 도전이었다. 다행인 건 불로 조리해야 하는 요리는 없었지만 칼을 만질 줄 알아야 했고, 연어, 문어, 사시미를 직접 썰 줄 알아야 했다. 살이 부드럽고 쉽게 망가지는 연어 써는 일이 가장 힘이 들었다. 너무 힘을 주고 썰면 연어가 부서졌다. 잘못 썰어 부서진 연어는 상품성이 떨어진다. 긴장의 연속이었다. 칼을 잘 갈아 조심스레 썰어보려 했다. 한 번 두 번 경험이 쌓이고 쌓이니 그런대로 연어가 보기 좋게 썰렸다. 처음엔 어렵다고 투덜대던 내가 점차 숙련이 되었다. 성취감이 들었고 못하던 내가 잘하기 시작하니 재미도 있었다. 내가 썰어서 나간 음식에 맛있다고 리뷰가 올라오니 없던 자신감이 생겼다.

그 순간 깨달았다. 내가 그동안 안 해서 못했던 것이었다. 처음부터 못하는 사람이 아니었다. 누구나 처음에는 잘한다는 게 불가능하다. 처음부터 잘하는 사람 이 세상에 없다. 누구나 처음은 서툴기 마련이다. 깨달음은 정말 작은 경험에서 시작된다. 컴퓨터 다루는 데 재능이 없다고 생각했던 내가 요즘은 캔바, 미리캔버스, 노션 등 여러 프로그램을 제법 능숙하게 다룬다. 배워서 해 보았기 때문에 자신감이 생겼다. 내가 직접 '미리캔버스', '캔바'라는 프로그램으로 나만의 명함도 만들었다. 어느 날 카카오톡에 내가 만든 명함을 올려놓았다. 동생이 내 명함을 보고 "언니, 이걸 언니가 직접 만든 거야? 와, 멋지다. 이젠 언니가 배워서 더 잘하는구나."

동생에게 칭찬받으니 어깨가 으쓱했다. 예전에 컴퓨터 고쳐 달라고 했다가 나에게 쓴소리를 해 준 동생이 고맙게 느껴졌다. 동생의 피드백은 나에게 큰 자극제가 되었다. 내가 직접 해결해야 한다는 사실. 이제는 모르면 눌러 보고, 검색해 보고, 시행착오를 겪으며 터득해 간다. AI(인공지능)는 우리 일상에 없어서는 안 될 중요한 도구가 되었다. 처음엔 챗 GPT가 뭔지도 몰랐다. 어떻게 써야 하는지 난감하기만 했다. 강사의 설명을 듣고 이것저것 눌러보니 이제는 어떻게 활용해야 하는지 알게 되었다. 과거엔 '난 컴퓨터 못하는 사람'이라고만 생각했다. 이제는 '나는 배워서 잘할 수 있는 사람'으로 생각이 바뀌었다.

아이 둘 엄마, 사업으로 성장하다

사람들 앞에서 이야기하는 것도 나에겐 굉장히 큰 부담이었다. 말을 하려 하면 일단 목소리가 떨리고, 하려던 생각은 일시 정지 상태가 되었다. 생각이 멈추니 말도 자연스럽게 나오질 않았다. 독서 커뮤니티에 참여하게 되었다. 사람들 앞에서 자기소개를 하였다. 읽은 책에 대해 한 문장씩 말하고 내 생각을 이야기하기 시작했다. 시간이 흐를수록 어제보다 오늘이 달라지고 있었다. 반복은 성장을 가져다주었다.

처음엔 누구나 서툴 수밖에 없다. 처음 시작은 그 누구에게나 어렵다. 한번 두번 횟수가 늘어나니 자신감이 붙었다. 아이들 독서 교육을 핑계로 출판사에 입사했다. 교육만 들을 생각으로 입사했지만, 출판사에서 영업하도록 권유받았다. 부모님들 앞에서 책을 팔았다. 처음엔 전단지 하나 건네는 일도 두려웠다. 부모님들 눈빛이 차가웠다. 영업 사원인 나를 무시하는 것처럼 보였다. 수도 없이 거절당하고, 무시당하고, 때론 욕도 먹었다.

하루는 한 학부모님이 내가 말하는 이야기에 귀를 기울였다. 내 아이에게 했던 '책 육아'에 고개를 끄덕였다. 그 순간 희망을 보았다. 하루하루 부딪히며 넘어진 끝에 나도 '영업맨'이 되어가고 있었다. 물론 영업 성과가 언제나 좋았던 건 아니다. 포기하고 싶을 때가 더 많았다. 작은 성과들이 하나둘 쌓이면서 용기를 얻게 되었다. 남을 의식했던 내가 나에 대한 자신감이 생기기 시작했다. 내가 실제 할 수 없다고 여겼던 일들이, 하면 되는 일들이 많았다. 경험을 해봐야 비로소 알 수 있었다.

20대가 끝나갈 무렵, 뜬금없이 동생들이 캐나다 어학연수를 가자고 제안했다. 동생들 제안에 현실적으로 불가능하다고만 생각했다. 특히 입시를 위주로 배운 독해, 문법식 영어로 배웠던 내게 회화는 어림없는 일이었다. 즉 말도 못하는 내가 우리나라를 떠나 지낸다는 건 말도 안 되는 일이었다. 해외여행 한번 가본 적 없던 내가 어학연수라니. 그 당시 가장 문제 되는 건 돈이었다. 일단 돈이 있어야 외국에 나갈 수 있었다. 경제적으로 어려웠던 부모님이 나와 동생들을 위해 어학연수 비용을 대 줄리 없었다. 월급을 차곡차곡 저축해 둔 2,000만 원 되는 돈이 있었다. 적금을 깨야 했다. 2년간 착실히 모은 돈을 깰 용기가 나질 않았다. 만약 동생들이 나에게 제안하지 않았다면 절대 꿈도 꾸질 못했을 터다. 스스로 결정하지 못했을 거란 말이다.

캐나다로의 어학연수는 내게 큰 도전이자 경험의 시간이었다. 우리나라에서 살 때도 난 사람들과의 관계가 어려웠다. 외국에서 만난 사람들과의 소통은 언어적 장벽까지 있어 더 힘들었다. 두려웠고 벽을 넘기 어려웠다. 솔직히 가족이 있어 그 어려움을 뛰어넘을 수 있었다. 어렵사리 캐나다에 입성했지만 6개월 후에 비자 연장에서 거절당하는 아픔을 가져야 했다. 나는 한국으로 강제 귀국했다. 동생들을 뒤로한 채. 비자 연장에 성공한 동생들은 캐나다에 6개월 더 지낼 수 있었다. 이제 겨우 영어가 들리기 시작하니 떠나야 했다.

귀국 후 아쉬운 영어 공부를 더 하고 싶었다. 호주 워킹홀리데이가 눈에 들어왔다. 이번엔 동생들이랑 같이 갈 수 없었다. 철저히 나 혼자였다. 가족도, 친구도 없이. 더구나 동남아인이나 한국인 유학생이 많지 않은 서부 호주의 퍼스를 선택했다. 한 달 어학원 등록을 위해 유학원 상담을 했다. 퍼스에서의 생활은 외롭고 힘들 거라 추천하지 않았다. 오히려 확신하게 되었다. 영어 실력을 높이려고 가는 거였다. 철저히 한국어를 쓰는 환경에서 벗어나야 했다. 퍼스로 가는 내 결심은 옳았다. 퍼스에서 나는 처음으로 누군가에게 의존하지 않고 스스로 삶을 만들어 가기 시작했다.

예비비 없이 한 달 치 어학원비, 홈스테이비가 내가 가진 전부였다. 한 달 어학원이 끝나기 전 일을 구해야 했다. 수십 군데 문을 두드렸다. 대부분 "경험이 부족하다.", "영어가 부족하다.", "아시안이다."라며 거절했다. 나는 멈추지 않았다. 현지인이 운영하는 서브웨이 레스토랑에 이력서를 들고 매일 찾아갔다. 나를 소개했다. 한국에서 온 루샤이다. 난 성실한 사람이다. 가르쳐주면 열심히 하겠다. 어느 날 서브웨이에서 전화가 왔다. 면접을 보러 오라는 것. 뛸 듯이 기뻤다. 한국인, 일본인들은 현지 호주인이 운영하는 음식점에서 일하기 어려웠다. 적어도 그 당시엔 그랬다. 아시아인들에 대한 차별도 심했다. 꾸준히 나를 알렸던 게 매니저를 감동시킨 것 같았다.

스위스 이민자였던 서브웨이 사장은 내게 말했다. "사실 굳이 아시아인인 너를 채용할 이유는 없어. 영어가 부족한 데다, 아시아인은 손님 응대에 약하다고 생각했거든. 네가 매일같이 와서 웃고, 인사하고, 기다리는 모습. 내 매니저가 보기에 특이하다 생각한 것 같아. 그래서 면접 기회를 준 거야." 사장의 말을 듣고 정말 날아갈 듯 행복했다. 사장은 나의 용기와 꾸준함을 높이 치며 "너는 아시아인으론 최초로 내 매장에서 일하게 될 거야. 네가 성실하게 잘 해내면 앞으론 너처럼 아시아인을 채용할 생각이야. 그만큼 네가 하는 일이 매우 중요한 거지." 사장이 말한 대로 나는 서브웨이에서 일한 최초의 아시아계 직원이 되었다.

누군가에겐 나와 같은 이 일이 별거 아닌 성공 경험일 수 있다. 나에겐 적어도 낮았던 자존감을 수직 상승시키는 사건이었다. 일상에서 난 어느 것 하나 잘할 수 있을 거라 믿지 못했다. 그랬던 내가 하나둘 성공 경험이 느니 희망이 생겼다. 이 모든 변화의 출발점은 아주 작은 일에서 시작된다. 호주에서 느꼈던 성취감은 새로운 일을 할 때 다시 살아나곤 했다. 글쓰기가 어려웠다. 글 한 줄 쓰는 것도 내겐 엄청난 에너지가 필요했다. 글 잘 쓴다는 사람들을 보면 마냥 부럽기만 했다. 육아 일기 쓰는 것조차 며칠 쓰다 그만두기 일쑤였다. 생각을 정리해서 표현하는 게 힘든 일이었다. 블로그도 써본 적 없었다.

아이 키우며 육아의 일상을 적어보고 싶다는 생각했다. 마침 동네 도서관에서 운영하는 '엄마 글쓰기 모임'이 있었다. 주저하다 용기를 냈다.

글쓰기 첫 모임에 나갔다. 단 한 줄도 쓰지 못했다. 엄마들이 돌아가며 자신이 쓴 글을 읽는 동안 나는 뭐라 말할지 의기소침했다. 괜히 왔나 후회했다. 이런 나를 눈치채듯 모임 진행자가 말했다.

"처음엔 누구나 그래요. 중요한 건 글을 쓰겠다고 마음먹은 용기예요." 그 말에 위축됐던 마음이 다시금 힘을 얻었다. 그날 저녁, 집에 돌아와 아이들이 잠든 시간에 노트북을 켰다. 꾸역꾸역 두세 문장을 썼다. 문장이 어색하다고 느끼면서도 지우지 않고 남겨뒀다. 다음 주 모임에서 그 글을 읽는 순간, 내 마음 한구석에 있던 작고 왜소한 어린아이가 일어서고 있었다. 내 이야기에 진심으로 귀를 기울이고 있는 엄마들이 내 앞에 있었다. 그 자리에 있다는 게 위로가 될 줄은 몰랐다. 그날 이후 나는 매주 한 편씩 글을 썼다. 모임이 끝난 후에도 블로그에 육아와 일상의 글을 올리게 되었다. 글쓰기 덕분에 생각 정리하는 법을 배웠다. 글로 내면의 감정들을 들여다볼 수 있었다. 이러한 과정은 몰랐던 나를 이해하게 되었다. 블로그를 작성할 초반엔 조회수가 0에 가까웠다. 하루 이틀 글이 쌓여가기 시작하면서 한 독자가 댓글을 달았다. "당신 글을 읽고 위로받았어요. 저도 비슷한 감정을 느끼고 있었거든요." 그 짧은 댓글 하나에 얼마나 위로를 받았는지 모른다. 내가 쓴 한 줄 글이 누군가에게 위로가 된다는 사실. 보람이었다. 삶의 의미, 가치를 느끼는 순간이었다. 이제는 글을 쓰는 일이 더 이상 두렵지 않다. 내 글이 완전하다는 이야기가 절대 아니다. 여전히 내 글은 고쳐야 할 게 많다. 완벽하지 않아도 내 삶의 진솔한 이야기를 쓴다는 것에 의의를 둔다. 한 줄 글로 나를 돌아볼 수 있기 때문이다. 글쓰기를 통해 내 세상이 확장되고 있다. 나는 글을 못 쓰는 사람에서 글을 쓰는 사람으로 바뀌었다. 젓가락 사용이 서툴렀던 아이가 음식을 놓치고 떨어뜨리고를 반복. 어느 날 자유자재로 젓가락 사용이 능숙해지듯 나 또한 글쓰기에 두려움을 갖던 내가 글을 쓰는 사람으로 바뀐 일이 나 스스로 대견하게 느껴졌다.

이제는 다른 변화들도 얼마든지 받아들일 수 있다는 생각이 든다. 요리, 컴퓨터, 사람들 앞에서 이야기하기, 글쓰기 이 모두 작은 시작이 깊은 성취로까지 이어졌다. 내겐 '무언가를 못하는 사람'이 아니라, '안 해 본 사람'이란 사실. 도전하면 얼마든 가능하다. 반복하면 재능이 된다. 아주 작고 사소한 성공들이 차곡차곡 쌓여 지금의 활력 있는 나로 만들어 주었다.

우리는 종종 누군가가 이미 잘하는 모습만 보고, 그 사람은 원래 그런 사람이라고 생각한다. 하지만 중요한 건 그 사람이 어디서부터 시작했는지다. 남들처럼 크게 도약하지 않아도 괜찮다. 지금의 나에게 필요한 건 아주 작은 한 발짝일지도 모른다. 주변을 둘러보면, 내가 스스로 '못 할 거야'라고 정해 놓은 영역들이 있다. 요리, 기술, 말하기, 글쓰기… 진짜 안 되는 게 아니라 그냥 안 해 봤던 거다. 만약 지금 뭔가에 마음이 끌린다면, 그건 이미 시작할 준비가 되었다는 뜻이다. 겁내지 말고, 작게라도 해 보자. 어색해도, 느려도 괜찮다. 중요한 건 해 보는 거다. 그러면 분명, 어제와 다른 오늘을 만나게 된다. 그리고 어느 날, 그게 쌓여서 전혀 다른 나를 만들고 있다는 걸 알게 될 거다. 당신도 그럴 수 있다. 지금 이 자리에서부터.

6

메타인지를 통해 발견한
내 잠재력의 한계점

이제는 나 혼자 해 보자. 남이 아니라, 내가 나를 이끌어야 한다. 그 누구의 도움 없이 스스로 살아보려고 떠나는 것이다.

"나는 못 해요.", "그건 나랑 안 맞아요.", "그런 건 내가 할 수 있는 게 아니에요." 입버릇처럼 내뱉던 말이었다. 나에게 기대조차 하질 않았다. 자기 신뢰가 빠져 있으니 그 어떤 도전도 겁이 났다. 누군가가 이끌어 주지 않으면 한 발짝도 움직일 수 없었다. 그게 내 진짜 모습인 줄 착각하고 살았다. 경험을 통해 난 할 수 있는 사람이란 걸 깨닫게 되었다. 과거의 나는 진짜 내가 아니었다. 나에게 던진 수많은 '불신'의 그림자가 만든 일그러진 나의 모습이었다. 구겨지고 일그러진 내 모습을 되살려야 했다. 작은 성공 경험들이 나를 회복시켰다.

20대가 끝나갈 무렵이었다. 동생들과 함께 한 캐나다 어학연수. 단 6개월의 짧은 경험이 잠자던 나의 코털을 건드렸다. 1년 어학연수로 떠났지만 비자 연장 실패로 강제 귀국해야 했다. 그리고 동생들 없이 혼자 스스로 호주로 떠났다. 워킹홀리데이 비자를 받았다. 스스로 모든 걸 계획하고 떠난 7개월간의 여행. 그건 누구의 도움도, 조언도 없이. 오롯이 나 스스로 떠난 여정이었다. 캐나다 어학연수 때처럼 항상 나는 누군가와 함께였다. 혼자서는 뭐든 할 수 없을 거라 믿었다. 실제로 첫 해외 연수는 동생들과 함께였다. 내가 아니라, 동생들이 주도한 여행이었다.

캐나다에서의 연수 후 나는 결심했다. "이제는 나 혼자 해 보자. 남이 아니라, 내가 나를 이끌어야 한다." 결정은 생각보다 더 크고 무거운 일이었다. 영어 실력은 여전히 부족했고, 낯선 환경이 두려웠다. 그럼에도 나는 스스로를 믿었다. 그리고 도착한 곳은 서부 호주, 퍼스(Perth)라는 곳이었다. 한국인 유학생이나 워홀러가 거의 없는 지역이었다. 유학원에서도 말렸다.

"퍼스에 가면 영어는 늘겠지만 외로울 수도 있어요. 혼자 견딜 수 있겠어요?" 그 말은 오히려 흔들리고 있던 내 마음을 빠르게 결정하도록 했다. 나는 한국어를 쓰려고 호주에 가는 게 아니다. 그 누구의 도움 없이 스스로 살아보려고 떠나는 것이다. 더불어 영어 실력까지 늘면 금상첨화다. 퍼스에 도착했다. 한 달간 적응을 위해 어학원에 등록했다.

어학원에 다니는 동안 일을 구해야 했다. 나는 호주 현지인들이 일하는 곳에만 이력서를 넣었다. 버거킹, 맥도날드, 서브웨이에는 호주 현지인들이 주를 이루었다. 한국인이 쉽게 구하는 재패니즈 레스토랑, 코리안 레스토랑에는 애초에 들어갈 생각조차 안 했다. 한국인들과 소통할 게 뻔했기 때문이다. 다수 한국인들이 선택하는 직장 기준과는 거리가 멀었다. '내 안의 가능성'을 증명해야겠다는 일념 하나로 어려운 선택을 하려 했다. 서브웨이 음식점이 눈에 띄었다. 넓은 매장, 많은 수의 직원, 건강한 음식까지. 내가 원하는 직장 요건에 딱 맞아 보였다. 한 달 어학원에 다니며 그곳에 자주 들러 이력서를 전달했다. 아시아계 외국인에게 전혀 관심을 갖지 않는 듯 보였다. 그럼에도 내가 일하고자 하는 곳에 자주 들러 인사를 하고 나의 열정을 표현했다. 주 3회 이상 찾아가도 매니저, 직원들 모두가 나에게 눈길 한번 주지 않았다. 경력 많고 영어 잘 쓰는 사람은 널렸을 테니까 말이다.

호주에서 지낸 지 한 달이 지날 즈음 인터뷰 제안이 들어왔다. 그리고 면접 자리에서, 사장은 나에게 이렇게 말했다. "솔직히 너를 뽑을 이유는 없다고 생각했었어. 영어도 서툴고, 경험도 부족하다고 느꼈거든. 그런데 넌 매장에 자주 들러 너를 밝히고 환하게 웃으며 인사했다고 들었어. 그런 모습에 매니저가 감동을 받았다고 했어. 그 성실함, 그 꾸준함. 그게 마음을 움직였어. 일단 너에게 일할 기회를 줄 테니 열심히 일해주렴. 네가 잘하면 그다음부터는 한국인을 포함한 다른 아시아인들도 뽑을 생각이야. 너의 책임이 크구나." 사장 말을 듣고 난 뛸 듯이 기뻤다. '내가 하겠다고 마음먹으니 내 열정을 상대가 알아봐 주었네.' 그날부터 나는 아시아계 최초의 직원으로 퍼스의 서브웨이 매장에서 일하게 됐다. 단순한 아르바이트가 아니었다. 내가 할 수 있는 사람이라는 가능성을 증명한 사건이었다.

귀국 후 정부 교육 프로그램에 참여하였다. 특별히 CS 관련 수업을 들었다. 수업 중 프레젠테이션을 준비해야 했다. 발표 주제는 "당신의 인생에서 특별했던 경험을 발표하라."였다. 호주에서 있었던 일을 주제로 했다. 면접을 보게 된 과정을 가감 없이 설명했다. 순간의 떨림, 두려움, 감격에 이르기까지. 프레젠테이션이 끝난 후, 강사의 피드백이 이어졌다. "대단한 용기네요. 그런 담대함이라면 뭐든 해낼 수 있을 거예요." "프레젠테이션도 정말 설득력 있게 잘하셨어요." 예상치 못한 피드백은 움츠러 있던 나를 깨우기에 충분했다. '내가 설득력 있게 표현했다고? 사람들 앞에서 말하는 게 힘들었던 내가 어떻게 이런 칭찬을 받을 수 있을까? 학생들의 프레젠테이션을 수차례 들어봤을 강사가 내 하찮은 이야기에 인상 깊었다니….' 나를 인정하지 못했던 과거가 그 순간 내 기억 속에서 지워지는 듯했다. '나도 누군가에게 인정받을 수 있는 사람이었구나.' 내가 자신에게 감격했던 순간이다.

2023년 초, 우연히 '퍼스널비즈니스협회' 온라인 자기 계발 프로그램에 참여했다. 자기 분야에서 뚜렷한 성과를 낸 사람들이 주를 이룬 커뮤니티였다. 부동산 전문 강사, 유아교육 전문가, 작가, 상권 분석 전문가까지. 그들 틈에 있는 나는 상대적으로 너무 초라해 보였다. 수업 듣는 중 오프라인 모임에 참석할 기회가 있었다. 각자 자기 분야 이야기를 발표할 기회였다. 우울함의 터널 밖으로 당당히 빠져나와 고시원 사업에 도전한 이야기를 설명했다. 발표 후, 커뮤니티 운영진은 나에게 "스타성이 다분히 있어요. 꾸준한 성향 자체로 당신만의 스타성을 보여주고 있네요." 이 말을 듣고 믿기지 않았다. '내가 뭘 했다고 스타성이 있다는 거지?' 처음엔 접대용 멘트라고만 생각했다. 점차 그 말이 어떤 의미를 담고 있는지 성공 경험을 통해 믿기 시작했다.

전문가란 사람들이 나를 인정해 주다니. 처음엔 의심했지만 점차 나 또한 나를 인정하지 않을 수 없었다. '그래, 나에게도 특별함이 있어. 내가 나를 제대로 몰랐을 뿐이야.' 물론 나는 완성형이 아니다. 내 안의 잠재력을 믿기 시작했다는 뜻이다. 그 믿음의 시작은 거창한 사건이 아니었다. 작은 도전, 도전에 따른 성취감, 그 과정에서 '난 할 수 있어'라는 감정 하나에서 출발했다. 성장하면서 자기 가능성에 한계를 둔다. 작은 일에서 큰일에 이르기까지 넘어지고 일어서고를 반복하며 나를 완성해 간다. 상대와 한없이 비교만 했던 나라는 사람에서. 나 자체로 가진 강점을 인정하게 되었다.

크고 대단한 성공이 아니어도 괜찮다. 남들이 뭐라고 평가하든, 내 안의 성장은 나만이 가장 잘 안다. 남들 시선을 의식했던 과거의 나를 떠올리면 씁쓸한 마음이다. 상대가 나를 부정적으로 평가한다고 해도 그들이 나의 인생을 살아줄 수 없다. 나는 나이고 그들은 그들일 뿐이다. 타인은 나만큼 내 삶에 깊이 고민해 본 적 없다. 겉으로 드러난 특징만으로 나를 평가할 뿐이다. 나의 가능성 또한 내가 더 잘 안다. 나를 인정해 줄 가장 좋은 동반자는 바로 '나 자신'이다. 누구보다 작은 시작조차도 두려워했던 나였다.

지금은 작은 시작이 진짜 변화를 만드는 씨앗이라는 걸 누구보다 잘 알게 되었다. 누구에게나 처음은 서툴 수 있다. 국내에서만 살다가 해외로 나가겠다는 결심을 하기까지 상당한 시간이 필요했다. 실행하기까지 갈등과 고민이 있었다. 3년 이상 직장 다니며 어렵게 모았던 적금을 깨고 캐나다 연수를 결정하기까지. 쉽지 않은 선택이었다. 그런데 한 번의 결정과 결심으로 내 인생은 변화할 수 있었다. 20년 전, 내가 동생들과 함께 캐나다 연수를 떠나지 않았다면 아마도 지금 후회를 많이 했을 것 같다. 그때 큰맘 먹고 내 인생을 걸었던 그 시간이 있었기에 과거보다 더 단단해졌다. 그리고 해 보지 않은 일에 대한 도전 의식이 자랄 수 있었다. 가끔은 여전히 흔들린다. '내가 이걸 할 수 있을까?'라는 의심이 고개를 들 때도 있다. 하지만 그런 순간에도 나는 멈추지 않는다. 이제는 실패해도 괜찮다는 걸, 넘어져도 다시 시작할 수 있다는 걸 온몸으로 체득했다.

나답게 사는 법, 그리고 멈추지 않고 성장하는 법을 익히는 중이다. 한계를 넘어서야 성장하는 게 아니다. 한 걸음만이라도 더 나아가는 순간 가능성은 늘 열려 있다. 나는 더 이상 "못 해요."라고 말하지 않는다. 이제는 "해 볼게요."라고 말한다. 내가 믿는 건 완벽한 결과가 아니라, 도전할 수 있는 나 자신이다. 그 믿음이 쌓이고, 나를 키운다. 그리고 나는 오늘도 또 하나의 가능성을 향해 움직인다.

가능성은 거창한 성공에서 생기지 않는다. 작은 도전, 작은 성취, 그리고 그 안에서 느끼는 '나도 할 수 있다'는 감정 하나. 그게 자신감을 만든다. 그리고 그 자신감은 또 다른 도전을 가능하게 한다.

누구나 시작은 서툴 수 있다. 중요한 건 잘하는 게 아니라, '하려는 마음'이다. 타인의 평가보다 중요한 건, 내가 나를 얼마나 믿고 있는가다. 내가 나에게 얼마나 진심인가다. 당신은 아직 모를 수 있다. 당신 안에 어떤 가능성이 숨어 있는지. 하지만 경험하게 될 것이다. 한 걸음 내디뎠을 때, 생각보다 더 많은 길이 열리는 순간을. 그러니 부디 멈추지 말았으면 좋겠다. 당신만의 속도로, 당신만의 방식으로.

그 시작이 진짜 변화를 만든다.

7

넘어지는 법을 배워야
제대로 뛰는 법을 안다

"실패는 결론이 아니다. 아직은 과정이고, 당신이라는 사람을 만드는 재료다."

실패는 누구나 한다. 하지만 모두가 실패 앞에 무너지지는 않는다. 어떤 사람은 실패 앞에서 주저앉고, 어떤 사람은 그 실패를 딛고 일어난다. 나는 오랫동안 실패에 민감한 사람이었다. 작은 거절에도 쉽게 상처받았고, 계획이 틀어지면 자책부터 했다. 그랬던 내가 달라지기 시작했다. 여전히 실패는 아프지만, 그 실패에 무너지지는 않는다. 실패에 대한 관점이 달라졌기 때문이다.

내 인생에서 가장 큰 좌절 중 하나는 캐나다 어학연수 때 경험했다. 친동생들과 함께 간 연수였다. 난생처음으로 외국 생활에서 새로운 경험을 쌓을 수 있었다. 캐나다에서 지낸 지 6개월이 지났다. 비자 연장을 해야 했다. 동생들은 비자 연장되었다. 나도 당연히 연장될 거라 예상했다. 결과는 거절이었다. 나는 동생들을 뒤로한 채 강제 귀국했다. 1년 계획으로 갔는데, 6개월 만에 돌아가야 한다니. 처음엔 하늘이 무너지는 줄 알았다. 동생들과 비교하니 나만 실패자 같았다. 동생들은 신나게 6개월을 더 있을 수 있는데. 나만

낙동강 오리알 된 것 같았다. 며칠간 끙끙 앓았다. 그리고 그 상황을 받아들여야 했다. 더 좋은 기회가 있을 거란 기대로 마음을 돌리려 했다. "그래, 어차피 귀국해야 한다면, 내가 정말 하고 싶은 거 하자. 호주 워킹홀리데이를 떠나보는 거야." 그 마음을 먹으니 또 다른 기회가 열리는 느낌이었다.

귀국 후 호주 워킹홀리데이 비자 신청했다. 마음먹은 지 얼마 안 돼 호주행 비행기에 올랐다. 그 결정은 내 인생의 전환점이 되었다. 캐나다 연수는 동생들이 주축을 이루어 활동했다. 나보다 겁이 없는 동생들이 겁많은 언니를 이끌었다. 그에 비해 호주 워킹홀리데이 생활은 내가 중심이었다. 내가 지내야 할 곳이 어디여야 하는지, 무엇을 먹고, 직장은 어느 지역에 어떤 분야의 일이어야 하는지 등등. 모든 일을 내가 다 결정하고 실행해야 했다. 상의할 사람이 없었다. 오롯이 혼자 해내야 했다. 비로소 나는 내 인생의 주인공이 되었다. 그 느낌이 좋았다. 모든 걸 내가 결정해야 하는 게 처음엔 큰 부담이었다. 하나, 둘⋯ 내가 생각하고 판단하는 일이 점차 늘어나자 삶의 활력이 생겼다. 캐나다에서 비자 연장 안 된 일이 결국 기회로 찾아왔다. 비자 연장이 되었다면⋯ 아마도 호주로의 여행은 생각도 못 했을 터다. 여기서 난 깨달았다. 실패란 끝이 아니라 새로운 길로 나아갈 수 있는 기회라는 사실을.

대학 시절, 나는 원래 중어중문학과를 가고 싶었다. 지방대 중어중문학과에 입학했다. 지방대라는 타이틀에서 벗어나고자 편입을 준비했다. 부모님의 권유로 종교학과에 편입했다. 솔직히 종교학과 입학 후 중문과 혹은 영문과로 전과할 수 있는 기회가 있었다. 대학 성적으로 전과가 충분히 가능했다. 그런데 난 전과하지 못했다. 편입해서 겨우 적응했는데. 새로운 전공으로 다시 적응해야 하는 상황. 상당한 부담으로 다가왔다. 전과에 대한 열망이 있었지만 용기가 나질 않았다. 부모님이 종교학과에 남기를 바랐다. 이유는 신앙심이 깊은 아버지께서는 내가 종교학 전공을 마치고 수녀가 되길 바라셨기 때문이다. 중요한 건 수녀로 사는 삶은 내가 진정 원하는 일이 아니었다. 부모님의 강한 지지를 핑계, 불안한 나의 미래를 책임져 줄 거란 막연한 기대로 결국 전과하지 않고 종교학 전공으로 졸업했다.

종교학 전공으로 취업은 현실적으로 어렵다는 사실을 맞닥뜨렸다. 부모님을 원망했다. 전공을 바꾸지 않은 탓을 부모님께 돌리고 싶어 했는지 모른다. 사실은 새로운 환경, 친구, 교수님 등등 그 변화를 두려워했던 내 탓이었다. 후회해도 소용없었다. 그 당시 실패했다는 생각에 좌절감이 컸다. 한 참 시간이 흘렀다. 실용적이지 않은 전공으로 진로가 뚜렷하지 않았지만 그 덕분에 다양한 일을 시도해 볼 수 있었다. 내 친구는 부모님의 권유로 변호사가 되었다. 사회적으로는 성공한 것처럼 보였지만, 본인은 늘 괴로워했다. 자신이 진짜 원하는 게 무엇인지 알고 싶었지만 그간 투자한 시간과 노력이 아까워 쉽게 다른 길로 가지 못한다고 했다.

그 이야기를 듣고 나는 내 상황에 오히려 감사했다. 실패했다고 여겼던 내 전공 선택이, 오히려 기회의 폭을 넓힐 수 있는 기회가 되었다.

고시원 사업을 할 때였다. 다양한 환경의 사람들과 부딪히는 일이 많았다. 예민한 입주민, 돌발 상황, 금전 문제까지. 매번 그런 상황에 부딪힐 때면 잠을 이룰 수 없을 정도로 예민해졌다. 왜 남들은 다 잘 해내는 것처럼 보이는데. '나만 이런 일을 겪어야 하나.' 싶은 생각이 들곤 했다. 그런데 어느 순간, 나는 이 상황들을 다르게 보기 시작했다. 평소처럼 나는 나에게 긍정 확언했다. "이러한 경험이 나를 더 단단하게 만들고 있다." 그렇게 마음을 다잡는 순간, 점차 마음이 편안해졌다. 평정심을 찾으니 기대 이상의 성과도 이룰 수 있었다. 부정적인 감정이 올라올 때 나는 피하려 하지 않았다. 그 감정이 왜 올라오는지 이유를 찾으려 했다. 그리고 그 감정을 마주하고 긍정의 에너지로 바꾸려 애썼다. 근육도 찢어져야 더 강해진다고 하지 않는가. 인생도 마찬가지다. 다양한 실패는 마음의 훈장으로 돌아온다. 실패를 발판 삼아 성장한다는 뜻이다.

육아하면서 실패를 다르게 해석하게 되었다. 나 어릴 땐 엄마가 나와 형제들에게 일을 시키지 않았다. 서툴더라도 스스로 할 수 있도록 해야 했다. 엄마가 아이들이 배워야 할 일들을 대신 하다 보니 우리 형제들은 손이 야무지질 않았다. 해봐야 일이 는다는 걸 어른이 돼서 깨달았다. 엄마가 된 후 아이들에게 모든 걸 해 주지 않기로 했다. 밥을 떠먹이기보다, 스스로 먹도록 기다렸다. 넘어진 걸 일으켜 세우기보다, 스스로 일어나는 걸 지켜보았다. 내 과거를 거울삼아 우리 아이들은 스스로 배울 수 있도록 안내하고 싶었다. 일을 안 해 본 탓에 직접 경험이 최고의 자산임을 깨닫게 된 것이다. 내 아이들에겐 내가 겪은 시행착오를 똑같이 겪게 하고 싶지 않았다. 스스로 넘어지고 일어서고를 반복하며 마음 근력이 단단해졌다.

어릴 땐 부모님이 부자인 친구들이 정말로 부러웠다. 넉넉한 환경에서 자란 아이들이 오히려 탈선하기 쉽고 어려운 환경에서 자란 아이들보다 심지가 약한 경우를 종종 보게 된다. 힘든 것 겪어내야 유약했던 마음이 단단해진다. 내가 결핍 속에 자란 것처럼 내 아이들에게도 어느 정도의 결핍은 필요하다고 본다. 주변에선 아이들이 원하는 대로 부모님들은 다 따라주는 경우가 많다. 안 되는 건 안 되고 되는 건 마음 편히 지원해 줄 수 있어야 한다. 물론 내 경우엔 결핍이 지나치게 커서 자라면서 자존감이 너무 낮아 작은 시도에도 두려움이 컸다. 나는 이제 그런 과거를 '탓'하지 않으련다. 내가 다른 아이들보다 어릴 때 부족한 환경에서 자란 것이 오히려 지금의 삶에 감사함을 더 느끼게 되는 것 같다. 나는 아이들에게 말한다. "괜찮아, 해 보다가 안 될 수도 있어. 근데 그게 실패는 아니야. 다시 하면 돼." 아이들에게 말하는 것 같지만, 이는 나에게도 통하는 말이다. 내 아이가 자라듯, 나도 자라고 있기 때문이다.

호주에서 나는 현지인들이 일하는 식당에서 일하고 싶었다. 그 당시 나는 영어 실력이 부족했다. 거기다 일자리도 넉넉하지 않았다. 그 어떤 조건도 쉽게 이룰 수 없어 보였다. 기준이야 어쨌건, 나는 매일 이력서를 들고 다녔다. 일하고자 하는 장소에 반복해서 찾아갔다. 상냥하게 인사하고, 웃으며 내 열정을 드러내 보였다. 그렇게 몇 주가 지나자 식당 매니저로부터 전화를 받고 내가 일하고 싶은 곳에서 호주 현지인들과 어깨를 나란히 하며 일할 수 있었다. 실패는 단지 결과 그 자체만을 말하지 않는다. 성공으로 나아가는 중간 과정일 수 있다.

나는 여전히 새로운 도전 앞에 설 때면 주저하게 된다. 긴장, 걱정, 때론 불안함 속에 잠도 설친다. 그렇다고 쉽게 멈추지도 않는다. 실패 자체를 두려워하기보다, 실패 속에 배울 수 있는 걸 떠올린다. 그게 부정적이든, 긍정적이든 무엇이든 의미가 있다. 실패를 피해 다녔던 때가 있었다. 상처받는 게 싫었고, 무능해 보이기 싫었다. 상처받고 무능한 사람처럼 보이는 건 성장하려면 반드시 겪어내야 하는 일이었다. 실패를 겪지 않았을 땐 내가 가진 세상이 너무 작게만 느껴졌다. 실패를 받아들이기 시작하고 실패를 수용하게 되는 순간 그 이전보다 나는 더 나다워졌다. 이는 그 어떤 성공보다 값진 선물이었다.

글을 쓰는 지금도 여전히 다양한 도전을 구상하고 새로운 경험을 시도 중이다. 일부는 성공하고, 일부는 실패한다. 하지만 나는 더 이상 실패 앞에서 무너지지 않는다. 오히려 실패 덕분에 나는 이전에 보지 못한 세계를 발견하며, 더 넓은 시야를 가지게 되었다. 외부의 세계에만 관심 있던 나에서 눈에 드러나진 않지만 더 큰 가치의 깊은 내면을 바라보는 나로 변화할 수 있었다. 실패 하나로 인생을 포기하는 사람 우리 주변에는 적지 않다. 실패는 내 안의 또 다른 가능성을 찾아가는 지도이자, 정체된 나를 흔들어 깨우는 자극이기도 하다. 나는 그 사실을 실패에 대한 두려움을 넘어서 실행을 하게 되면서 몸소 체득했다.

배달음식점을 시도하여 운영하고 있던 몇 개 월차, 매출이 반토막이 되었다. 처음엔 무척 당황했다. 뭐가 문제인지를 고민하기 시작했다. 리뷰와 음식 재료, 가게 운영 시스템 등. 해결할 수 있는 방법은 뭐가 있을까 고민하기 시작했다. 결국 1가지 아이템으로는 살아남기 어렵다는 현실을 인정하기에 이르렀다. 1가지 브랜드 외에 또 다른 아이템을 넣을 수 있는 '샵인샵'에 도전하기로 마음먹었다. 샵인샵 도전은 처음이라 다소 긴장이 되었다. 매출을 올리겠다며 급하게 서두른 탓에 한 달 만에 접어야 했다. 첫 번째 샵인샵 도전에서 배운 게 많았다. 샵인샵을 운영하려면 첫째, 조리가 간단해야 한다. 둘째, 재료 준비하는 데 시간이 적게 들어가야 한다. 셋째, 재료 손실이 적어야 한다. 첫 도전의 아픔을 통해 샵인샵 선택의 주요 기준을 찾아낼 수 있었다. 그 기준으로 두 번째 샵인샵을 고를 수 있는 눈이 생긴 것이다. 이렇게 실패는 실패가 아니라 오히려 성장을 위한 발판을 마련해 준다. 비록 처음 샵인샵에서 큰돈을 잃기는 했지만, 그 경험에서 배운 게 많았다. 인간은 한계를 넘어서야만 성장하는 게 아니다. 작은 한 걸음을 내딛는 용기만으로 성장으로 나아갈 수 있다.

나는 더 이상 "이런 건 못 해요."라고 말하지 않는다. 이제는 "한번 해 볼까?"라고 말한다. 내가 믿는 건 도전에 대한 완벽한 결과가 아니다. 배워가며 성장해 나가는 나 자신을 믿는 일이다.

실패에 주눅 들어 있지 말자. 그건 누구나 겪는 일이고, 결국은 지나가는 한 장면일 뿐이다. 중요한 건 그다음이다. 실패를 어떻게 바라볼 건지, 거기서 뭘 건질 건지, 그걸 고민해야 한다. 단 한 번의 실패로 전부를 단정 짓지 말자. 실패는 결론이 아니다. 아직은 과정이고, 당신이라는 사람을 만드는 재료다. 완성되지 않은 자신을 미리 포기하지 말고, 서툰 오늘을 부끄러워하지 않았으면 좋겠다.

잘 안되면 다시 해 보면 된다. 잘못 택했다면 돌아서면 된다. 중요한 건 내가 계속 나아가고 있다는 사실이다. 어쩌면 실패는 방향을 틀라는 신호일 수 있다. 그래서 오히려 실패를 통해 더 자신에게 집중하게 된다. 남의 기준 말고, 진짜 내가 원하는 게 뭔지를 묻게 된다.

실패를 두려워할수록 시도 자체가 줄어든다. 그럼 가능성도 줄어든다. 실패 안 하고 사는 인생이 아니라, 실패해도 꺾이지 않는 태도가 삶의 질을 바꾼다. 무너지지 않는다는 건 무조건 이긴다는 뜻이 아니다. 무너졌다가도 다시 일어날 줄 안다는 뜻이다.

혹시 지금 실패 앞에 주저앉아 있다면, 그 자리가 끝이 아님을 기억했으면 한다. 뭔가 해 본 사람만이 실패를 겪는다. 그 말은, 당신은 이미 시작했다는 뜻이다. 그걸 멈추지 말자. 계속 걸어가라. 답은 길 위에 있다.

8

인생을 바꾸는 가장 강력한 도구, '확언의 힘'

"미래는 오늘 우리가 무엇을 하는가에 달려 있다." - 마하트마 간디(Mahatma Gandhi)

내 생각을 입 밖으로 꺼내지 않으면 아무도 나를 거들떠보지 않았다.

난 어릴 때 남들처럼 되고 싶은 것도, 이루고 싶은 것도 없었다. 가족을 제외한 세상은 늘 낯설었고, 사람들은 불편한 존재였다. 친구를 사귀는 것도 서툴렀고, 무대 위 발표나 조별 활동은 공포 그 자체였다. 말수가 적은 아이였고, 낯선 환경에서는 늘 앞으로 나설 용기가 없었다. 그만큼 내 인생은 '두려움'이라는 단어로 요약할 수 있었다. 꿈을 꿀 여유조차 없었던 그런 아이였다. 그랬던 내가 지금 이 꿈을 향한 선언문을 쓸 줄이야. 이유는 단순하다. 나는 과거의 소심하고 공포심으로 가득 찬 나로부터 온전히 빠져나왔기 때문이다. 그리고 지금도 바뀌는 중이다. 내 안에서 조용히 살아 숨 쉬던 가능성이, 경험과 배움을 통해 조금씩 깨어났다. 그리고 마침내, 내 인생을 주도하고 싶은 마음이 생겼다. 그 희망의 씨앗이 움트기 시작하면서 본격적 제2의 인생을 위한 선언이 필요하다고 느꼈다.

첫 변화의 시작은 캐나다 어학연수를 하면서부터이다. 낯선 나라, 낯선 언어, 낯선 사람들. 처음엔 그저 적응할 때까지 버텼다. 언어 장벽보다 더 큰 건 내 안의 두려움이었다. 내가 할 수 있는 게 있을까, 전혀 새로운 환경에서 나는 어떤 존재인가. 한국에서의 치열함과는 또 다른 분위기에서 나는 생존해야 했다. 내 생각을 입 밖으로 꺼내지 않으면 아무도 나를 거들떠보지 않았다. 처음엔 낯선 언어로 입을 떼는 게 어려웠다. 시간이 흐를수록 조금씩 아주 조금씩 목소리를 내기 시작했다. 다양한 국적의 친구들과 함께한다는 것. 두려움과 설렘이 교차했다. 길지 않은 6개월의 시간 동안 타국에서 기본적 의사소통 능력과 새 문화를 대하는 태도를 배웠다. 어느 정도 자신감이 붙으려 하기 시작할 무렵 귀국했다. 새 문화와 사람들을 만나는 게 재미가 있었다.

귀국하자마자 호주 워킹홀리데이를 결심했다. 캐나다 어학연수 결정보다 호주 워킹홀리데이 결정은 좀 더 쉬웠다. 호주에 가자마자 일을 급하게 구해야 했다. 한 달 치 생활비만 들고 가야 했다. 필사적으로 레스토랑을 돌아다니며 이력서를 뿌렸다. 처음엔 발이 떨어지지 않았다. "내가 호주 현지인들과 쉽게 어울릴 수 있을까?"라는 생각이 앞섰다. 두려움이 먼저였지만 나는 발 빠르게 움직여야 했다. 거주할 비용이 없으면 어쩔 수 없이 귀국이 답이었다. 나는 할까 말까 고민할 시간조차 없었다. 무조건 일을 구해야 했다. 물론 한국인이 운영하는 '코리안 레스토랑'은 얼마든지 들어가기 쉬웠다. 문제는 내가 현지인이 운영하는 식당에 가야겠다고 마음먹은 이상 '코리안 레스토랑'은 절대 허용이 안 되었다. 자존심이 허락지 않았다.

결국 끈기와 고집으로 내가 원하는 목표인 현지인 식당에 들어갈 수 있었다. 식당에 들어가서도 해결해야 할 문제가 산적했다. 나를 이상한 눈으로 바라보는 호주인들, 식당에 오는 차가운 고객들의 시선과 태도, 모든 게 두려움으로 다가왔다. 내가 만든 샌드위치를 더럽다며 거부하는 호주인도 있었다. 그때마다 자존감이 바닥을 쳤다. 어려움도 있었지만 나만의 성실함과 끈기로 인정받기 시작했다. 아시아인이라는 이유로 차별도 받았지만 반대로 아시아인은 근면 성실하다는 평가도 받을 수 있었다. '할 수 있다'는 마음이 점차 늘어갔다. 좋든 싫든 경험을 통해 좁았던 내가 확장되어 갔다.

호주에서의 경험을 무사히 마치고 귀국했다. 막상 귀국하고 보니 캐나다 어학연수, 호주 워킹홀리데이 경험 전 취업 때보다 더 안 좋아졌다. 결국 보험회사 입사를 결정했다. 사실 선택의 여지가 없었다. 마음 한편엔 자존심이 상했다. 보험회사는 지인 대상 영업해야 했다. 상대에게 아쉬운 소리 못하는 성격인 내가 보험영업은 벅찼다. 보험회사에서의 생활은 그 어느 때보다 현실적이고 냉정한 사회를 배울 수 있었다. 사회 경험이 늘어가면 늘어갈수록 꿈에 대한 개념이 변하기 시작했다. 꿈이란 특별한 직업을 갖게 되는 것이라 믿었다. 어느 순간부터 꿈은 직업을 넘어선 그 이상의 경험을 할 수 있는 '상태 값'이란 생각이 들었다. 즉 내가 어떤 마음가짐으로 그 경험을 대하느냐에 따라 내가 원하는 꿈이 이뤄질 수 있다는 걸 알게 되었다.

어릴 땐 꿈을 이룬다는 건 나에게 어울리지 않는 옷을 입는 것 같았다. 꿈을 품기 이전에 나는 온갖 불안함에서 벗어나야 했기 때문이다. 이제야 나는 꿈의 정의를 다시 해 보려 한다. 꿈이란 어떤 목표 그 자체를 이루는 것뿐 아니라, 내 삶을 살아가는 방향과 이유이다. 꿈이 있는 한 내가 살아야 할 이유가 된다. 삶의 이유가 생긴 후 매일 조금씩 앞으로 나아갈 수 있다. 그것이 나에게 있어 꿈이라고 생각한다. 꿈이 있어 나의 잠재력을 발견할 수 있다. 잠재력을 키울 수 있으니 더 큰 꿈을 키워갈 수 있다. 선순환이다.

나는 더 이상 '무능한 나'를 주제로 삼지 않는다. 나는 능력이 부족했던 게 아니라, 아직 경험하지 않았을 뿐이다. 새로운 것 도전하면서, 실패, 실수하며 지금보다 더 단단한 삶을 살아갈 수 있다.

경제적 자유를 이루겠다는 꿈을 시작으로, 평생 '경험하는 삶'을 꿈꾼다.

고시원 사업, 배달음식점도, 내가 경험해 보지 않은 일들이다. 해 보지 않은 일을 하며 두려움의 크기는 조금씩 힘을 잃어갔다. 반면에 자신감이 두려움의 자리를 차지한다. 실패 자체를 두려워하지 않는다. 실패는 나를 성장시키는 주재료라는 걸 깨달았기 때문이다.

언젠가부터 '선한 영향력'을 끼치는 사람이 되고 싶다고 생각하게 되었다. 나와 같이 꿈을 꿀 수조차 없는 사람들, 낮은 자존감으로 불행한 삶을 사는 사람들에게 얼마든지 잘 살아낼 수 있다는 걸 보여주고 싶다. 누구든 바뀔 수 있고, 누구든 자기 인생을 설계할 수 있다는 걸 증명해 보이고 싶었다. 그동안 내 안에 곪아있던 상처를 누가 알까 숨기고 살았다. 상처를 통해 내가 지금 감사할 수 있음을 알리고 싶다. 상처는 전혀 도움이 안 된다고 생각했다. 지금은 내 상처가 누군가의 희망이 될 수 있다고 생각한다.

첫째, 나는 2027년까지 100억 자산가가 되는 것을 목표로 한다. 이것은 단순한 숫자놀이가 아니다. 돈은 나에게 자유를 의미한다. 돈이 많아 행복한 게 아니라 풍요로운 삶 속에서 내가 원하는 경험을 포기하지 않아도 된다. 다양한 경험은 분명 나를 성장시킨다. 그 경험을 위해 나는 경제적 자유를 첫 번째 목표로 삼고 있다.

둘째, 나는 매일 글을 쓰면서 작가와 강연가가 되기를 꿈꾼다. 작은 발걸음으로 시작했지만 지금은 내 목표에 조금씩 닿아가고 있다. 생각이 현실이 된다는 말이 있다. 내가 작가와 강연가가 되었다는 것을 반복하고 상상하면 어느새 그곳에 도달해 있을 터다.

나는 주기적으로 나의 선언문을 읽고, 수정하고, 가슴에 새긴다. 이 글은 지금의 나를 위한 다짐이자, 내 잠재의식을 각인시키는 훈련이다. 나는 두려움 앞에 도망치지 않고 직면하는 법을 배우고 있다. 하나씩 경험이 늘어감에 따라 내 그릇에 맞은 경험이 커지고 있다.

     아이 둘 엄마, 사업으로 성장하다

2027년 4월, 광희에게

　광희야, 너는 결국 해냈구나. 네가 바랐던 경제적 자유를 이루었고, 네 삶의 방향도 명확히 잡았어. 작가로서, 강연가로서, 너의 이야기를 세상에 전하며 사람들에게 희망을 전하고 있구나. 그 모습이 참 자랑스럽다. 예전의 넌 '도전'이라는 단어만 들어도 움츠러들었지만, 지금의 넌 도전을 당연하게 받아들이고, 설레는 일로 여긴다. 이 얼마나 큰 변화인가. 세계를 여행하며 새로운 사람, 새로운 환경 속에서 웃고 있는 너를 보니 미소가 절로 지어지는구나. 너는 결국 네가 바라던 그 자유를 얻었구나. 그 자유란 선택할 수 있는 삶에서 나오는 거였지. 그런데 이 편지를 쓰며 돌아보니, 네가 여기까지 오는 길이 참 멀고도 가까웠구나. 너무 멀게 느껴져 포기할 뻔한 적도 있었고, 생각보다 가까워서 놀란 순간도 있었지. 매일 큰 사건은 아니었지만, 사소한 습관 하나 바꾸는 데도 너는 치열했어. 하루에 책 한 페이지를 읽는 것도, 새벽에 일어나 자기 계발서를 펴는 것도, 남들 앞에 서서 말하는 연습을 하는 것도. 그 모든 작고 반복적인 순간들이 모여, 지금의 너를 만들었구나. 2025년의 넌 자주 흔들렸었지! 잘하고 있는 건지, 이 길이 맞는 건지 매일 밤 되묻곤 했지. 네가 목표를 크게 잡은 만큼, 때로는 벅차서 주저앉고 싶었던 날도 있었을 거야. 그래도 너는 멈추지 않았고, 포기하지 않았지. 가끔은 그저 살아내는 것만으로도 충분했던 날들 속에서, 그래도 내일을 향해 한 발짝씩 나아가던 너를 나는 기억해.

　이제 너는 너의 이야기를 이야기만으로 끝내지 않고, 누군가의 현실이 되도록 도울 준비가 되었구나. 네가 전하는 말, 너의 글, 너의 경험은 누군가의 삶에 불씨가 되고 있어. 그건 단순한 성공보다 더 큰 가치야. 세상의 많은 광희에게 "괜찮아, 나도 그랬어. 하지만 해 보는 거야."라고 말해주는 네가 나는 정말 자랑스럽다. 앞으로의 시간도 평탄하지는 않을 거야. 더 큰 선택과 더 복잡한 고민들 생길 수도 있어. 하지만 이제 넌 잘 알지. 마음만 먹으면 무엇이든 해낼 수 있다는 걸. 설령 실패하더라도 다시 일어설 힘이 너 안에 있다는 걸. 넌 두려움과 친구가 되었고, 실패와도 손을 잡았지.

이제 어떤 길이든 너는 주저하지 않고 걸어갈 수 있어. 너는 너의 삶을 사랑하게 되었어. 그리고 너 자신을 온전히 믿게 되었어. 그게 진짜 자유고, 진짜 성공이야. 물질적 풍요를 넘어 마음의 여유를 누리고 있는 너. 이제는 욕심이 아니라 감사로 하루를 시작하고, 끝내는 너. 나는 그런 너를 진심으로 존경하고 사랑해. 그리고 광희, 지금 너는 아직 가보지 않은 길이 더 많다는 걸 알고 있지. 여전히 해 보지 않은 경험들이 널 기다리고 있어. 그러니 계속 탐험하고, 계속 도전하자. 우리가 가장 자유로웠던 순간들을 떠올리며, 더 자유로운 내일을 함께 만들어 가자. 이 편지는 단순한 다짐이 아니야. 이건 우리가 함께 써 내려간 기록이고, 우리 인생의 또 다른 시작이야. 매 순간의 선택이 우리를 어디로 데려갈지 알 수 없지만, 1가지는 확실해. 넌 어디에 있든, 어떻게 살든, 스스로 사랑하고 존중할 수 있는 사람이라는 것. 그 사실 하나만으로도, 넌 이미 충분히 훌륭한 사람이야.

너를 믿는 너에게, 2025년의 광희가.

나는 여전히 완성된 사람이 아니다. 하지만 하나는 분명히 말할 수 있다. 더는 과거의 나로 돌아가지 않을 거라는 것. 도전 앞에서 움츠리던 내가 아닌, 두려움을 안고도 앞으로 나아가는 내가 되기로 했다. 삶은 정답이 아니라 방향이다. 완벽해서 가는 게 아니라, 부족해도 계속 가는 것이다. 그리고 나는 지금도 가고 있다. 이 선언문은 나만의 기록이지만, 어쩌면 누군가에겐 시작이 될 수도 있다. 나처럼 불안하고 흔들리던 누군가가 "그래, 나도 해 볼

     아이 둘 엄마, 사업으로 성장하다

게."라고 말할 수 있다면, 그걸로 충분하다. 나는 앞으로도 실패할 거고, 넘어질 거다. 그래도 다시 일어날 거다. 왜냐하면 나는 내 삶을 살아가기로, 끝까지 포기하지 않기로 선언했으니까. 그리고 그 선언은 지금 이 순간에도 유효하다.

제3장

구조화

아무도 거들떠보지 않던
고시원에서 찾은 기회

'될 놈'은 결국 된다,
끌어당김의 진짜 비밀

내 생각과 말이 나의 행동을 바꾸고, 그 행동이 현실을 바꾼다. 나는 그것을 고시원 사업을 통해 똑똑히 경험했다.

끌어당김의 법칙. 이 단어를 처음 들었을 때 나는 솔직히 믿음이 안 갔다. 내가 살아온 세상은 냉정했고, 노력 없이 뭔가를 얻는다는 건 말도 안 된다고 배워왔기 때문이다. 나중에 제대로 알게 됐지만, 끌어당김의 법칙은 내가 알았듯 노력 없이 좋은 걸 끌어당기는 원리가 아니었다. 긍정적인 생각은 긍정적인 결과를 끌어당기며, 부정적인 생각은 부정적인 결과를 끌어당김에 따라 사람의 운명을 바꿀 수 있다는 논리다. 나는 켈리 최라는 인물을 알게 되면서, 처음에 느꼈던 부정적 생각에서 조금씩 흔들리기 시작했다.

켈리 최는 말했다. "좋은 생각과 좋은 말을 하면 좋은 결과를 끌어당긴다." 말은 쉽다. 정말 가능한 일일까? 나는 내 인생을 돌아봤다. 상처 많던 어린 시절, 언제나 스스로 무능하다고 믿었던 나였다. '나는 안 돼.'를 외치며 수많은 기회를 거부했었다. 과연 그런 생각들이, 나를 실패로 끌어당긴 건 아닐까? 이러한 문제의식이 생겼다. 그 순간 '끌어당김의 법칙'을 적극적으로 내 삶에 받아들이기로 했다. 그리고 결심했다. 지금까지 해왔던 내 생각을 바꾸

자. 내 말을 바꾸자. 그러면 내 삶도 바뀔 수 있다.

그때부터 나는 매일 아침 눈을 뜨자마자 긍정 확언을 시작했다. "나는 충분히 잘할 수 있어.", "나는 원하는 모든 것을 이룬다.", "나는 성공과 행복을 끌어당긴다." 어찌 보면 너무 단순하고 유치해 보일 수 있는 이 말들을, 나는 진심으로 반복했다. 자기 전, 잠이 깰 무렵, 긍정 확언을 수시로 반복했다. 나는 미래의 나를 상상했다. 경제적 자유를 이룬 나, 자유롭게 세계를 여행하는 나, 강연장에서 사람들에게 희망을 전하는 나. 이 상상은 단순한 공상이 아니라, 내 삶을 이끄는 나침반이 되었다.

생각을 바꿀 수 있는 성공학, 자기 계발서를 읽었다. 성공한 사람들의 이야기, 끌어당김의 법칙을 실천한 사람들의 사례를 접하기 위해서였다. 아침 루틴에 운동, 감사 일기 쓰기를 추가했다. 좋은 에너지로 하루를 채우기 위해 노력했다. 물론 모든 날이 완벽하진 않았다. 어떤 날은 부정적인 생각에 빠지기도 했고, 때로는 지쳐서 확언조차 생략하고 싶은 날도 있었다. 하지만 그럴수록 나는 더 집요하게 나 자신을 붙들었다. "나는 지금 성장하고 있다. 나는 변하고 있다. 나는 성공으로 가는 길 위에 있다." 매일의 노력이 쌓이면서, 신기하게도 내 삶이 조금씩 달라지기 시작했다. 긍정적인 사람들이 내 곁에 모였고, 생각지 못한 좋은 기회들이 찾아왔다. 예전 같으면 겁이 나서 포기했을 제안에도, 나는 '할 수 있다'는 마음으로 뛰어들었다.

고시원 사업도 그렇게 시작되었다. 누군가에게는 작은 도전이었을지 몰라도, 나에게는 인생을 건 도전이었다. 나는 이 사업을 시작하기 전, 수없이 상상했다. 잘 운영되는 고시원의 모습, 밝게 웃으며 입주자들과 대화하는 나, 안정적인 수익을 만들어 내는 내 모습. 내가 반복적으로 했던 상상은 현실이 되었다. 물론 현실이 되는 과정은 녹록지 않았다. 초기 자금 마련부터, 리모델링, 입주자 모집까지 매 순간 선택과 책임이 따라붙었다. 하지만 나는 포기하지 않았다. 힘들 때마다 끌어당김의 법칙을 떠올렸다. "좋은 결과는 이미 나를 향해 오고 있다."

　나는 고시원 사업을 단순히 부동산 사업으로 보지 않았다. 이 공간을 통해 누군가에게는 작은 희망을 줄 수 있다고 믿었다. 그래서 더 정성 들였다. 청소 상태, 생활 편의 시설, 입주자와의 소통. 작은 부분까지 신경 썼다. 결국 인수 후 고시원은 안정되었고, 새로운 가능성을 보았다. 그동안 두려워했던 '사업'이라는 세계가 내가 긍정적으로 바라보기만 해도 자연스레 기회가 온다는 사실을 깨달았다.

　끌어당김의 법칙은 마법이 아니다. 하지만 분명히 존재하는 힘이다. 내 생각과 말이 나의 행동을 바꾸고, 그 행동이 현실을 바꾼다. 나는 그것을 고시원 사업을 통해 똑똑히 경험했다. 고시원 사업을 하면서 나는 하나의 진실을 깨달았다. 현실은 결코 우연히 만들어지는 게 아니었다. 매일 아침 긍정 확언을 반복하고, 매일 밤 미래를 그리며 잠드는 그 작은 습관들이 나의 선택을 바꾸었다. 결국 바뀐 선택은 내가 원하는 인생을 끌어가고 있었다.

　가끔은 현실의 벽이 높고 단단해 보여서 좌절하고 싶을 때도 있었다. 고액의 임대료를 내야 하는 압박감, 입주자 모집이 예상보다 늦어졌을 때의 불안, 작은 문제 하나에도 마음이 무너질 뻔했던 순간들이 있었다. 하지만 그때마다 나는 다시 끌어당김의 법칙을 떠올렸다. 문제를 문제로 바라보지 않고, 해결될 수 있는 기회로 상상했다. 그리고 실제로, 그렇게 상상했던 대로 하나하나 풀려갔다. 나는 매출이 떨어질 때도, "더 좋은 입주자가 오고 있다."라고 믿었다. 실제로 그 믿음 끝에 상황이 좋아졌다. 부정적인 소문이나 잡음을 들었을 때도, "나는 긍정적인 에너지를 끌어당긴다."라고 되뇌었다. 그런 자세 덕분에 나는 눈앞의 현실에 휘둘리지 않고, 긴 호흡으로 나만의 길을 걸어갈 수 있었다.

처음에는 억지로라도 했던 긍정 확언이 어느 순간부터는 일상처럼 자연스러워졌다. 생각도 패턴이다. 반복적으로 긍정적인 생각을 하다 보니 어느새 패턴화된 것이다. 비록 일이 잘 안 풀려도 지금의 어려움은 더 나은 결과를 낳기 위한 발판이라고 믿었다. 이러한 믿음은 고시원 사업 때에 빛을 발했다.

고시원 사업은 단순히 돈을 버는 사업을 넘어서 나를 단련시키고, 세상을 긍정적으로 바라보는 연습장이 되었다. 나는 사업을 경험하며 인생을 제대로 바라볼 수 있었다. 어떤 상황, 문제 앞에서도 나만의 생각과 감정을 주도한다면, 외부 환경은 자연스레 원하는 방향대로 변할 수 있다. 그래서 나는 고시원이라는 공간에 더 많은 의미를 담고 싶었다. 단순히 잠만 자는 공간 이상의 재기의 공간. 작은 방 하나가, 누군가에게는 인생을 다시 시작하는 출발점이 될 수 있다고 믿었다. 그래서 입주자 한 사람 한 사람을 소중하게 대했고, 작은 요청에도 성심껏 응답했다. 그 결과, 입주자들도 나를 믿어주고 따뜻한 에너지를 나누어 주었다.

끌어당김의 법칙은 단순히 '원하는 것을 생각한다'로 끝나는 게 아니다. 그것은 매일의 작은 선택과 태도, 그리고 세상을 대하는 진심이 합쳐져야 비로소 현실이 되는 것이다. 나는 고시원 사업을 통해 이 진리를 체험했다. 어떤 시련이 오더라도, 그 안에서 기회를 볼 수 있는 눈을 가졌다는 것을. 어떤 실패가 찾아와도, 그것을 딛고 더 높이 뛸 수 있는 내면의 힘이 생겼다는 것을 깨닫게 되었다.

인생은 결국 내가 어떤 마음을 품고, 어떤 태도로 살아가느냐에 달린 것 같다. 대단한 계획이나 완벽한 조건보다, 지금 내 자리에서 어떤 생각을 선택하느냐가 더 중요하다. 나처럼 두려움이 많고, 확신이 없던 사람도 조금씩 변할 수 있었다. 하루하루 내가 하는 말, 내가 품은 이미지, 내가 반복한 믿음들이 결국 내 삶을 움직였다. 눈에 보이지 않아도 분명히 흐름은 바뀌고

          아이 둘 엄마, 사업으로 성장하다

있었다.

지금 이 글을 읽는 당신도 같은 마음일 수 있다. 불안하고, 확신도 없고, 도전 앞에서 망설여질지도 모른다. 괜찮다. 나도 그랬다. 중요한 건 완벽하게 해내는 게 아니라, 지금 있는 자리에서 진심으로 한 걸음 내딛는 것이다. 그 한 걸음이 내일을 바꾸고, 결국 인생을 바꿔 놓는다.

현실은 단단하고 때로는 차갑지만, 그것이 길이 없다는 뜻은 아니다. 내 생각과 태도가 바뀌면, 보이지 않던 길이 보이기 시작한다. 그러니 지금 당신에게 꼭 해 주고 싶은 말이 있다. '당신은 생각보다 더 많은 가능성을 가지고 있다.' 아직 드러나지 않았을 뿐이다. 그러니 스스로를 믿고, 오늘 하루를 긍정으로 채워보자. 그 하루가 쌓이면, 반드시 달라진 내일이 온다.

2

첫 사업의 쓴맛,
날것의 현장에서 배운 생존법

"완벽하지 않아도 시작하라.", "완벽을 기다리다 보면 아무것도 시작하지 못한다." – 마크 트웨인(Mark Twain)

사업을 시작하기 전, 나는 수도 없이 상상했다. 그 상상들은 단순한 바람이 아니었다. 그것은 나를 이끌어 가는 강력한 힘이었다.

고시원 사업을 시작하기로 마음먹은 데는 여러 가지 이유가 있었다. 표면적으로는 수익성과 안정성 때문이었다. 조금 더 깊게 들여다보면 나의 상황과 성향, 그리고 미래를 바라보는 나의 방식을 생각하니 이만한 사업이 없겠다 싶었다. 온라인 사업 투자반 강의를 통해 만난 고시원 강사님. 그녀의 강의를 들은 것이 결정적으로 행동으로 이끄는 계기를 마련했다. 그녀는 "고시원 사업은 특별한 기술이 없어도 누구나 할 수 있는 사업이에요."라는 말에 불확실한 선택 앞에 단박에 결정할 수 있는 명쾌한 한마디였다. 나는 당시 평범한 주부였다. 세상에 내세울 특별한 기술도 없었고, 경력도 단절된 상태였다. 새로운 분야에 대한 공부를 해서 전문직에 도전할 여유도 없었다. 그저 내 두 손으로, 내 발로, 당장 시작할 수 있는 일이길 바랐다.

고시원 사업은 내가 생각했던 그 모든 기준을 만족시켰다. 더구나 두 아이를 키우는 엄마로서 교육비에 들어가는 비용이 만만치 않았다. 남편 월급만으로는 두 아이를 넉넉한 교육 환경에서 지원하기는 턱없이 부족했다. 아이

     아이 둘 엄마, 사업으로 성장하다

들은 축구를 배우길 원했다. 수시로 아이들에게 들어가는 비용이 만만치 않은 상황에서 현금 흐름이 가능한 사업을 하는 것은 어쩌면 당연했다.

고시원 사업은 공실 없이 만실일 경우, 세대에서 나오는 월세 수입이 즉각적으로 들어오는 장점이 있었다. 월세에서 고정비를 뺀 금액이 고스란히 사업주에게 들어오는 구조였다. 더구나 고시원은 거주 목적이므로 기본적으로 식사를 매일 하듯 임대 사업은 재구매가 확실한 상품이었다. 세입자가 거주지를 바꾸지 않는 이상 꾸준히 월세로 현금 흐름이 가능한 사업이었다.

게다가 나는 내 성향을 누구보다 잘 알고 있었다. 나는 끈기가 부족했다. 무언가를 시작하면 한동안 열정적으로 집중한다. 그러나 시간이 점차 지날수록 일에 대한 흥미도가 쉽게 떨어지는 편이다. 그래서 장기간 추이를 지켜봐야 하는 투자처나 사업은 애초에 나에게 맞지 않았다. 고시원은 그런 차원에서 내 기준에 잘 맞았다. 혹여라도 이 사업이 내게 맞지 않는다고 해도 고시원 사업 자체 시장성이 좋기 때문에 언제든 매도가 가능했다. 더구나 고시원 입지가 괜찮으며 만실까지 채웠다면 권리금 수익도 가능했다. 매달 버는 수익과 더불어 매도 시 권리금 수익까지 바라볼 수 있는 사업은 내 구미를 당겼다.

결정적으로 고시원 사업의 가장 큰 장점 중 하나는 '오토(무인 자동화)' 시스템이 가능하다는 것. 나는 두 아이를 키우는 주부로서, 온종일 사업장에 붙어 있을 수 없었다. 하지만 고시원 사업은 매니저를 고용하거나, 시스템만 제대로 만들어 두면 사장이 상주하지 않아도 운영이 가능하다. 나에게 이보다 더 이상적인 조건은 없었다. 시간은 곧 자유였고, 나는 내 시간의 주인이 되기를 원했다.

요약하면, 고시원 사업은 나에게 다음과 같은 매력을 주었다.

첫째, 현금 흐름이 가능하다. 즉 매달 고정적인 수입이 들어온다. 둘째, 오토가 가능하다. 인적 레버리지(사람을 고용하여 운영하는 시스템)를 통해 주인이 고시원에 상주할 필요가 없다. 셋째, 원하는 때 고시원 매도가 가능하다. 고시원 사업이 나에게 맞지 않다면 얼마든지 쉽게 매각할 수 있다. 넷째, 권리금 수익을 바라볼 수 있다. 다섯째, 시간 활용이 가능하다. 내 시간을 유연하게 쓸 수 있다. 고시원 창업은 부동산(아파트, 상가, 건물 등) 투자에 비해 적은 초기 투자금으로도 얼마든지 도전이 가능하다. 고시원 운영은 비교적 단순한 구조라고 할 수 있다. 즉 복잡한 기술이나 제조 과정이 필요 없고, 세입자 관리만 잘하면 된다. 고시원 사업은 사회적 기여에도 한몫한다. 고시원 시설은 주거 취약 계층에게 안정적인 주거 공간을 제공할 수 있다. 더불어 노하우 축적이 빠르다. 짧은 시간 안에 다양한 문제 상황을 경험하며 빠르게 사업 감각을 키울 수 있다. 물론 모든 사업이 그렇듯 고시원 사업에도 단점은 있었다. 수시로 생기는 민원에 대한 스트레스가 있다. 하지만 나는 이 단점들보다 이 사업이 가진 명확한 강점들에 더 주목했다.

내가 무엇보다 사업을 선택할 때 가장 중요하게 생각했던 점은 내 삶의 패턴과 맞닿아 있느냐이다. 높은 수익을 볼 수 있는 장점을 넘어서 고시원 사업이 나의 생활 패턴, 나의 가족 상황, 나의 성향에 맞는지를 고려해야 했다.

사업을 시작하기 전, 나는 수도 없이 상상했다. 고시원의 문을 열고 들어가 환하게 웃으며 인사하는 입주자들. 안정된 수익을 기반으로 아이들에게 더 좋은 환경을 만들어 주는 나. 여유 있는 시간 속에서 책을 읽고, 운동하고, 또 다른 꿈을 준비하는 나. 그 상상들은 단순한 바람이 아니었다. 그것은 나를 이끌어 가는 강력한 힘이었다.

결국 사업은 수익을 알려주는 숫자만으로 결정하는 게 아니다. 사업을 활기차게 하고 싶은 마음이 움직여야 한다. 고시원 사업은 사업 경험이 전혀 없던 나에게도 '할 수 있다'는 믿음을 심어주었다. 경제적 자유를 넘어, 심리

적 안정감과 자존감을 선물해 주었다는 말이다.

초반 시스템이 어느 정도 안정화될 즈음부터는 매달 고정적으로 들어오는 수익이 생기게 되었다. 넉넉한 경제적 흐름이 생기니 내 마음은 한결 풍요로워졌다. 생활비, 교육비를 쓰는데, 예전처럼 초조하거나 쫓기듯 살지 않아도 되었다. 남편이 벌어다 주는 급여로 근근이 살다가 내 땀과 노력으로 가정경제에 보탬이 되고 있다는 생각에 자부심이 생겼다. 고시원 사업은 '나도 할 수 있는 사람'이라는 경험을 선물했다. 사업을 하기 전까지 늘 "나는 안 될 거야."라고 생각했기 때문이다.

나의 용기 있는 도전이 내 상황을 바꾸어 놓았다. "나는 시도하면 얼마든지 할 수 있어."라고 말하는 사람이 되어 있었다. 이는 단순히 사업을 성공시켰다고 말하는 게 아니다. 사업이라는 새로운 경험 하나로 내 사고, 태도 자체가 바뀌었다는 뜻이다.

고시원 운영은 사람과 공간을 관리하며, 무엇보다 나 자신을 관리해야 함을 느끼게 했다. 작은 문제라도 소홀히 하면 입주자들의 불만이 쌓였고, 반대로 작은 배려 하나로 입주자들의 신뢰를 얻을 수 있었다. 이 과정을 통해 나는 관계에 대해서도 한층 성숙해졌다.

고시원에서 겪은 여러 경험은 내게 삶을 견디는 힘을 키워주었다. 예기치 않은 문제에 대처하는 법, 한정된 자원을 효율적으로 활용하는 법, 그리고 무엇보다 평정심을 유지할 수 있는 멘탈 법도 알려주었다.

고시원 사업은 내게 '완벽하지 않아도 일단 시작해서 개선해 나가자'라는 가르침을 주었다. 완벽하게 준비될 때까지 기다리다가는 아무것도 시작할 수 없다. 부족해도, 설령 두려움이 앞을 가려도, 일단 시작하고, 하면서 해결해 나가는 것. 그것이 진짜 성장의 의미였다.

경험은 돈으로 살 수 없다. 내가 시도한 고시원 사업은 내 삶 전반에 걸쳐

영향을 미치고 있다. 이제 나는 더 이상 시작을 두려워하지 않는다. 실패를 두려워하지 않는다. 어떤 일이든 해 볼 수 있는 자신감을 얻었다. 그리고 이 자신감은, 나의 두 아들에게도 자연스럽게 전해졌다. 엄마가 매일 도전하고, 성장하는 모습을 보면서 아이들도 자신들의 꿈을 쉽게 포기하지 않을 터다. 고시원 사업은 내게 새로운 인생을 여는 문이었다. 그 문을 열 수 있었던 건, 내가 내 안의 가능성을 믿기로 결심했기 때문이다.

삶의 갈림길에서 우리는 늘 선택을 마주한다. 그 선택은 때로는 두렵고, 때로는 외롭다. 하지만 1가지 분명한 건 있다. 지금 내가 선 자리를 있는 그대로 인정하고, 거기서부터 한 걸음 나아가 보겠다고 마음먹는 순간, 인생은 조금씩 방향을 바꾼다는 것이다.

나는 고시원 사업을 통해 돈을 번 것 이상으로 나 자신을 제대로 만날 수 있었다. 그리고 그 만남 속에서 내 안의 힘을 믿게 되었다. 그 믿음은 어느새 내 일상 곳곳에 녹아들어, 나와 내 가족을 조금 더 단단하게 만들어 주고 있었다. 완벽하지 않아도 괜찮다. 거창한 계획이 없어도 좋다. 중요한 건, 지금 이 자리에서 내가 할 수 있는 일을 찾고, 용기 내어 시작하는 것. 그렇게 우리는 또 하나의 가능성을 살아내게 된다. 당신도 그 가능성 앞에 서 있다면, 언젠가 나처럼 말하게 될 것이다. "시작하길 참 잘했다"고.

3

빗발치는 민원을 '돈'이 되는 기회로
바꾸는 기술

"실패는 끝이 아니라 '개선된 시도'로 가는 기술이다." - 사뮈엘 베케트(Samuel Beckett)

고시원은 하나의 작은 사회이며, 그 사회의 평화를 유지하기 위해서는 규칙과 시스템이 필요하다.

창업이라는 단어는 말만 들어도 어쩐지 생동감이 느껴지고 희망적이다. 청년들의 뜨거운 열정으로 가득 차 있어야 할 것 같은 이미지가 바로 '창업'이라고 생각한다. 하지만 나에게 있어 첫 창업, 그것도 고시원을 시작하게 된 일은 생동감보단 무거운 각오와 생존을 위한 몸부림에 가까웠다. 자기 계발을 통해 자존감이 높아져 시작한 첫 사업인 고시원 창업. 도전이라는 명분이 있었지만 가계 경제에 보탬이 되고 싶었던 이유가 더 컸다.

고시원 인수 후, 입실자 한 명 한 명의 이름을 기억하려 했다. 그들이 거주하는 동안 불편한 점은 없는지 꼼꼼히 챙기려 했다. 새 원장으로서 통성명이 필요했다. 대면으로 만나기도 했고, 전화로 인사를 나누기도 했다. 세입자들을 만나며 각자의 사연이 있다는 걸 알았다. 그들의 이야기를 귀 기울여 들었다. 오랜 시간 시험 준비를 해온 사람도 있었고, 거주비를 아끼며 돈을 모으는 사람, 가족과의 다툼에서 거리를 두기 위해 고시원에 거주하는 사람도 있었다. 나는 새 원장으로서 그들이 거주하는 고시원을 조용하고 안전한 공간이 될 수 있도록 하는 것이 나의 몫이라 여겼다.

문제는 모든 일이 그렇듯 생각처럼 순조롭지는 않았다. 고시원을 연 지 얼마 지나지 않아, 민원이 빗발치기 시작했다. 중년쯤 돼 보이는 한 남성이 입실했다. 첫인상은 내 눈에 평범해 보이지 않았다. 눈을 보니 뭔가 모를 우수에 차 있는 듯 보였다. 어려운 사연이 있을 거라 막연히 추측할 뿐이었다. 겉모습은 입실자를 받는데 특별히 문제 될 것은 없었다. 본인을 "영적인 일을 하는 사람"이라고 소개했다. 입실을 결정하고 난 후 무속인이라는 걸 알게 됐다.

나는 그저 '다양한 직업을 가진 사람들이 고시원에 사는구나.' 하고 가볍게 넘길 뿐이었다. 평범하지만 뭔가 다른 사람일 거라 단순히 생각했던 게 화근이 될 줄은 전혀 예상하지 못했다. 그가 입실한 지 얼마 안 돼서, 고시원 분위기가 달라지기 시작했다. 술 냄새로 복도를 가득 채웠다. 담배를 피운 흔적도 고시원 곳곳에 남아 있었다. 결정적으로 술기운에 이 방 저 방 돌아다니며 문을 두드린다는 민원이 빗발쳤다. 문제를 일으키는 사람은 바로 그 입실자였다. 새벽 2시, 3시… 늦은 시간에 문 두드리는 소리에 입실자들은 깜짝 놀라 잠에서 깨는 일이 반복되었다. 급기야 퇴실하는 입실자들이 늘어났다.

"사장님, 도저히 못 살겠어요. 잠을 잘 수가 없어요.", "이 고시원, 조용하다고 해서 왔는데 왜 이런 일이…." 급기야 어떤 입실자는 내게 분노하듯 말했다. "이건 원장의 명백한 관리 소홀 아닙니까? 한 사람 때문에 이게 뭡니까!" 원장으로서 정말 난감했다. 그는 엄연히 고시원 규칙을 위반하고 있었다. 명백히. 그런데 그는 "내가 뭘 그렇게 잘못했냐."라며 도리어 따져 물었다. 수차례 대화를 시도했지만 소통 자체가 어려웠다. 최후의 수단으로 경찰까지 불렀다. 그러나 경찰은 "강제 퇴실은 법적으로 어렵다."라고만 했다. 임대차 계약상 보호받아야 할 입실자에게, 일방적으로 퇴거를 명할 권한은

   아이 둘 엄마, 사업으로 성장하다

고시원 운영자에게 없다는 논리였다.

경찰의 말을 듣는 순간, 머리가 하얘졌다. 대체 어떤 방법으로 이 문제를 해결할 수 있단 말인가? 설득만이 답이었다. 차분히 마음을 가라앉히고 차 한잔을 건넸다. 그러고는 조심스럽게 말을 꺼냈다. "여기 계신 다른 분들도… 저마다 힘든 사정이 있어요. 조용히 지내고 싶어들 하시고요. 조금만 배려해 주실 수 없을까요?" 화보다는 상대를 이해하는 말투와 마음으로 대했다. 인격적으로 대하려 노력했지만 처음엔 말이 없었다. 실망스러운 마음이 올라왔다.

만남 이후 며칠이 흘렀다. 나의 진심이 전달이 된 걸까. 그 어떤 말도 통하지 않던 그가 나에게 조금씩 마음을 열기 시작했다. "사장님, 사실 이 세상에 나 혼자예요. 부모도, 형제도, 내겐 아무도 없어요. 모두 사고로 떠났어요. 사고로 온 가족 다 죽고 나 혼자 살아남았는데… 이젠 왜 살아야 하는지도 모르겠어요." 그는 우울증 약을 복용 중이었다. 심한 상실감과 외로움 속에 방황하던 중이었다.

그의 말을 듣고 마음이 무거워졌다. 그가 겪었던 아픔과 고통이 고스란히 내 안에 느껴졌다. 그의 아픔이 안타깝긴 했지만 그렇다고 다른 사람들에게 피해를 주는 건 절대 정당화될 수 없다. 그의 아픈 마음, 외로운 마음을 공감해 주었다. 동시에 고시원에서 물의를 일으키지 않도록 설득해야 했다. 단번에 고쳐지진 않았다. 한 번 두 번 그를 이해하고 다독이는 과정이 필요했다. 윽박지르기보다 그의 감정을 있는 그대로 이해하고 공감하려 했다.

문제는 그를 이해하는 과정 동안 다른 입실자들의 불만은 커져갔다. 시간이 필요했다. 그러는 동안 입실자들은 한두 명씩 짐을 싸기 시작했다. 무려 열 명이 넘는 입실자들이 한꺼번에 퇴실하기에 이르렀다. 갑작스럽게 늘어난 공실로 운영 스트레스가 찾아왔다.

한 달이 지났다. 고시원 절반 이상이 공실이었다. 네이버 광고를 올려야 했다. 만실까지는 최소 두세 달 이상 걸렸다. 이 일을 통해 뼈아픈 교훈을 얻었다.

첫째, 고시원 운영은 단순한 공간 대여가 아니라 '사람'과 '사람'이 함께 머무는 복합적인 사회다. 단 한 사람의 문제 행동이 전체 공동체를 무너뜨릴 수 있다.

둘째, 법은 늘 현실을 따라가지 못한다. 임대차 보호법으로 개인의 거주 권리는 중요하다. 그러나 그 틈을 타 운영자와 다수의 입실자가 피해를 입을 수 있다. 법이 개인의 권익 보호에 치중한 나머지, 다수의 이익을 침해할 수 있다는 점을 간과하고 있음을 깨달았다.

셋째, 겉으로 드러난 단편적인 사연만 보고 타인의 삶을 함부로 판단해서는 안 된다. 그가 들려준 과거 이야기 하나에 마음이 약해져, 안쓰러운 마음에 고시원 입실을 허락하고 말았다. 나마저 그를 외면해서는 안 된다는 동정심이 앞선 나머지, 결국 다른 입실자들에게 피해를 주는 결과를 초래하고 말았다. 그를 대하면서 사람과 사람 사이에는 지켜야 할 최소한의 질서와 배려가 있다는 걸 뼈저리게 느꼈다.

그 사건 이후 나는 입실자 선별에 조금 더 신중해졌다. 공용 공간의 CCTV를 강화하였다. 동시에, 입실자들과의 소통도 꾸준히 유지하려 노력했다. 민원이 빗발치지 않게 하기 위해서가 아니라, 각자의 공간이 조금 더 편안하고, 안정적인 곳이 되길 바라는 마음에서였다.

고시원을 운영한다는 건 단순히 '방 하나에 세를 주는 일' 그 이상이다. 사람이 사는 공간에는 반드시 관계란 게 형성된다. 그 관계 속에서 갈등이 발생하며, 모든 문제의 중심에 원장이라는 이름의 '조정자'가 서게 된다. 고시원은 하나의 작은 사회이며, 그 사회의 평화를 유지하기 위해서는 규칙과 시스템이 필요하다.

　한국인 입실자와 모로코에서 온 외국인 입실자 간에 다툼이 발생했다. 무슨 일이든 처음엔 별거 아닌 일로 시작되었다. 쓰레기 분리수거를 했느냐 못했느냐, 공동 주방을 사용한 후 정리했냐 안 했냐 등 고시원 안에서 일어날 수 있는 지극히 일상적인 문제로부터 갈등은 시작되었다. 다툼이 일어난 당사자 두 사람 모두 자기주장만 옳다고 우기려 했다. 서로 양보하거나 이해할 마음이 전혀 없었다. 결국 둘의 싸움은 두 사람에게서 원장인 나에게까지 이어졌다, 하루에도 수십 차례 전화가 울렸다. "사장님, 왜 저 사람은 아무 말도 안 해요? 제가 뭐라고 했는지 들으셨어요?", "왜 나만 뭐라고 합니까? 그쪽이 먼저 시비를 걸었는데!" 둘 사이에 벌어진 다툼 속에서 나는 마치 심판자라도 된 듯. 시시콜콜 다툼의 이야기를 들어야 했다. 둘 다 각자의 논리가 있었다. 내가 중재자랍시고 그들에게 훈수를 들 수 없었다. 중립을 지킨다는 건 그토록 힘든 일이었다. 자신의 의견을 안 들어 준다.'며 몹시 억울해했다. 한쪽을 타이르면 상대방은 차별받는다며 분노로 대응했다.

　갈등은 둘 사이 문제에서만 끝나지 않았다. 주변 입실자들에게까지 퍼졌다. 고시원은 공동생활 공간이다. 한 개인이 편하려고 규칙을 어길 때, 그 피해는 고스란히 다른 사람에게 돌아간다. 누군가 쓰레기 분리수거를 제대로 하지 않으면, 악취가 난다. 결국 다른 사람이 얼굴 찌푸리며 분리수거를 해야 한다. 심한 경우, 주민센터에서 민원이 들어오기도 한다. 정기적으로 청소 업체에 청소를 맡긴다고 해결될 문제가 아니었다. 규칙을 지키는 몇몇 사람은 손해를 보며 불만이 쌓인다. 반대로 규칙을 어기는 사람은 자신이 뭘 잘못했는지조차 모르고 반복적으로 타인에게 피해를 준다. 결국 민원은 끊이질 않았다.

　고시원 운영의 어려운 문제 중 하나는 시설 관리의 어려움이었다. 을씨년스러운 날씨가 몇 주간 지속되던 어느 겨울 저녁, 잘 돌아가던 보일러가 작동을 멈추었다. 난방이 안 되자, 추위를 견디지 못한 입실자들의 불만이 솟구쳤다. "너무 추워서 잠을 잘 수 없어요.", "난방이 안 되는데 왜 곧바로 조치를 취하지 않느냐."며 항의가 빗발쳤다. 새벽에 일어난 보일러 고장은 나도 어쩔질 못했다. 보일러가 고장 난 그 날밤, 입실자들은 추위에 떨며 잠을 설쳤다.

날이 밝자마자 보일러 업체를 불러 점검을 했다. 보일러를 새것으로 교체해야 했다. 예상치 못한 액수의 돈이 들어가야 했다. 그 당시, 공실 수가 절반 이상이어서 보일러를 교체할 여유가 없었다. 고정비 지출만으로도 부담이었다.

뜨거운 여름, 냉방 장치로 골치를 앓았다. 방마다 설치된 벽걸이형 에어컨이 고장이 났다. 공용 공간 냉방기 고장으로 수시로 전화가 왔다. 그나마 낮에 문제가 생기면 전문가를 불러 해결할 수 있었다. 문제는 낮이 아닌 새벽 시간이었다. 찜통인 상태로 세입자들은 잠을 설쳐야 했다. 빠른 민원 처리가 이뤄지지 않으면 결국 입실자들은 고시원을 떠나게 된다. "사장님, 이렇게 더운데… 퇴실할게요." 매일 달래고, 설명하고, 설득해야 했다.

방음이 안 되는 것도 문제였다. 방 안에서 부스럭거리는 소리가 들린다며 하소연했다. 시설을 뜯어고치지 않는 한 방음 문제는 골치 중의 하나였다.

고시원 사업은 현금 흐름이 좋은 사업인 건 맞다. 그러나 예기치 못한 지출을 감당해야 하는 사업이기도 하다. 무슨 일이든 장점이 있으면 단점이 분명 존재한다.

누군가는 현금 흐름이 좋아 고시원 사업을 선택했다고 하자. 장점만 보고 달려들었다가 사람 다루기가 어려워 한순간에 내려놓기도 한다.

두 번째 인수한 고시원은 시세에 비해 권리금이 턱없이 낮았다. 겉으로 보기엔 전혀 문제 되는 점이 없어 보였다. 나중에 알게 된 건 분명 권리금이 낮은 이유가 있었다. 기존 입실자들로부터 전임 원장이 초반에는 열성적이었으나, 어느 순간부터 운영에서 손을 놓아 버렸다는 이야기를 전해 들었다. 알고 보니 고시원에 가장 오래 머물고 있다는 한 입실자는 마치 고시원 주인인 양 행동했다. 고시원에 자주 출근하지 않았던 나를 대신해 "내가 이 고시원 잘 안다."며 새로운 입실자가 들어오면 지적을 심하게 한다거나 사적인 이야기를 캐묻기도 했다. 때로는 선을 넘는 행동을 해서 눈살을 찌푸리게 했다.

그런 그의 행동은 입실자들로부터 미움을 샀다. 몇몇 입실자들은 내게 조용히 찾아와 말했다. "원장님, 그분 눈치 보여서 공동 부엌도 못 쓰겠어요…. 부엌에 있는 주방 도구에 자기 이름표를 붙여 놓고 타인이 사용하지 못하도록 해요."라며 불만을 표현했다. 문제는 그 입실자에게 따져 묻고 싶어도 나보다 나이가 한참 많아서 따지기도 힘들었다. 물론 원장으로서 세입자가 나이가 많건 적건 고시원 내에서 물의를 일으킨다면 응당 할 소리는 해야 한다. 충돌을 회피하려던 나의 나약함이 그의 부적절한 행위를 묵인하는 결과를 낳고 말았다. 그에게 직설적으로 말하는 대신 돌려 말하거나, 문자로 완곡하게 표현했다.

나의 당당하지 못한 모습을 알아챈 그는 오히려 나를 두둔하며 "내가 원장님을 도와주려고 한 일인데 왜 이를 문제 삼느냐."며 언짢아했다. 말을 어찌나 잘하는지 그의 말에 설득이 됐다. '내가 너무 예민한 건 아닐까, 감사해야 할 사람을 오해하는 건 아닐까.' 자책하기도 했다.

당당하지 못한 즉장 대처로 여러 사람이 고통을 겪어야 했다. 이 문제를 계기로 나 자신을 들여다보지 않을 수 없었다. 원장이 마음의 중심을 잡지 못하면, 기세가 강한 입실자들에게 휘둘려 운영의 주도권을 잃기 쉽다.

상황을 바로잡기 위해서는 타인을 살피기에 앞서, 흔들리지 않는 내면의 중심을 세우는 것이 무엇보다 시급했다. 결심 하나로 약했던 마음이 강해지기란 그리 쉬운 일은 아니었다. 갈팡질팡하며 시간을 지체할 수 없었다. 민원은 계속됐고, 그로 인해 퇴실률이 늘어났다. 고시원 원장으로서 입실자를 대하는 나만의 확고한 철학이 절실히 필요함을 느꼈다.

나는 원장으로서 모든 입실자들이 마음 편히 거주할 수 있도록 질서를 유지해야 할 책임이 있다. 고시원이라는 공간은 어느 한 사람만을 위한 공간일 수 없다. 공동체의 질서를 어지럽히는 입실자에게는 단호하게 퇴실을 명할 수 있는 강단이 반드시 있어야 한다. 다툼이 일어나더라도 잘못된 것은 바로 지적해서 즉각적으로 처리해야 한다. 만약 고시원을 운영하지 않았더라면, 내면에 숨겨져 있던 이런 유약함을 평생 깨닫지 못한 채 살아갔을지도 모른다. 고시원 운영이라는 실전 경험은 결국 미처 몰랐던 나 자신을 발견하는 소중한 계기가 되었다. 입실자들 앞에서 나는 강한 원장이지 못했다. 다만, 밀려드는 감정 속에서 중심을 잃지 않기 위해 매 순간 안간힘을 써야만 했다. 밀려드는 복잡한 감정들 속에서, 나 자신을 지켜내며 상황을 해결할 나만의 해법을 찾아야 했다.

명상을 통해 나를 정면으로 바라보려 했다. 스스로 해결이 안 될 경우, 심리 상담을 받기도 했다. 마음 챙김에 관한 책도 읽었다. 끊임없는 내적 갈등과 노력 끝에, 마침내 내 안에도 조금씩 나만의 마음 근력이 붙기 시작했다. 불합리한 일 앞에 단호히 대처하려 했다. 규칙을 어기는 입실자에게는 조용하지만 분명하게 경고하기도 했다. 불만을 가진 입실자와는 더 자주 대화하며 문제를 풀어가려 했다. 나는 고시원 원장으로서 공동체 전체를 위해 편안한 공간이 되도록 '소통'을 포기하지 않아야 함을 배웠다.

사람 사는 공간에서는 갈등이란 건 당연히 발생할 수 있다. 갈등을 단순히 부정적이고 불편한 일로 치부하기보다, 나를 성장시키는 과정으로 받아들일 때 비로소 더 적극적인 해결책을 찾을 수 있다. 나와 타인이 다르듯 우리는 각자 추구하는 가치관과 생활 배경이 다를 수밖에 없다. 다르다고 해서 틀린 것이 절대 아니다. 다름을 인정해 가며 공동체가 하나로 나아갈 수 있어야 한다. 고시원은 나에게 다름을 인정할 수 있는 경험을 해 준 곳이었다. 또한, 내게 닥친 문제를 회피하기보다 진솔한 대화로 매듭을 풀어가야 한다는 소중한 교훈을 얻었다.

고시원 운영을 앞두고 있거나, 사람 문제로 지쳐 마음을 다치신 분들께 꼭 이 말을 전하고 싶다. 사람과 함께하는 공간을 책임진다는 건, 공간을 빌려주는 일 그 이상이다. 처음에는 그저 잘하고 싶은 의욕 하나로 고시원을 시작했지만, 수많은 사람을 겪고 관계의 파도를 넘으며 비로소 깨달은 바가 있었다. 질서를 세우는 힘은 일시적인 감정이 아니라, 일관된 태도에서 나온다는 사실이다. 소통은 말로만 하는 게 아니라 행동으로 믿음을 쌓는 일이다. 갈등은 피할 수 있는 장애물이 아니라, 마땅히 직면하고 관리해야 할 운영자의 몫이라는 사실을.

결국 모든 것의 중심은 '나' 자신이다. 운영자가 스스로 단단해지지 않으면, 그 어떤 원칙도, 따뜻한 배려도 결코 지속될 수 없기 때문이다. 문제 앞에서 흔들리지 않기 위해 내 마음을 먼저 돌보는 일이 선행되어야 한다. 그러면서도 끝까지 사람을 향한 시선을 놓지 말아야 한다. 모든 입실자가 지키는 규칙은 단순한 룰이 아니라 서로가 서로를 존중하는 약속이다. 공동체는 그렇게 만들어진다. 나는 오늘도 하루하루 나 자신을 다듬으며 살아가고 있다. 그리고 이 글을 읽고 있는 당신에게 이 말을 꼭 전하고 싶다. 사람을 통해 아프기도 하지만, 결국 사람을 통해 배운다는 것. 이 모든 깨달음이야말로 고시원을 운영하며 내가 얻은 가장 값진 자산이었다.

퇴사 후에도 돈이 들어오는 무인 자동화 시스템 구축기

"내가 하는 일을 '프로세스(절차)'로 설명 못 하면, 아직 시스템이 아니다." - 에드워즈 데밍(W. Edwards Deming)

무인 시스템은 시간을 절약해 주지만, 그 시간을 진짜 가치 있게 쓰기 위해서는 '보이지 않는 주인의 책임감'이 바탕이 되어야 했다.

고시원을 처음 시작할 때, 가장 매력을 느꼈던 점 중 하나는 단연코 '오토(무인화)'에 대한 개념이었다. 내가 직접 발품을 팔지 않아도, 매일 그 공간에 가지 않아도, 사업이 돌아가는 구조. 두 아이를 키우는 주부로서 내게 가장 절실했던 건 시간을 크게 쓰지 않고도 돈을 벌 수 있는 일을 찾는 것이었다. 단순한 부업을 넘어, 초기에 탄탄한 시스템만 구축해 두면 스스로 굴러가는 자동화가 가능한 비즈니스를 지향했다. 고시원이라면 그러한 시스템 경영을 실현할 수 있으리라는 확신이 나를 이 길로 이끌었다.

처음부터 '오토'가 가능했던 건 아니었다. 고시원을 인수하고 첫 몇 개월 동안은 정말 매일같이 고시원에 출근했다. 새 운영자가 고시원을 인수했다는 사실을 입실자들에게 인지시키는 것이 첫 번째로 중요한 일이었다. 고시원 운영에 발 빠르게 적응해야 했다. 전임 원장이 고수해 온 운영 방식을 면밀히 분석하여, 그중 취할 것과 버릴 것을 가려내고 나만의 새로운 기준을 세워야 했다.

고시원 방의 상태를 하나하나 체크해 두는 것이 필요했다. 고장 난 냉장고, 에어컨, 그 외 시설들을 파악 후 수리 보수가 필요하다면 해야 했다. 고시원에 들어오는 입실자들의 생활 수준, 성별 등의 데이터를 모아서 관리를 효율적으로 해야 했다. 공실률을 낮추기 위해서 어떤 노력을 해야 하는지도 꼼꼼히 점검해야 했다.

초반 몇 개월간은 내가 그리던 '오토'의 개념에서 너무 먼 이야기였다. 오히려 일찍 출근해서 늦은 밤 퇴근해야 하는 일이 지속되었다. 매일 과도한 일로 피로가 누적될 즈음, 어느새 고시원은 안정화를 이루었다. 만실의 기쁨도 잠시, 매달 한두 개의 빈방은 어김없이 생겨나며 끊임없이 나의 손길을 요구했다. 다행히 시간이 흐르며 빈번하던 입·퇴실 횟수도 차츰 줄어들었다. 공실이 생길 때마다 즉각 광고를 올려 새로운 입실자를 맞이하며 만실 상태를 유지해 나갔다. 그러한 일은 굳이 고시원에 나가 방을 직접 보여줄 필요가 없었다. 얼마든지 전화로도 가능했다. 방 사진과 고시원 관련 정보를 보내주면 선택은 세입자의 몫이었다. 시간이 흐를수록 고시원에 직접 가지 않아도 대응할 수 있는 일들이 늘어났다.

다만 청소나 반찬 준비, 비품 관리처럼 세심한 손길이 필요한 일만큼은 여전히 직접 챙겨야만 했다. 결국 비용이 들더라도 나 대신 사람을 쓰는 게 낫겠다 싶었다. 내가 모든 일을 짊어질 수 없음을 깨달은 순간, 비로소 타인의 힘을 빌려 시스템을 완성하는 '인적 레버리지'의 지혜를 마주하게 된다. 비록 수익이 적더라도 내가 직접 일하지 않고도 사람을 고용해서 고시원을 운영한다면 내가 원하던 그 '오토'로 운영이 가능하였다. 청소와 식사를 준비해 줄 수 있는 사람이 일을 맡게 되니 매일 아침마다 출근해서 밥과 반찬을 준비해야 하는 일에서 해방될 수 있었다. 내가 직접 일을 하지 않아도 나보다 경험이 많은 사람이 고시원을 운영하니 효율도 더 높아졌다. 내 손을 타지 않고도 공간의 질이 유지되기 시작했다. 운영 자동화는 내게 '시간의 자유'를 선물했다. 고시원에 매여 있던 물리적인 시간들이 확보되자, 나는 비로소 두 아이의 부모로서, 그리고 나라는 개인으로서의 삶에 온전히 몰입할 수 있었다.

시스템만 제대로 갖춰진다면 자동화(Auto) 운영이 결코 '불가능한 꿈은 아니구나.'라고 실감했다. 물론, 단순히 자본을 투입해 사람을 고용하는 것만으로는 진정한 의미의 시스템을 완성할 수 없다. 책임감 있는 인재를 채용하는 것도 중요하지만, 성실한 사람이 역량을 십분 발휘할 수 있도록 효율적인 구조를 설계하는 일이 선행되어야 했다. 청소와 반찬을 만들어 주는 일을 하는 사람은 그 일만 하고 끝이다. 즉 민원이 발생할 경우 그 민원을 빠르게 처리할 수 있는 사람이 필요했다. 문제를 해결하지 못할 때 전문가의 도움을 요청할 수 있는 사람이 필요했다. 흔히 생각하는 '고시원 총무직'을 뽑으면 그 문제가 해결이 가능하다. 하지만 청소 인력에 더해 별도의 총무까지 채용한다면 수익성 악화는 불가피했다. 결국 비용을 최적화하면서도 총무의 공백을 메울 수 있도록, 현장 업무 전반을 통합 관리할 수 있는 효율적인 인적 구조가 필요했다. 장기 입실자 한 분과 친해져 서로를 믿는 사이가 되었다. 그러자 그분이 자연스럽게 나 대신 고시원 상황을 살펴주기 시작했다. 덕분에 직접 가지 않아도 실시간으로 상황을 파악하고, 급한 일이 생기면 곧바로 해결할 수 있는 안전장치가 생겼다. 그에게 보상을 주며 책임감을 갖도록 했다. 내가 아닌 타인 즉 세입자와의 친분을 통해 민원 처리도 가능케 했다.

고시원 인수 때 리모델링을 도와준 인테리어 사장과 친분을 갖게 되었다. 그 사장님은 내 고시원과 본인의 사무실이 가깝다는 이유로 특별한 제안을 하였다. 그 사장님은 직원 숙소로 내 고시원을 선택하였다. 그 보답으로 나는 직원에게 저렴한 방값을 제안했고, 대신 그는 고시원에 보수가 필요할 때마다 실비만 받거나 때로는 무료로 수리를 도와주었다. 고시원에 전등이 나가거나 하수구가 막힐 때 자잘한 시설 문제는 그에게 요청할 수 있었다. 보통 주변 수리 업체와 저렴한 비용으로 계약을 맺기도 한다. 간단한 전등 가는 일, 열쇠 분실할 경우 열쇠를 만들어 주는 일 등등 세입자의 불편을 바로바로 해결해 주는 일은 무엇보다 중요한 일이다.

자잘한 민원 처리를 위해 매번 현장으로 달려가지 않아도 되는 시스템을 갖추자, 어느 순간부터는 고시원에 직접 갈 일이 거의 없어졌다. 시스템을 갖춘 후, 한 달 넘게 고시원을 방문하지 않아도 되었다. 자주 출근하지 않는 날들이 계속되니 부작용도 늘었다. 원장이 자주 보이지 않으니 고시원 공공 물품인 화장지, 비누, 치약 등등 분실 염려가 높아졌다. 수시로 없어지는 이유를 알게 되었고 몇몇 사람들이 자기 방으로 가져다가 쓰는 일이 생기기 시작했다. 부엌에 마련해 둔 밥과 반찬도 순식간에 없어져서 음식을 못 먹는 사람들의 불만이 늘기 시작했다. 주인이 자주 왔다 갔다 하면 그런 일들은 미연에 방지할 수 있었지만 고시원에 주인이 없으니 물품을 가져가거나 함부로 쓰는 일들이 늘었다.

더욱 큰 문제는 어느새 원장인 양 행세하는 사람이 생기기 시작했다. 원장의 보고를 받았다고 말하며 입실자들에게 사사건건 참견하며 불편을 주기 시작했다. 그로 인해 세입자들이 하나둘 떠나기 시작했다. 남아 있던 입실자들의 인내심이 한계에 다다르자, 더 이상 침묵을 지킬 수 없었던 운영자로서의 직접적인 개입이 시작되었다. 오랜 시간 자리를 비운 탓에 그는 없는 말도 지어내고 있었다. 더욱 기가 막힌 것은, 내가 하지도 않은 말들이 내 이름을 단 채 고시원 벽 곳곳에 공고문으로 붙어 있었다는 사실이다. 그 입실자는 본인의 자의적인 주장을 마치 원장의 지시 사항인 양 버젓이 사칭하고 있었다. 말도 안 되는 공지 사항을 확인한 일부 입실자들은 퇴실을 결정했다. 갑작스럽게 일어난 일로 순식간에 공실이 늘어났다.

고시원 내부 기물이 파손되는 일도 종종 생겼다. 에어컨을 적정 온도에 틀어놔야 에어컨 고장을 일으키지 않는데, 고시원에 거주하는 몇몇 입실자들이 본인 개인의 온도에 맞춰 무작위로 틀어놓다 보니 에어컨이 자주 고장 나거나 전기료가 과하게 나오기도 했다. 고시원에 자주 출근하지 않았던 나의 게으름이 빚은 일들이었다.

특별한 일이 없더라도 정기적으로 고시원에 출근하는 일은 중요하다는 사실을 깨달았다. 주인이 없는 세입자들의 공간. 잘못하면 고시원 운영이 원하지 않는 방향으로 흐를 수 있다.

고시원 운영에 첫발을 내디디며 꿈꿨던 '오토' 시스템은 분명 거부할 수 없는 매력적인 이상이었다. 실제로 시스템을 갖추고 사람을 채용하고, 내 시간을 줄이기 위한 구조를 만들어 가는 일. 어느 정도는 가능해졌다. 하지만 경험을 통해 절실히 깨달았다. 철저한 무인화가 자칫 '책임이 부재한 시스템'으로 전락할 수 있다는 사실을 뼈저리게 깨달았다.

세입자들에게 진정으로 필요했던 것은 단순히 잠을 자는 '공간' 그 이상의 가치, 바로 자신들을 살펴주는 '사람'의 존재였다. 원장이 보이지 않으면 누군가 그 자리를 대신하려 하고, 그 과정에서 원치 않는 문제가 생긴다. 시스템은 사람을 대체할 수 없고, 주인의 관심과 개입은 무관심한 자동화보다 훨씬 강력한 관리 방식이란 사실을 몸으로 배웠다.

내가 깨달은 '오토'란 나를 100% 배제하는 것이 아니라, 필요한 순간에 즉각 개입할 수 있는 최적의 구조를 만드는 일이었다. 운영 시간은 최소화하되, 감시가 아닌 든든한 '존재감'을 유지하는 경영 말이다. 무인 시스템은 시간을 절약해 주지만, 그 시간을 진짜 가치 있게 쓰기 위해서는 '보이지 않는 주인의 책임감'이 바탕이 되어야 했다.

이 글을 읽는 당신이 나처럼 시간과 육아, 생계를 모두 안고 새로운 길을

  아이 둘 엄마, 사업으로 성장하다

찾고 있다면 꼭 말하고 싶다. 무인화는 책임으로부터 도망치는 수단이 아니라, 더 스마트하게 일하고 입실자들과 더 깊이 연결되기 위한 전략이어야 한다. 결국 시스템의 품질을 결정짓는 것은 기술이 아니라, 그 시스템을 설계하고 운영하는 우리의 태도다.

통장 잔고보다 더 무서운
'성취감'이라는 중독

"근심이 사람의 마음에 있으면 그것으로 번뇌하게 되나, 선한 말은 그것을 즐겁게 하느니라." – 잠언 12:25

가난에서 벗어나지 못하는 가장 큰 이유는 바로 그들의 생각 자체에 있었다. 어차피 해도 안 될 거라는 믿음, 아무리 해도 희망은 없다는 자포자기 심정이 그들을 궁지에 모는 신념이었다.

내가 고시원 사업을 시작한 건 철저히 현실적 이유에서였다. 넉넉한 현금 흐름이 필요했고, 고정적 수입을 만들고 싶었다. 적어도 처음엔 그랬다. 시간이 지날수록 고시원 사업은 내게 돈 이상의 의미를 가져다주었다. 고시원이라는 공간에서 다양한 사람을 만나 그들의 스토리를 마주할 수 있었다. 그들의 눈빛, 대화 속에서 그들의 슬픔과 어려움을 이해할 수 있었다. 고시원은 작고, 불편하고, 때론 숨이 막힐 만큼 갑갑한 공간이었지만 그 안엔 저마다의 웃지 못할 사연이 숨어 있었다. 그들의 사연 속에서 나는 돈보다 훨씬 소중한 것들을 하나둘 배워갈 수 있었다.

일흔이 넘은 한 할머니를 고시원에서 만났다. 밝고 정갈한 모습이 인상적이었다. 나중에야 알게 된 사실이지만, 할머니는 젊었을 때 이불 장사를 크게 해 돈을 많이 벌었다고 했다. 이름만 대면 알 만한 연예인들과도 교류가 있었다고 했다. 그런데 알고 지내던 한 연예인이 그녀의 돈을 빌려 갔고 결국 갚지 않아 그간 모았던 돈을 다 날렸다고 했다. 할머니는 빚을 감당하지 못해 고시원으로 들어와 살게 되었다는 이야기였다.

고시원에 들어온 지 처음 몇 달은 그런대로 잘 지내셨다고 했다. 그러다가 고시원 화장실에서 미끄러져 허리를 크게 다치게 되었고, 그때부터 온종일 누워 있는 신세가 되었다고 했다. 그 사고로 10년 넘게 방 안에서만 누워서 생활하고 있었다. 대소변을 가리지 못해 사회복지 직원들의 도움을 받고 있었다. 기초생활 수급자로 살면서 하루하루 겨우 삶을 이어오고 있었다. 할머니께서는 딸이 있는데도 연락을 끊고 지내신다고 했다. 조심스레 이유를 여쭈니, 자식에게 짐이 되고 싶지 않다는 대답이 돌아왔다. 울먹이며 뱉으신 그 짧은 한마디에 얼마나 모질고도 시린 진심이 녹아 있는지, 나는 대번에 알 수 있었다. 자존심이 강하고, 남에게 폐 끼치기 싫어서 그런다고 했다. 할머니는 아파도, 외로워도, 그대로 그 방 안에서 죽을 날만 기다린다고 했다.

할머니의 사연을 듣고 나니 마음 한구석이 아릿해졌다. 내가 진짜 딸이 되어 곁을 지킬 순 없지만, 적어도 외로움을 덜어드리는 다정한 말동무는 되어 드리고 싶었다. 종종 할머니를 찾아가 도란도란 이야기를 나누고, 계절이 바뀔 때면 소소한 마음을 담은 작은 선물을 건네며 할머니의 마음에 온기를 더해 드렸다. 함께 울고, 웃고, 그렇게 정을 쌓았다. 그분은 지금도 내 마음 한편에 오래도록 남아 있는 분이다.

복도 끝까지 지독한 술 냄새가 진동했다. 여기저기서 참다못한 입실자들의 민원이 빗발쳤고, 나는 서둘러 냄새의 근원지인 그에게 연락을 취했다. 늘 술에 취해 있는 60대 후반의 남자분이었다. 한눈에도 사연이 있어 보였다. 오랜 시간 라이더 일을 하며 지내고 있다고 했다. 가족들과는 연락을 끊은 지 한참 되었다고 한다. 아들을 원망하는 눈치였다. 기댈 곳 어디 하나 없이 하루 벌어 하루 먹고 살아야 하는 처지 같았다.

고시원에 거주하는 사람들 모두 각자의 아픈 사연이 있었다. 그 사연을 편하게 말하는 사람도 있었고, 차마 입을 떼지 못하는 사람도 있었다. 자신의 이야기를 편하게 못 하는 데에는 본인만의 아픔과 고통이 현재의 삶에 영향을 미치는 이유일 터다. 그에게 편하게 다가가 말을 걸 수는 없었지만. 고시원에서 마주칠 때면 가벼운 미소를 전달함으로써 잠시 잠깐의 외로움을 달래길 바랐다. 그는 내 미소에 웃음으로 답했다. 고시원 원장이라며 권력을 휘두를 생각은 전혀 없었다. 다만 술로 인해 고시원 사람들에게 피해만 주지 않기를 당부할 뿐이었다.

후덕한 모습, 친절한 말투로 '고시원 투어'를 자처했던 한 세입자가 떠오른다. 사업으로 5억 원 넘는 빚을 지게 되었다고 한다. 2년 동안, 고시원에 머물며 절반 이상의 빚을 갚았다며 한숨을 크게 내쉬었다. 가족들과는 뿔뿔이 흩어져 살고 있다며 씁쓸한 미소로 이야기를 마무리하였다. 빚을 갚으려 새벽부터 밤늦게까지 택배 상자를 나른다는 그의 말에 지독한 고단함이 배어 있었다. 듣기만 해도 숨이 턱 막히는 팍팍한 일상이었지만, 그는 적어도 자신의 주어진 삶의 무게를 묵묵히 감내하고 있었다. 언젠가는 반드시 볕 들 날이 있을 거라며, 그는 벼랑 끝에서도 당당함을 잃지 않았다. 그의 고단한 사연과 꺾이지 않는 의지를 마주하자, 내가 겪던 고민들은 한없이 작고 초라해 보였다. 바닥을 쳐본 사람만이 더 높이 튀어 오를 수 있는 법이다. 평탄한 길만 걸어온 사람은 작은 돌부리에도 휘청이지만, 거친 파도를 넘어온 사람의 내면에는 쉽게 무너지지 않는 단단한 근육이 있기 마련이다.

고시원에 머무는 사람들은 각자의 스토리를 담고 비좁고 열악한 공간에 모여 있었다. 누군가는 가난 때문에, 누군가는 가족과의 단절 때문에, 또 누군가는 인생의 실패를 감추기 위해. 하지만 그 안에는 분명 살아 있는 삶이 있었다. 웃고, 울고, 상처받고, 사랑하고, 꿈꾸는 그런 삶 말이다.

고시원을 운영하면서 그들의 삶을 살며시 들여다보며 내 삶을 제대로 바라보게 되었다. 고시원이라는 작은 사회 안에서 희망과 불행이 공존하고 있음을 깨달았다. 어디에 머물든 내가 어떤 꿈을 품느냐에 따라 현실은 낙원이 될 수도, 지옥이 될 수도 있다는 사실을 깨달았다. 비록 지금의 공간이 조금 부족할지라도, 사랑하는 가족과 함께할 수 있다면 그 자체로 충분히 감사한 일임을 새삼 실감했다. 세상에는 나보다 더한 고통과 외로움 속에서도 하루를 버텨내는 이들이 여전히 많았다. 그동안 물질적인 결핍에만 매몰되어 불평을 일삼았던 나 자신을 겸허히 돌아보는 시간이었다. 즉 돈보다 더 소중한 가치들, 사람과 사람 사이의 정, 진심 어린 관심, 그리고 내가 지금 살아 있음에 대한 감사. 의미 있는 삶을 살아야 한다는 내면의 욕구가 솟구치는 기회가 되었다.

고시원 입실자들과 대화하며 깨달은 가난의 본질은 물리적 결핍보다 고착된 사고방식에 있었다. '어차피 해도 안 된다'는 무력감과 '부는 다른 세상 이야기'라는 패배주의적 신념이 그들을 빈곤의 굴레에 가두고 있었다. 하지만 이와 반대로 긍정적 확신을 품는다면 현실은 분명 바뀔 수 있다. 물론 그 결단에 이르기까지 마음을 고쳐먹기란 쉽지 않다. 인생을 뒤흔드는 강력한 충격 요법이나, 삶의 궤적을 바꿀 결정적인 터닝 포인트가 있어야만 비로소 변화를 향한 결단의 문으로 들어설 수 있다.

그들에게 무언가를 줄 수 없다는 사실에 우울했던 적 있다. 어릴 때부터 누군가를 도와야 한다고 배웠다. 상대의 아픔과 어려움을 보고 그냥 지나치질 못했다. 고시원에서 아프고 돈으로 힘들어하며 가족들과 등 돌리며 사는 사람들에게 무언가를 해 줄 수 없는 현실에 허탈했다. 경제적으로, 혹은 외로움을 달래줄 수는 없지만 따뜻한 말 한마디 전하기로 했다. "괜찮아요.", "조금만 더 힘내요.", "당신, 충분히 잘하고 있어요."라고 말이다. 똑같은 말

을 해도 상대의 마음이 어떠냐에 따라 그 말이 도움이 될 수도 있고 허공에
날리는 무의미한 말일 수 있다.

혀끝에서 나오는 말 한마디로 세상이 바뀔 거라 생각치 않는다. 분명한 것
은 상대를 향한 관심과 진심은 분명한 변화를 만들어 낸다. 사람은 누군가의
시선 속에서 자란다. 그 시선이 따뜻하다면, 그 사람도 따뜻해진다. 반대로
상대를 낮추어 보며 냉소적인 태도를 보이면 그 또한 세상을 그렇게 바라보
게 된다.

한순간 직장을 잃고 월세를 못 내게 된 30대 남성 세입자와 통화를 한 적
있다. 3개월간 직장을 구한 후 밀린 월세를 낼 수 있도록 양해를 구한다는
말을 전해 들었다. 처음엔 의심이 들었다. 돈을 안 내고 살다 말도 없이 퇴실
하게 될까 걱정했다. 의심은 뒤로한 채 그를 믿고 기다려 줬다. 3개월이 흐
른 어느 날. 그로부터 감사하다는 말을 들었다. "원장님, 지금껏 원장님처럼
따뜻하게 대해주신 분은 처음이에요. 대부분 원장님들은 돈만 밝혀요. 원장
님은 정말 다르네요."라고.

애초에 자선사업을 목적으로 고시원 운영을 시작한 것은 아니었다. 하지
만 누군가의 절박한 상황을 배려하며 그가 다시 일어설 기회를 열어주었을
때, 비로소 나는 사업적 성취 그 이상의 보람을 느꼈다. 세상이 마냥 차갑기
만 한 곳은 아니라는 온기를 전할 수 있어 뿌듯했다. 사람에게 상처받기도
하지만, 결국 다시 일어설 희망을 주는 존재 또한 사람이라는 사실을 새삼
깨닫는 순간이었다.

고시원을 운영하며 내면을 들여다보는 법을 배웠다. 내 상처를 치유하는
과정이기도 했다. 말 못 할 어려운 시기를 겪어야 했다. 이 세상엔 나를 온전
히 믿어주는 사람이 없다고 느꼈다. 내가 살아온 길이 외롭고 고단했다. 나
도 어려움 속에 자랐으니 그들의 고통이 남 일처럼 느껴지지 않았다. 그들의

    아이 둘 엄마, 사업으로 성장하다

대화 속에서 내 상처를 떠올렸다. 치유할 기회라고 생각했다. 그런 생각을 하는 순간, 고시원은 돈 버는 사업장 이상의 의미였다. 고시원 사업은 내 인생의 중요한 전환점이 되었다. 다양한 성격과 배경을 가진 사람들과의 만남은 나를 관계에 대한 의미를 가르쳐주는 학교였다.

내가 마주한 고시원의 풍경은 냉혹했다. 그곳은 인생의 가장 낮은 곳까지 밀려난 사람들이 모여드는 곳, 더는 도망칠 곳 없는 이들의 마지막 요새였다. 사회 시스템에서 한참 벗어난 사람들이 머무는 곳이었다. 죽지 못해 살아내는 사람들도 많았다. 고시원에 대한 고정 관념 중 하나는 자취생이나 수험생이 머무는 것을 먼저 떠올린다. 물론 학생들 위주로 받는 고시원이 있다. 내가 운영했던 고시원은 하루하루 생계를 이어가기 급급한 이들, 직장을 잃고 갈 곳을 잃은 이들, 가족과의 관계가 끊긴 이들, 몸이 아파 일할 수 없는 이들까지. 삶의 끝자락에서 겨우 숨을 고르고 있는 사람들이 많았다.

미디어나 책에서 볼 법한 사람들의 이야기로 가득했다. 열악한 사회 시스템에서 힘겹게 살아내는 그들과 한 공간 안에서 부딪혔다. 남을 배려하지 않고 자신만 생각하는 사람도 있었지만 좁은 공간에 살며 감사하는 하루를 보내는 사람도 있었다. 공용 화장실과 샤워실을 사용하며, 상대에게 피해 주지 않으려 조심조심 살아가는 이들도 있었다. 그들은 마치 희망 없는 추운 겨울에 아름답게 피어난 가녀린 꽃과 같았다.

고시원에 오래 머문 사람들은 대체로 말이 없었다. 세상에 마음을 닫고 산 지 오래됐다. 세상 사람들은 그들을 낮추어 본다. 그들의 시선과 차가운 태도로 상처가 곪아 터졌다. 그들에게 고시원이라는 공간은 세상 전부인 것 같았다. 고시원을 떠나면 더 넓은 세상이 있는데 말이다. 굳이 알려고 하지도 않는다. 좁은 세계가 마냥 편할 뿐이다.

세입자들과 대화를 했다. 그들의 이야기를 그냥 듣고 싶어졌다. 시간을 내서 그들과 함께했다. 어느 날, 무거웠던 입술을 열기 시작했다. "내가 옛날엔 이런 일을 했어.", "가족이 있었는데 연락을 끊었지.", "나도 예전엔 남부럽지 않게 살았어." 지금은 비록 초라할지라도 한때는 빛나던 시절이 있었음을 증명하고 싶은 마음일 것이다. 그 짧은 한마디에 굴곡진 인생 전체를 다 담을 수는 없다. 하지만 그 찰나의 이야기가 누군가에게는 오늘을 버티게 하는 위로가 된다. 나는 그저 무용담처럼 쏟아내는 그들의 말들 위로 진심 어린 맞장구를 얹으며, 그들의 찬란했던 어제를 함께 기억해 줄 뿐이다.

처음 고시원을 시작했을 때, 세입자들의 시선에는 낯선 운영자에 대한 경계와 불편함이 가득했다. 하지만 침묵 속을 걷던 이들이 어느덧 내 눈을 피하지 않고 편안한 미소를 건네기 시작했다. 굳어 있던 무표정 사이로 수줍게 피어오른 그 작은 웃음을 마주했을 때, 나는 말로 다 못 할 감격에 젖었다. 비로소 우리가 한 공간에서 온전하게 어우러지고 있다는 따뜻한 연결의 감각이 전신을 감싸 안았다. 진흙탕 속 미꾸라지들. 그들의 무리 속에 다른 생명체로 있는 듯 내가 나를 생각했었다. 그러다 나도 그들과 함께 미꾸라지가 된 기분. 나쁘지 않았다. 오히려 뿌듯했다.

모든 입실자의 속사정을 다 헤아리기란 참으로 어려운 일이었다. 마음을 나누며 가깝게 지냈던 이가 어느 날 예고도 없이 떠나버릴 때면, 가슴 한구석이 텅 빈 것처럼 허탈해지곤 했다. '내가 너무 많은 마음을 쏟았던 걸까?' 하는 자책 섞인 물음이 한동안 머릿속을 떠나지 않기도 했었다. 술 취해 소란을 피우는 사람에게 분노가 치밀 때도 있었다. 외롭고 무기력한 사람에겐 희망을 전해주고자 대화를 나누기도 했다. 아무리 마음을 열고 다가가도 여전히 답답한 현실 세계로 빠져드는 그들을 보았다.

눈에 띄는 변화를 원했지만 그건 욕심이었다. 오늘이 어제보다 조금이라도 나아졌다면 내가 최선을 다했다는 뜻으로 받아들여야 했다. 작더라도 내가 건넨 말 한마디가, 작은 배려 하나가, 그들의 마음에 잔잔하게 스며들기를 바랄 뿐이었다.

고시원은 비좁고 불편하며, 때로는 참담한 현실이 깃든 곳이다. 하지만 그 낮은 곳에서 나는 '사람'이라는 존재의 숭고한 무게를 다시 배웠다. 삶은 때때로 가혹할지언정, 인간은 그 틈바구니에서도 스스로 희망을 빚어내는 존재라는 사실을 알게 되었으니까. 나는 그 작고 가녀린 희망들을 조금이라도 지켜주고 싶은 마음으로 고시원이라는 공간을 지켜왔다. 돈이 전부는 아니라는 것, 결국 사람이 전부라는 것. 그리고 우리가 진짜 살아 있다는 건, 누군가와 온전한 마음을 나누고 있다는 가장 따뜻한 증거라는 사실을 이제는 알 것 같다.

삶이 막막해 보일 때, 사실 필요한 건 거창한 도움이나 제도가 아닐 수 있다. 그저 한 사람의 따뜻한 말, 진심 어린 눈빛, "괜찮아요."라는 한마디가 누군가에겐 다음 날을 살아낼 힘이 된다. 우리가 너무 쉽게 지나치는 것들이, 누군가에겐 전부일 수 있단 걸 알게 되었다. 삶의 끝자락에 선 이들이 머무는 차가운 방. 하지만 그곳에는 무너진 자리를 딛고 일어서려는 뜨거운 의지가 있었고, 상처를 어루만지는 온기가 남아 있었다. 어둠이 깊을수록 작은 빛은 더 찬란하게 빛난다는 사실을, 나는 그들의 무표정 뒤에 숨겨진 희망을 통해 매일같이 확인할 수 있었다.

그동안 나는 무언가를 끊임없이 '내어주어야' 한다는 강박으로 스스로를 세차게 몰아붙여 왔던 것 같다. 하지만 결국 본질은 베푼 양의 문제가 아니라 그들을 대하는 시선의 온도에 있었다. 무엇을 줬느냐보다 어떤 마음으로 그들을 바라봤느냐가 관계의 깊이를 결정짓는 진짜 열쇠였다. 내가 전한 그 마음이 누군가에게 위로가 됐다면, 그걸로 충분하다.

혹시 지금 당신의 인생이 막막함 속에 갇혀 있는가? 혹은 누군가에게 손을 내밀고 싶은데 방법을 몰라 망설이고 있는가? 그렇다면 너무 어렵게 생각하지 않았으면 좋겠다. 그저 곁을 지켜주는 것, 진심 어린 말 한마디를 건네는 것만으로도 충분하다. 당신의 다정한 시선 하나가 누군가에게는 오늘을 버티게 할 가장 따뜻한 구원이 될 수 있다.

결국 사람은 사람을 통해 살아간다. 관계가 인생의 모든 문제를 해결해 주지는 않지만, 타인과의 연결 없이 일어나는 변화 또한 없다는 것은 부정할 수 없는 진실이다. 지금 이 순간에도 좁고 불편한 방 안에서 누군가는 묵묵히 자신의 삶을 견뎌내고 있을 터다. 그들이 부디 단 한 번이라도 다정한 시선과 마주할 수 있기를, 그리고 이 글을 읽는 당신이 누군가에게 기꺼이 그 온기 어린 시선이 되어주기를 간절히 바랄 뿐이다.

아이 둘 엄마, 사업으로 성장하다

6

벼랑 끝에서야 비로소 깨달은
나의 진짜 무기

"자극과 반응 사이에는 '공간'이 있다. 그 공간에서 우리는 반응을 선택할 힘을 가진다." -
빅터 프랭클(Viktor E. Frankl)

어떤 갈등 상황에서도 즉각적으로 반응하지 않고, 잠시 멈추는 지혜가 필요하다는 것이다.

고시원 사업하며 예상치 못한 사건, 사고를 마주하게 되었다. 세입자들이 좁은 공간에 함께 살다 보니 다양한 일이 생기는 건 어쩌면 당연한 일이었다. 자질구레한 문제가 끊이질 않았다. 문제 앞에 나는 "이 상황을 어떻게 해결할 것인가?"를 끊임없이 스스로 묻고 답해왔다. 예측 불가능한 위기들이 닥칠 때마다 이를 어떻게 돌파할지 밤잠을 설쳐가며 고심했다. 실타래처럼 엉킨 문제들을 하나씩 풀어가는 그 치열한 과정은 고통스러웠지만, 역설적이게도 그 시간 속에서 내가 어떤 사람인지, 나만이 가진 진짜 강점이 무엇인지를 선명하게 깨닫게 되었다.

고시원 인수한 지 며칠 지난 어느 날, 세입자 한 명과 대화를 나누게 되었다. A는 60대쯤 돼 보이는 남성이었다. 가족 간의 재산 다툼으로 소송을 준비하고 있다고 했다. 그는 뭔가 자신과 의견이 맞지 않는다 싶으면 무조건 '소송'으로 결론지으려 했다. 평상시 그는 예의도 무척 바르고 큰 갈등 없이 지내왔다. 그의 상냥하고 친절한 태도에 의심 없이 고시원에 대한 그의 의견을 적극적으로 반영해 주려 했다.

그러던 어느 날, 예상치 못한 일이 생겼다. 고시원 인테리어 공사를 하게 되었다. 공사 전 세입자들에게 양해의 말과 함께 전체 공지를 했다. 세입자가 살고 있는 방 내부는 세입자 짐 때문에 공사를 할 수 없었다. 그에 반해 공실 상태인 방은 내부 도배와 페인트칠을 위해 문을 열어야 했다. 당연한 수순이었다. 인수한 지 얼마 안 된 시기라 모든 공실의 방을 열어본 적 없었다. 인테리어로 전체 공실을 확인할 수 있는 순간이었다.

빈방을 열기 하루 전날, A에게서 장문의 문자가 왔다. "원장님, 이런 법이 어딨습니까? 입실자들이 살고 있는 상태에서 공사를 하니 이는 부당한 처사입니다. 빈방도 마음대로 열면 안 됩니다. 상대방을 전혀 생각하지 않는 원장님의 태도에 저는 소송밖에 달리 답이 없겠습니다." 그 문자를 받는 순간 가슴이 먹먹해졌다. 이미 공사한다는 내용을 전체 공지로 양해의 말과 함께 알린 상태였다. 세입자 방을 열겠다는 것도 아니고 빈방을 열겠다는데 무슨 문제가 되는지 도저히 이해할 수 없었다. 내가 뭘 잘못한 것도 없고, 더구나 평소에 그의 말도 많이 들어줬는데. 순간 그의 태도에 억울한 마음이 올라왔다. 나는 그의 문자에 아무 답변도 하지 않았다. 붉으락푸르락 감정이 요동을 치기 시작했다.

하지만 이성적으로 행동해야 했다. 불안한 마음이 컸지만, 상황을 지켜보기로 했다. 속이 타들어 갔지만 내가 할 수 있는 건 아무것도 없었다. 진짜 소송당하는 게 아닐까 두려웠다. '고시원 방문을 연다고 했을 때 왜 그런 반응을 보였을까?' 곰곰이 따져보기 시작했다. 그 문자를 받은 다음 날, 그에게 또 다른 문자를 받았다. "원장님, 제가 경솔했습니다. 원장님께서 저희 세입자들을 무시한다고 생각했는데, 제가 오해했네요. 용서 바랍니다."라고. 그때 깨달았다. 상대가 얼토당토않은 일로 화를 낼 때, 똑같이 반응하면 안 된

   아이 둘 엄마, 사업으로 성장하다

다는 것. 즉 감정을 앞세우지 않고 이성적으로 판단하려 했던 마음, 위기를 넘길 수 있었던 마음 근력 덕분이었다.

이 사건을 계기로 배운 게 있었다. 첫째, 어떤 갈등 상황에서도 즉각적으로 반응하지 않고, 잠시 멈추는 지혜가 필요하다는 것이다. 둘째, 주체할 수 없는 감정이 폭발하기 전, 상대의 의도와 맥락을 파악하는 능력이 중요함을 느꼈다.

고시원을 인수한 지 일주일도 채 안 되어 에어컨이 고장 났다. 인수 당시에는 멀쩡하다고 해서 시설 권리금을 지불했는데, 며칠 만에 고장이 나니 당황하지 않을 수 없었다. 수리 기사를 불러 견적을 받아보니 부품을 교체해야 한다고 했다. 최소 50만 원 이상이 든다고 했다. 매도인에게 연락했더니, "이미 매도했기 때문에 에어컨 고장은 제 책임이 아닙니다."라고 딱 잘라 말했다. 고시원 중개사에게도 말했지만, 역시나 어쩔 수 없는 일이라고만 했다. 나는 속으로 분통이 터졌다. 내가 화를 낸다고 해결될 일이라면 화를 낼 수 있다. 그런데 법적으로도 매도인이 책임을 물을 이유는 없어 보였다. 아무리 따져 물어도 방법이 보이질 않았다. 그러고는 속상한 마음을 달래며 긍정적 사고로 바꾸려 했다. '이 일은 이미 지나간 일이다. 따지고 싸운다고 해결될 일이 아니다. 괜히 에너지 낭비하지 말자. 지금 나에게 필요한 건 에어컨을 고쳐 세입자들에게 시원한 공간을 제공하는 것, 그것이 나에게 주어진 사명이었다.

그렇게 마음을 고쳐먹고 바로 수리를 진행했다. 어떤 문제든 감정적으로 흥분해서는 문제를 해결하기 어렵다. 이미 일어난 일에 가슴 아파할 게 아니라 지금 당장 내가 문제 해결하기 위해 무엇을 할 수 있는지. 내가 통제할 수 있는 부분이 어떤 것인지 파악하는 태도. 통제 불가능한 상황에 얽매이지 않고 시간을 끄는 행위는 잘못된 방식이란 사실. 제대로 깨달을 수 있었다.

분명 억울하고 화가 날 수 있다. 그 상황에 대해 다음엔 이런 불상사가 나지 않도록 조심하면 된다. 경험은 다음에 일어날 수 있는 비슷한 상황에서 안내판 역할을 해 준다. 가장 중요한 건 감정에 휘둘리지 않고 본질을 꿰뚫을 수 있는 눈이 필요하다. 그것이 위기 속에서 드러난 나의 강점이었다. 과거에는 불편한 감정에 머물러 오랜 시간 헤어 나오지 못했다. 차츰 성장을 거듭하며 부정적 감정에서 빠르게 탈출해 나올 수 있는 방법을 찾게 되었다.

힘든 상황에 닥칠 때마다 나를 위해 생긴 일이라고 스토리텔링을 하기 시작했다. 생각도 패턴이다. 모든 일은 나를 위해, 나의 성장을 위해 필요한 일이라고 생각하게 되었다.

사업이란 걸 처음 하면서 다양한 인간관계를 마주했다. 30대 직장인 B씨. 말끔한 옷차림과 외모를 갖추었다. 고시원에서 마주칠 때면 상냥한 목소리와 친절한 태도를 보였다. 고시원 청소도 주도적으로 하던 성실한 세입자였다. 그런 그로부터 전화 한 통을 받았다. 의도치 않게 퇴사를 하게 되었다고. 그로 인해 당분간 월세를 밀릴 수 있다며 나에게 양해를 구하는 것이었다. 평소 성실한 그의 모습을 봐 왔기에 흔쾌히 허락을 했다. "안타깝군요. 그럼 두 달 후에 주세요."라고 말하고는 전화를 끊었다. 약속했던 시간이 돌아왔다. 그는 약속했던 대로 밀린 월세를 다 갚았다.

그 일이 있고 난 뒤, 그는 나의 적극적인 조력자가 되었다. 소소한 민원이 생길 때면, 나에게 먼저 알려주고 나 대신 일을 처리해 주었다. 더불어 주변 사람들에게 고시원을 알리고 소개해 주기도 하였다. 그때 느꼈다. 사람과의 신뢰란 이런 식으로 만들어 간다는 사실을.

혹자는 사람을 어떻게 믿고 두 달 이상을 돈도 받지 않고 허락하냐며 나를 세상 물정 모르는 사람으로 치부하곤 한다. 설령 그렇게 봐준 세입자가 두 달 후 돈을 갚지 않고 연락을 두절할 수도 있다. 그러나 나는 상대를 먼저 믿

아이 둘 엄마, 사업으로 성장하다

는 선택이 옳다고 생각했다. 때론 나의 선택이 손해를 가져올 수도 있다. 손해를 가지고 온다고 해도 나는 상대와의 신뢰를 더 중요하게 생각하기로 했다. 물론 내 자산이 흔들릴 정도의 무조건적 신뢰는 화를 가져올 수도 있다. 다만 내가 감내할 수 있는 선에서 상대를 믿어주는 건 결국 나를 믿는 또 다른 행위라 생각한다.

위기일 때 신뢰는 꽃을 발하는 것 같다. 돈만 따졌다면 아마도 신뢰의 가치를 우선순위로 두지 않았을 터다. 상대를 무조건 믿어주려는 나의 태도가 결국 새로운 기회를 가져다주었다.

고시원에서 단 한 사람의 작은 변화는 고시원 전체 분위기에 큰 영향을 미친다. 고시원이라는 공간은 단순히 방만 빌려주는 곳이 아니라고 했다. 즉 고시원이란 곳은 수십 명의 삶이 얽히고설킨 공동체란 사실이다. 공동체에서 어느 한 사람의 잘못된 행동이 고시원 전체 분위기를 흐리기도 한다. 사람과의 갈등이 생길 때마다 원만하게 해결할 수 있도록 애썼다.

고시원 복도를 걷다가 술 냄새가 진동한단 사실 발견했다. 알고 보니 평소 술 없이 잠을 이룰 수 없는 입실자가 있었다. 술만 조용히 먹는 것도 문제인데. 술 먹고 큰 소리로 전화를 해서 주변 세입자들이 잠을 이룰 수 없다고 했다. 그런 일은 자주 일어났다. 방음이 되지 않는 고시원에서는 작은 말소리, 전화 소리조차도 옆방에서 다 들린다. 그런데, 술에 취해 소리를 친다면? 다수의 세입자들이 당장 방을 빼겠다며 불만을 터뜨렸다. 고시원 내부 규칙을 어긴 이유로 바로 퇴실 조치를 시켜야 했다.

고시원 입실 전에 계약서를 써야 한다. 계약서상 내부 규칙을 어길 경우 월세 환불 없이 바로 퇴실해야 한다고 명시되어 있다. 그가 쓴 계약서를 들고 그를 불러 말했다. 대화해 보니 원래 그는 조용한 성격의 사람이었다. 혼자 오랜 시간 지내면서 외로움이 눈덩이처럼 커진 모양이었다. 외로움과 우울함이 동시에 생기니 술밖에는 달리 방법이 없다는 말로 끝을 흐렸다.

나는 그에게 단호하지만 상처 주지 않는 선에서 "이곳은 엄연히 개인 공간이 아닌 공동생활 장소예요. 내 감정으로 다른 사람들에게까지 피해를 주는건 안 됩니다. 한 번만 더 이런 일이 생기면 퇴실 조치할 수밖에 없어요. 다만 외로우실 때면, 제가 가끔 차라도 한 잔 사 드릴게요."라고 말했다. 그 사건 이후. 그분은 조금씩 술을 줄이기 시작했다. 술을 마시지 않을 땐 식물 키우는 걸 벗 삼아 하였다. 문제를 정면으로 다루되, 감정이 아닌 이성적인 방식으로 차분하게 접근하는 것. 갈등을 최대한 줄이고 상대의 마음을 움직인다는 사실을 깨달았다.

고시원 방 안에 개별 냉장고가 있고, 거실에 공용 냉장고가 있었다. 개별 냉장고에 넣지 못하는 음식은 공용 냉장고에 넣는 세입자들이 있었다. 문제는 타인의 음식을 허락도 없이 가져가기도 했다. 때론 세탁기 사용 시간을 어기기도 했다. 알고 보니 특정 한 사람이 모든 문제의 원인이었다. 곧바로 문제를 일으킨 당사자를 불러 사실 여부를 확인했다. 처음엔 억울하다며 자신의 행동을 인정하지 않았다. CCTV를 보고 말한 건 아니다. 다수 세입자들의 말을 듣고 알게 되었다.

처음부터 그에게 무조건 몰아세우지 않았다. 그의 이야기를 경청부터 했다. 만약 그를 비난하기만 했다면 결국 자신을 보호하기 위해 방어적으로 대했을 터다. 그리고 상황은 더 복잡해질 수 있다. 최대한 이성적으로, 객관적인 시각으로 풀어가려 했다. 상대에게 나는 이렇게 마무리했다 "잘잘못을 따지기보다 서로 불편하지 않도록 배려하는 게 중요합니다." 그 일이 있고 난뒤, 공용 냉장고에 넣을 음식은 세대 호수나 이름을 적기로 했고, 늦은 저녁시간에는 세탁기 사용을 금지시켰다. 내가 편하기 위해 남에게 피해 주는 일은 없어야 했다.

    아이 둘 엄마, 사업으로 성장하다

고시원에서 발생하는 이러한 갈등을 통해 느낀 게 있다. 위기를 단순히 피하거나 덮는 게 아니라, 오히려 위기를 통해 갈등을 줄일 수 있는 기회였다. 길거리에 지저분한 쓰레기가 보인다면 나도 함께 그곳에 쓰레기를 투척하고 싶어진다. 깨끗하고 정비된 고시원이라면 자연스레 깨끗함을 유지하고 싶어지는 게 인지상정이다. 고시원에 문제가 발생할 때마다 갈등을 줄이기 위한 체계적 시스템을 고민하게 되었다. 문제가 있다는 건 동시에 문제를 해결할 해법도 존재한다는 뜻이다.

원장과 입실자와의 관계는 단순히 운영자와 세입자 관계라고만 생각한다. 장기 입실자 중에 나에게 개인적 고민을 털어놓는 사람도 있었다. 때론 내가 고시원에 자주 보이지 않기라도 하면, 걱정했다며 문자를 보내는 입실자도 있었다. 내가 고시원 원장이면서도 때론 상담자의 역할도 했다는 뜻이다. 모든 사람의 사적인 어려움을 받아줄 수는 없다. 도가 지나쳐 무리한 요구를 하기도 한다. 때론 넘지 말아야 할 선을 넘기도 한다. 중요한 것은 지켜야 할 기본 선을 지키되, 때론 인간적으로 상대를 대할 때 오히려 더 강한 신뢰를 주기도 하였다. 감정의 거리를 적절히 유지하면서도, 진심이 느껴지도록 대하는 태도. 그것이 곧 내가 생각했던 균형감이었다.

고시원이라는 장소는 다양한 삶의 굴곡을 안고 있는 사람들이 모이는 곳이다. 그 안에서 발생하는 수많은 위기 상황 속에서, 나는 매번 나 스스로를 들여다보게 되었다. 싸우지 않고 지혜롭게 풀어가는 법, 상대의 의도 뒤에 숨은 감정을 읽는 법, 이미 일어난 일은 빠르게 수습하고 앞을 보는 힘. 이런 태도가 쌓이고 쌓여, 지금의 나를 만들었다. 돌이켜보면, 위기는 내가 가진 강점을 발견할 수 있는 기회의 시간이었다. 불안 속에서 당황하지 않고 한발 물러서서 바라보는 시선, 감정보다는 이성으로 판단하려는 자세, 인간에 대한 기본적인 신뢰를 놓지 않는 태도. 이 모든 것들이 내가 고시원을 운영하면서 갖게 된 가장 큰 자산이자, 내 강점이다. 위기를 기회로 바꾸는 건 거창한 전략이나 기술이 아니다. 결국 그 순간에 어떤 선택을 하느냐, 어디에 집중하느냐가 전부다.

아이 둘 엄마, 사업으로 성장하다

사장 없어도 돌아가는 가게,
시스템이 전부다

"모든 시스템은 지금의 결과를 만들어 내도록 완벽하게 설계되어 있다." - 에드워즈 데밍
(W. Edwards Deming)

고시원 운영은 결국 사람을 상대하는 일이었다. 공간만 관리한다고 되는 게 아니었다. 운영자의 태도와 시선이 고시원의 분위기를 좌우했다.

두 번의 고시원 인수와 운영을 거치며 깨달은 명확한 진리가 있다. 공간의 질을 결정짓는 것은 화려한 인테리어가 아니라, 운영자가 얼마나 치밀하게 설계한 시스템의 디테일에 있다는 사실이다. 특히 인수 후 초기 2~3개월간의 압도적인 몰입은 고시원 사업의 성패를 가르는 골든 타임이자, 운영의 내실을 다지는 결정적 열쇠가 된다.

고시원을 처음 인수했을 때, 나는 전임 원장의 운영 방식부터 알아야 했다. 기존 세입자들에게 물어야 했다. 기존 방식을 알고 나서 내 생각과 너무 다른 시스템을 인식했다. 입실자들에게 밥과 반찬을 제공하고 있었다. 내가 보기에 그 방법은 지속하기 어려워 보였다. 밥 제공은 몰라도 반찬까지 서비스한다는 건 생각보다 많은 문제를 일으켰다. 세입자들의 말을 빌리자면 원장이 반찬을 만들어 두고 고시원을 떠난다. 그러고는 일찍 일어난 세입자가 반찬을 다 먹어 치우거나 본인 방으로 가져가는 경우가 많았다고 한다. 밥을

해 놓으면 먼저 먹는 사람들이 다 먹고는 밥을 해 놓지 않았다.

이런 일들이 잦으면 자연스레 밥을 먹지 못한 세입자들은 불만이 생길 수밖에 없다. 결국 반찬은 더 이상 제공하지 않기로 했다. 단, 밥은 세입자가 직접 해서 먹는 조건. 반찬을 빼니 아쉬워 국이라도 끓이기로 했다.

처음 몇 주간 국 끓이기 위해 장을 봐야 했다. 반찬 만들기보다는 수월했다. 하지만 여전히 신경이 많이 쓰였다. 결국 청소, 밥, 국 끓일 수 있는 사람 고용했다. 담당자는 주 2~3회 출근이 불가피했다. 3가지 일을 담당할 사람에게 장 보는 일까지 시키는 건 부담이었다. 초반에는 내가 직접 국 재료는 사다 주었다. 일이 손에 익을수록 장을 보는 일까지 담당자에게 위임했다. 근 3개월간 시스템을 만들고자 애썼다. 차차 시스템이 자연스레 돌아가기 시작했다. 책임감 있는 담당자는 일을 알아서 했다.

그렇다고 민원이 없어진 건 아니었다. 여전히 자질구레한 민원은 수시로 발생했다. 고시원 전체 일을 총괄하는 직원을 두지 않는 한, 수시로 발생하는 문제, 공실을 채워야 하는 일은 내 몫이었다.

초반 3개월. 공실 채우기 위해 총력을 다해야 했다. 주로 전화 상담으로 진행했다. 전화로 문의가 들어오면 직접 고시원 방을 보고 입실 여부를 결정하고자 했다. 원장이 직접 가지 않아도 비밀번호를 알려주어 방을 보고 결정하게 했다. 대부분 원장과 직접 대면 상담하지 않고도 입실을 결정했다. 기본 정보, 고시원 서비스만 설명해도 계약이 성사되었다. 계약 전 주민등록증 확인, 첫 월세 입금이 확인되면 빈방에 비치해 둔 계약서를 직접 쓰고 사진 찍어 보내면 끝이었다.

오픈 초 몇 개월간은 이 방법으로도 큰 문제 없었다. 그러나 점차 문제가 드러나기 시작했다. 사람을 직접 보지 않고 세입자를 들이니 규칙을 지키지 않거나, 공동생활에 부적합한 사람들이 입실하기도 했다. 특히 우울증, 조현

병 등 정신적 어려움을 겪는 사람들이 입실하기도 했다. 그런 사람들로 인해 고시원 전체 분위기가 흐려졌다. 그때 깨달았다. 쉽게 일하려 하다 더 큰 문제를 떠안게 되었다는 사실을.

문제 파악 후, 입실 희망자가 있으면 반드시 신분증 확인부터 했다. 귀찮더라도 대면 상담을 진행했다. 몇 마디 해 본다고 다 알 수는 없다. 다만 비대면 상담과는 천지 차이였다.

입실자들은 원장이 고시원 운영에 얼마나 관심을 갖는지 금방 알아챘다. 누구라도 고시원 운영이 체계적이지 않다 느끼면 불만이 쌓이게 된다. 불만은 결국 퇴실로 이어진다. 초반 3개월 이후부터는 고시원 출퇴근 횟수가 줄었다. 고시원에 가지 않지만 늘 입실자들과의 소통을 염두에 두려고 애썼다.

잘 지내고 있던 세입자가 뜬금없이 퇴실한다고 하면, 퇴실 사유를 물었다. 솔직히 답변하지 않는 사람도 있지만 대부분 퇴실 사유를 말해주곤 했다. 아무 생각 없이 '광고해서 새 세입자를 구하면 되지.' 하는 단순한 생각으로 넘기면 안 된다. 내가 알지 못하는 내부 갈등 또는 시스템의 문제가 있을 수 있기 때문이다. 언제나 세입자들의 피드백을 놓치지 않고 개선하려는 자세가 운영자의 필수 덕목 중 하나다.

온종일 고시원에 머무는 세입자들도 있었다. 일하는 시간 외에 대부분의 시간을 고시원에서 보내는 사람과는 자주 친분을 쌓고 소통하려 했다. 그들을 통해 자잘한 민원은 해결이 가능했다. 물론 작은 보상이 필요했다. 월세를 일부 감면해 주거나, 소소한 혜택을 주기도 했다. 생일, 명절에 작은 선물을 주기도 했다. 그들의 요청이 있을 때마다 편의를 봐주기도 했다. 그들은 원장 없이도 책임 의식을 갖기 시작했다. 입실자 간 다툼이 생기면 중간에서 조율도 했다. 시설 하자가 생기면 나에게 연락해 빠르게 처리할 수 있었다.

시설을 유지하고 보수하는 일은 고시원 운영의 노하우가 필요했다. 고시원은 좁은 공간에 다수 세입자들이 모여 있는 공간이라 시설 하자가 자주 발생한다. 문이 고장이 나서 문제를 일으킬 수 있다. 화장실 배수가 안 되기도 한다. 비가 많이 오면 누수가 발생하기도 한다. 크고 작은 문제가 수시로 발생한다. 리모델링을 맡겼던 사장님께 따로 부탁을 했다. 다행히 인테리어 직원 한 명이 고시원에 머무는 조건으로 시설 문제를 해결해 주기로 했다. 근처 철물점과도 협업을 했다. 전화 한 통만으로 짧은 시간 내에 수리할 수 있는 구조를 만들었다. 직접 가서 해결해야 하는 일도 있었지만, 대부분 자동화가 가능했다.

청소 담당하는 직원에게 수시로 방별 청소 상태를 점검하게 했다. 공용 공간인 화장실, 부엌, 빨래방 사용 규칙을 명확히 적어 벽에 붙여 놓았다. 쓰레기 분리수거가 문제가 되었다. 청소 담당자는 분리수거 안 된 상태로 청소하는 건 더 많은 시간이 필요했다.

세입자의 책임감이 무엇보다 중요했다. 고시원 내부에 분리수거 공지문을 붙여 놓아도 대부분 제대로 지켜지지 않았다. 좁은 공간 안에 쓰레기가 잔뜩 쌓이니 위생에 문제가 생겼다. 고시원에 상주하지 않는 나로서는 쓰레기 분리수거 문제는 지속될 수밖에 없었다. 책임감 있는 세입자가 필요했다. 다행스럽게도 평소 깔끔함이 습관화돼 있는 세입자가 들어왔다. 그녀는 약간의 먼지만 있어도 몸에 두드러기가 난다고 했다. 결국 분리수거와 위생은 그녀가 자발적으로 하게 되었다. 원장으로서 일을 덜어낼 수 있어 감사했다.

좁은 공간에서 소음 문제는 늘 일어났다. 고시원 방은 구조상 방음이 어렵다. 방음 장치를 하기에는 비용이 어마어마했다. 고시원 안에서 작게 대화하는 소리도 옆에서 다 들렸다. 방 안에서 TV를 보는 것도 문제였다. 서로 상대를 배려하지 않으면 바로 민원이 발생했다.

고시원에 보통 세탁기, 건조기를 비치해 둔다. 마흔 명의 입실자가 있는

아이 둘 엄마, 사업으로 성장하다

고시원에 세탁기는 보통 두 대에서 많게는 세 대가 있다. 마흔 명이 같은 시간에 이용하기가 어려울 수밖에 없다. 특히 주말에는 세탁기 이용을 위해 사람들이 줄을 서는 게 일상이었다. 한 사람이 일주일간 못 했던 세탁물을 한꺼번에 세탁하느라 이용 시간이 늘어난다. 그런 경우 뒤에 기다리는 사람은 불만이 생길 수밖에 없다. 적어도 상대를 배려하는 마음이 있다면 세탁 시간을 제한해야 했다. 소음 문제, 세탁기 이용 문제 등으로 갈등이 커지면 원장의 조정이 필요하다. 자칫 잘못하면 퇴실로 이어지기 때문이다. 원장은 수시로 갈등이 일어날 때마다 신경을 써야 한다.

어느 정도 운영이 안정화 되었다고 해도 고시원을 효율적으로 운영하는 데에는 꾸준한 관심이 필요하다. 계절이 바뀔 때는 난방, 냉방 문제가 발생한다. 장마철에는 곰팡이나 누수 문제로 골치를 앓기도 한다. 체크리스트를 만들어 부족한 부분 없도록 수시 체크해야 한다. 입실자들에게도 "불편한 점이 있으면 언제든지 연락 주세요."라고 알렸다. 이렇게 운영자와 입실자 간의 소통 채널이 열려 있어야 문제를 초기에 발견하고 바로잡을 수 있다.

고시원 운영은 생각보다 복잡하고 민감한 일이 많다. 단순히 방을 빌려주는 수준의 사업이라고만 생각하면 금세 한계에 부딪히게 된다. 두 번의 고시원을 운영하면서, 특정 분위기를 풍기고 있느냐에 따라 운영 스타일도 달라야 함을 느꼈다. 어떻게 보면 사회에서 고시원이라는 공간은 외부 세계와 철저히 닫힌 사회이기도 했다. 즉 소외 계층이 모여 있던 공간이어서 외부와의 소통이 원활하지 않았다. 바쁘게 돌아가는 외부 사회와는 별개인 것처럼 음지에서 살아가고 있는 사람들이 주를 이루었다.

고시원 인수 초기에는 입실자들의 분위기에 맞는 시스템을 정비하는 데 온 신경을 집중해야 했다. 보통은 고시원을 인수한 후 기존 시스템을 그대로 유지해 가는 경우가 많다. 문제는 세입자가 바뀌게 될 경우 고시원 분위기가 맞지 않아 이탈하는 경우가 발생한다. 그렇게 되면 운영자 입장에서도 손실이 크다. 자주 바뀌는 세입자를 위해 시간과 돈을 써야 하기 때문이다.

고시원 분위기가 다수의 욕구에 맞도록 안정화된다면 퇴실률도 낮아질 수밖에 없다. 내가 운영했던 고시원은 택배 일을 하는 라이더들이 주를 이루었다. 라이더들이 다수를 차지하고 있기 때문에 그들이 편하게 이용할 수 있는 식사에 대한 서비스가 중요하다고 느꼈다. 국 서비스를 제공함으로써 빠르게 국에 말아 먹고 갈 수 있는 서비스는 호응도가 높았다. 또한 라이더들은 대체로 흡연율이 높다. 흡연을 위한 공간이 절실했다. 옥상을 흡연할 수 있는 공간으로 만들었다.

시스템이 안착하기까지는 원장이 직접 몸으로 때우며 겪는 시행착오의 과정이 반드시 필요하다. 초기에는 행정업무는 물론 청소와 식사, 시설 보수까지 모두 내 손을 거쳐야 했다. 하지만 점차 나만의 매뉴얼을 만들고 위임의 범위를 넓혀가면서, 비로소 운영의 효율이 보이기 시작했고 나에게도 시간적 자유가 찾아왔다. 중요한 점은, 위임을 하더라도 운영자가 하나에서 열까지 다 경험하고 알고 있어야 한다는 것이다. 남의 불난 집 쳐다보듯 상대에게 일을 처리하게 한다면 문제가 커졌을 때 개선하는 데 어려움이 클 수 있다.

빠른 민원 처리는 고시원 운영에서 중요한 사안 중 하나이다. 수시로 크고 작은 민원이 발생했다. 고시원에 상주하지 않는 나로서는 빠르게 민원 처리하는 데 어려움이 많았다. 고시원에 오래 머무는 입실자 중 신뢰할 수 있는 사람과 좋은 관계를 만들었다. 그 덕에 문제 해결에 도움을 받곤 했다.

고시원 운영에서 중요한 것을 요약해 보면 첫째, 안정적 시스템 구축, 둘째, 세입자들과의 신뢰 쌓기, 셋째, 빠른 민원 처리를 들 수 있다.

고시원 운영을 통해 내가 얻은 점은 다양한 사람에 대한 이해의 폭을 넓혔다는 점이다. 만나던 사람만 만나다가 다른 배경을 지닌 사람들과 대화를 하

아이 둘 엄마, 사업으로 성장하다

면서 예상치 못한 일들을 경험하게 되었다. 처음에는 난감하기도 했고, 분노가 일기도 했다. 그러나 그 과정 안에서 상대의 기분을 이해하고 공감하는 마음이 생겼다.

돌발 상황에서 알게 된 경험, 나와 생각이 맞지 않은 사람들과의 갈등 해결을 통해 관계의 기술을 깨닫게 되었다. 어딜 가든 인간관계 갈등이 가장 큰 어려움으로 다가온다. 고시원은 운영자가 어떤 마음으로 운영하느냐에 따라 고시원의 분위기를 만든다.

고시원 운영은 결국 사람을 상대하는 일이었다. 공간만 관리한다고 되는 게 아니었다. 그 안에 사는 사람들의 삶을 매일 마주해야 했다. 그래서 중요한 건, 이 공간을 어떤 마음으로 만들어 가느냐였다. 운영자의 태도와 시선이 고시원의 분위기를 좌우했다. 마음이 진심이면, 시스템도 돌아가고, 사람도 자리를 잡았다. 결국 중요한 건 공간보다 사람이었다. 사람을 먼저 생각해야 진짜 운영이 시작됐다.

8

'부의 추월 차선'에 올라타려는 예비 창업자를 위한 조언

"사람들은 당신이 무엇을 했는지는 잊어도, 당신이 어떻게 느끼게 했는지는 절대 잊지 않는다." – 마이아 앤절로

준비된 사람은 결국 길을 찾는다. 그 길에서 당신만의 방식으로, 좋은 공간을 만들 수 있길 바란다.

고시원은 임대업이 아니라 서비스업이다

고시원 운영은 생각보다 복잡하고 민감한 일이 많다. 단순히 방을 빌려주는 사업이라 생각하고 달려들면 금세 한계에 부딪힌다. 고시원마다 기존 분위기와 입실자 구성에 따라 전혀 다른 스타일로 접근해야 한다는 것을 뼈저리게 느꼈다.

90일, 고시원의 운명을 가른다

초반 2~3개월은 고시원을 나만의 방식으로 재정비하는 데 집중했다. 어찌 보면 초반 몇 개월이 운영의 성패를 결정할 정도로 중요하다. 고시원을 바라보는 원장의 철학도 중요하다. 단, 내가 원장이라고 해서 다수의 의견과 흐름을 무시한 채 독단적으로 진행하는 건 실패로 가는 지름길이다. 나는 고시원을 인수하자마자, 기존 입실자들과 대화를 자주 시도했다. 한 사람의 의견만 고집하지 않았다. 고시원을 옮기지 않고 오랜 시간 머무는 사람들 의견

만 따르지 않았다. 최대한 사람들의 이야기를 듣고 내 생각과 접목해서 실행하고자 했다.

입심 강한 나이 지긋한 세입자가 있었다. 그의 제안은 명확했다. 기본으로 제공되는 밥 외에 반찬까지 곁들여 서비스의 질을 높이고, 그만큼 월세를 상향 조정해 주기를 원했다. 처음부터 그의 의견을 무조건 따르지 않았다. 나머지 세입자들의 의견도 중요했기 때문이다. 결론적으로 반찬을 제공해서 월세를 높이기보다 무조건 저렴한 월세를 원한다는 사실을 알게 됐다.

비용이 많이 들어가는 인테리어는 오히려 독이 되기도 한다. 고시원을 새롭게 인수한 원장은 나만의 특유 분위기를 풍기는 고시원을 운영하고자 한다. 그런 이유로 굳이 필요하지 않은 공간에 돈을 쓰기도 한다. 내 경우에도 인테리어가 오래돼서, 원하는 빛깔로 도색을 시도했다. 지금 돌이켜보면 특별히 불편하지 않으면 굳이 돈을 들여 작업을 할 필요가 없었다. 인테리어를 결심하고 진행했을 때 세입자들은 말들이 많았다. 고시원의 인테리어보다 실질적으로 도움이 되는 시설 공간을 늘리는 게 좋지 않냐는 의견이었다. 세입자들의 의견을 모아 당시 아날로그식 쇠 열쇠로 되어 있는 방을 자동 도어락으로 전면 교체했다. 도어락 교체는 오히려 사람들에게 좋은 피드백을 받았다. 원장 입장에서도 도어락 교체는 효율적인 관리가 가능하게 만들었다.

고시원 특유의 답답한 공기와 환기 문제를 해결하기 위해 공기청정기를 비치했다. 한 뼘 남짓한 좁은 방에서 하루를 견디던 세입자들은, 비로소 쾌적하게 숨 쉴 수 있는 구멍이 생겼다며 아이처럼 기뻐했다. 작은 기계 하나가 그들에게는 단순한 가전제품을 넘어, 누군가 자신들의 삶을 살피고 있다는 다정한 위로로 다가간 것 같았다.

모든 세입자들의 입맛을 다 맞춰줄 수는 없다. 공통적으로 불편함을 느끼는 점을 알아내어 하나씩 해결해 나가는 관심, 고시원을 성공적으로 운영하는 노하우이다.

사람을 모른 채 운영하지 마라

고시원 운영의 핵심은 '사람 관리'다. 공동생활이 이루어지는 공간이라, 갈등은 빈번하게 발생한다. 공실을 채우는 데 혈안이 되어 있었다. 만실만 목표였다. 사람 성향 따지는데 게을렀다. 공동생활에 문제 될 수 있는 사람들을 걸러 내야 했다. 고시원 입실 시 세심한 관찰이 필요하다. 절차상 주민등록증 확인은 필수며, 범죄 기록도 확인해야 한다. 고시원 인수한 지 얼마 안돼 경찰서에서 전화를 자주 받곤 했다. 세입자 중 범죄자인 경우도 있었다. 간담이 서늘했다. 면밀한 관찰이 다수의 안전을 가져다줄 수 있음을 깊이 깨달았다. 세입자 중 고독사로 생을 마감하는 경우 종종 있다고 한다. 내 고시원에서 일어난 일은 아니지만 종종 고시원에서 고독사가 일어난다. 사회 부적응자나 소외 계층에 대한 관심이 필요하다. 고시원에 들어와 살다가 사고를 당해 몇 년간 누워만 지내는 할머니가 계셨다. 가족과 연락을 두절하고 기초생활 수급자로 주민센터와 복지시설에서 관리를 받고 있었다. 이처럼 주민센터나 복지관에서는 고시원에 머무는 기초생활 수급자들을 대상으로 세심한 관리를 해 주고 있었다.

작은 관심이 상대에게는 희망이 될 수 있다. 가족과 오랜 기간 분리돼서 혼자 거주하는 세입자들이 있었다. 고시원에 들어와서 대화할 상대가 없어 외로움을 토로하곤 했다. 잠시 잠깐 대화 상대가 되어주기도 했다. 바쁜 일정으로 오랜 시간 낼 수는 없었다. 고시원 방문할 때마다 짧게나마 안부를 묻고 관심을 가져주었다. 오고 가는 짧은 대화로 잠깐이나마 웃을 수 있는 시간이 되었다. 삭막해져 가는 세상에서 작은 사랑의 꽃을 피울 수 있어 뿌듯했다. 정이 풀풀 느껴지는 사람 사는 공간이어야 한다고 믿었다. 얼굴도

 아이 둘 엄마, 사업으로 성장하다

모른 채 각 방에서 잠만 자고 지내는 무미건조한 공간이 되어서는 안 된다고 생각했다. 이는 내가 느낀 고시원의 그림이었다.

민원과 수리는 피할 수 없는 일상이다

크고 작은 민원은 일상이다. 이를 어떻게 해결하느냐에 따라 입실자들의 만족도가 갈린다. 나는 고시원에 자주 가지 못하는 상황이었기에, 고시원에 오래 머무는 입실자 중 신뢰할 수 있는 사람에게 소소한 문제를 맡겼다. 그 대가로는 작은 선물이나 필요한 물건을 챙겨주며 감사 표시를 했다. 이런 방식은 운영 부담을 크게 줄여주었다.

세입자들끼리 다툼과 갈등이 일어나면 고시원의 분위기를 크게 흐릴 수 있었다. 내가 상주하지 않았으므로 곧바로 갈등을 중재할 수 없었다. 평소 친분 쌓은 세입자에게 도움을 요청했다. 수시로 분위기를 보고 받았다. 근본적 해결은 어려웠지만 급한 불은 끌 수 있었다.

시설 보수는 해결 속도가 무엇보다 중요하다. 문제를 방치하면 불만이 커진다. 나는 인테리어 사장님과 협의해, 자동 수리 시스템을 만들었다. 문제가 발생하면 곧바로 약속한 업자가 수리를 해 주었다. 자주 고시원 방문이 어려웠던 내게 최적의 방법이었다.

새벽 시간 화재 경보가 울리는 경우가 있었다. 대부분 화재가 생겨 울리는 경우보다 오작동으로 울리는 경우가 다수였다. 빠르게 알람을 끄기 위해서는 몇몇 세입자들에게 미리 안내해 주면 큰 도움이 된다. 오작동에 대한 경험이 없던 나는 새벽 시간에 급한 전화를 받았다. 화재인 줄 알고 택시를 타고 고시원으로 달려갔다. 알고 보니 오작동 경보였다. 미리 알고 있었다면 급히 고시원에 갈 필요가 없었다. 단 한 번의 경험으로 자주 일어날 수 있는 일을 미리 막을 수 있었다.

당신의 태도가 고시원을 만든다

성공적 고시원 운영을 위해선 첫째, 자동화 시스템 구축, 둘째, 사람 관리의 중요성, 셋째, 운영자의 마인드이다. 많은 돈을 들이지 않더라도 운영자의 일관된 기준과 섬세한 관심이 있으면 고시원의 질은 달라진다.

처음 고시원을 하게 된 이유는 바로 현금 수익에 대한 강점이었다. 즉 현금 흐름이 급선무였다. 그런데 운영해 나가면서 사람에 대한 경험이 늘어감에 따라 수익 이상의 특별한 가치로 고시원을 대하게 되었다. 소외 계층에 대한 이해와 책임 의식, 주머니 사정이 넉넉지 않은 청년층들에 대한 위로, 희망을 주고 당당한 사회의 일원으로 나아갈 수 있도록 도울 수 있는 든든한 어른으로서의 역할을 해내는 것. 나에게 고시원이라는 공간의 의미는 다양했다. 20대 청년층, 30~40대 실직한 장년층, 50~60대 가족 없이 사는 노인층까지 다양한 사람들과의 만남은 나를 돌아보고 성장시킬 수 있는 의미 있는 시간이 되었다.

고시원 창업 전에 반드시 자신과의 대화를 하라

자존감이 바닥을 치던 시절, 자기 계발의 불씨를 지핀 지 단 몇 개월 만에 나는 고시원 사업이라는 무모한 도전에 인생을 던졌다. 돌아보면 무모했지만, 그때 내게는 나를 증명할 단 한 번의 승부수가 절실했다. 당시 내 내면은 채 단단해지기도 전이었다. 열정의 온도는 높았지만, 시시각각 변하는 감정의 기복을 다스리기엔 역부족이었다. 쏟아지는 민원에 잠을 설치는 밤이 늘어갔고, 결국 그 거대한 스트레스 앞에 무너지고 말았다. 급기야 운영을 포기해야만 했다. 이 아픈 경험을 담아 감히 조언하고자 한다. 고시원 창업, 결코 숫자로만 접근하지 말았으면 한다. 시작 전, 반드시 자신의 기질과 내면의 그릇을 객관적으로 들여다보는 시간을 가지길 간절히 바란다.

   아이 둘 엄마, 사업으로 성장하다

이를테면 나는 예민한 사람인가, 감정적으로 쉽게 흔들리는 사람인가? 사람과의 소통에서 기쁨을 느끼는가? 디테일에 강하고 꼼꼼한 편인가? 고시원 사업을 위해 필요한 자질이 정해진 건 물론 아니다. 다만 나처럼 사람과의 관계에서 어려움을 느끼는 사람들은 고시원 사업에 내가 잘 적응할 수 있는지 검토할 필요가 있다. 더구나 나는 그리 꼼꼼하지 못한 성격이었다. 다행히 내 약점을 보완해 줄 수 있는 세심한 남편 덕분에 운영을 할 수 있었다. 만약 내가 모든 걸 혼자 했었더라면 분명 말도 안 되는 상황이 일어났을 것 같다.

숫자를 모르고 뛰어들면 안 된다

고시원 창업을 위해서는 1억 이상의 투자금이 든다. 어떤 매물을 인수하느냐에 따라 권리금은 천차만별이다. 권리금에 들어간 투자금을 2년 안에 회수할 수 있는지 먼저 따져봐야 한다. 회수 기간이 길어지는 건 투자가치로 좋지 않다는 뜻이다.

내 경우엔 구체적 계산 없이 무작정 뛰어들었다. 물론 매물을 볼 때 중개사의 설명은 충분히 들었다. 매출과 투자금의 설명은 들었지만 초보자 입장에서 설명만으로는 피부에 와닿지 않았다. 그런 막연한 마음으로 시작한 탓에 현실의 벽에 부딪혔다. 투자금, 고정비, 공실률까지 세심한 고려로 창업 전 시뮬레이션을 돌려볼 필요가 있다. 단순한 낙관론은 위험하다. 구체적인 자금 계획을 통해 안전한 수익을 만들 수 있도록 해야 한다.

고시원은 인생의 마지막 승부처가 아니다

인생 2막을 준비하는 사람들에게 이 말을 꼭 전하고 싶다. 고시원은 확실히 현금 흐름이 좋은 사업이다. 그만큼 신경 써야 할 부분도 많고, 인간관계도 관리해야 한다. 즉 민감한 문제가 자주 발생한다. 사람 다루는 데 어려움이 많다면 반드시 고려해 보아야 한다. 사업이란 해 보기 전까지는 성패에 대한 예측이 어렵다. 예상치 못한 변수로 실패를 보기도 한다. 중요한 것은 실패했을 때 회복할 수 있는 여지가 있느냐를 따져야 한다. 실패는 누구나 할 수 있다. 20대 피 끓는 열정으로 얼마든지 도전할 수 있다. 20대의 도전과 은퇴를 한 50~60대의 도전은 차원이 다르다. 뭐든 '몰빵 투자'는 금물이다.

실패했을 때 플랜 B는 있는가? 갑작스러운 어려움으로 고시원 운영을 그만두고 바로 금액을 뺄 수 있는 사업 구조인가? 과연 이 사업에 실패하면 내 삶 전체가 흔들리는가?

사람마다 자신의 역량을 한껏 펼칠 수 있는 사업이 있는 반면 역량 발휘를 제대로 못 하는 사업도 있다. 혹시라도 후자의 경우라면 남들이 다들 고시원 창업에 몰려든다고 해도 조심스럽게 접근해야 한다.

내 경우엔 부의 성장과 더불어 내면의 성장을 이루고 싶었다. 해 보지 않은 일이었기에 시행착오도 많았지만 그 모든 과정은 나를 단단하게 만들었다. 지금 다시 고시원을 운영한다면 처음보다 잘할 자신이 있다.

고시원 사업은 사람을 배우는 일이다. 공간을 운영하는 일뿐 아니라, 공동체를 책임지는 일이다.

당신이 진심으로 배우고 싶고, 성장하고 싶다면 고시원은 훌륭한 교과서가 될 것이다. 단, 그 도전이 당신의 마지막 카드가 아니길 바란다. 준비된 도전은 언제나 가치 있다. 그리고 준비된 사람은 어떤 상황에서도 길을 찾는다.

고시원을 시작하고 싶은가. 그렇다면 먼저 자신에게 묻길 바란다. 이 일을 통해 무엇을 얻고 싶은지. 이 일은 단순한 수익 사업이 아니다. 사람과 공간을 함께 책임져야 하는 일이다. 매달 월세가 들어오는 구조는 분명 안정감이 있다. 하지만 매일 이어지는 민원과 예측 못 한 변수들, 세입자와의 관계, 시

아이 둘 엄마, 사업으로 성장하다

설 유지와 관리, 이 모든 걸 감당할 체력과 마음이 준비되어야 한다.

내가 해 보니 그렇다. 머리로 아는 것과 실제와는 차원이 다르다. 어느 날은 사람 때문에, 어느 날은 시설 때문에, 또 어느 날은 이유 없이 마음이 무겁다. '왜 이렇게까지 해야 하나' 싶은 순간이 찾아오기도 한다. 그럴 때마다 나에게 물었다. '내가 왜 이 일을 시작했는지', '지금 이 상황을 어떻게 헤쳐 나갈 수 있을지' 스스로에게 계속 물어야 한다. 무슨 일이든 처음의 마음가짐, 즉 초심이 중요하다. 돈만 보고 시작하면 오래 못 간다. 견디기 어려운 때가 왔을 때, 버틸 이유가 없어진다.

고시원은 숫자만 보는 사업이 아니다. 사람을 다루는 일이다. 그렇기 때문에 정답도 없다. 기준은 '사람'이다. 어떤 사람을 받아들이고, 어떤 사람과 함께 공간을 채워갈 것인지 끊임없이 판단해야 한다. 그리고 그 판단이 쌓여 결국 고시원의 분위기를 만든다. 어느 하나 가볍게 볼 수 있는 일이 없다. 직접 겪어보지 않으면 모른다.

다시 말하지만, 고시원은 인생의 마지막 승부처가 아니다. 실패하면 끝이라는 마음으로 덤벼들면 위험하다. 사업은 언제든 틀어질 수 있다. 중요한 건 실패했을 때 회복할 수 있느냐다. 마음이든 자금이든 준비가 되어 있어야 한다. 플랜 B 없이 뛰어드는 건 무모하다. 특히 고시원은 고정비 지출이 높은 편이라 생각보다 회복이 어렵다.

이 글을 읽는 당신이 어떤 상황에 있든, 시작 전엔 반드시 스스로 돌아보길 바란다. 사람과의 소통이 익숙한지, 반복적인 일상과 민감한 상황을 감내할 수 있는지, 디테일을 챙길 성향인지, 무엇보다 '이 일을 하면서 나는 성장할 수 있을까?' 묻길 바란다.

고시원은 사람을 배우는 곳이다. 운영자에게도, 세입자에게도. 서로 다른 삶이 만나고 부딪히고 영향을 준다. 그 안에서 당신이 어떤 선택을 하고, 어떤 태도를 보이느냐가 결국 고시원의 얼굴이 된다. 잘 운영된 고시원 하나가 누군가의 인생에 얼마나 큰 위로가 될 수 있는지 나는 알게 되었다.

　당신이 지금 고시원 창업을 고민하고 있다면, 준비된 마음으로 도전하길 바란다. 무작정 시작하지 마라. 그 도전이 당신의 마지막 카드가 아니길 진심으로 바란다. 준비된 사람은 결국 길을 찾는다. 그 길에서 당신만의 방식으로, 좋은 공간을 만들 수 있길 바란다.

제4장

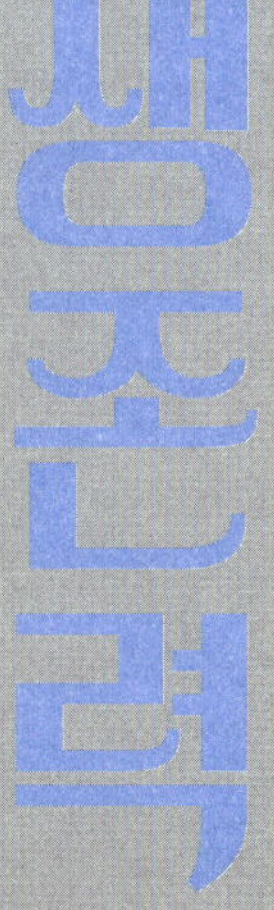

생존력

요리 못하는 사장의
육회 집 생존기

1

칼질도 못하는 내가
요식업 사장이 된 결정적 이유

내 인생의 핸들을 처음으로 직접 잡게 된 순간이었다.

요식업을 시작한다고 했을 때, 내 주변 사람들의 반응은 한결같았다. "네가? 요리나 해 봤어?", "그건 아무나 하는 거 아니야.", "하루이틀도 아니고, 손님 상대하면서 음식 장사 하겠다고?", '하긴' 지인들이 내게 그렇게 말할 만했다. 하나도 틀린 말이 아니었으니.

나는 집에서 반찬 하나 제대로 만들어 본 적 없는 사람이었다. 냉장고 열면 뭐가 있는지도 잘 몰랐다. 평소 요리에 대한 관심 전혀 없었다. 간혹 특별한 이유로 가물에 콩 나듯 해 봐도, 가족들 반응은 언제나 싸늘했다. "이게 뭐야?", "맛이 왜 이래?" 실망스러운 피드백을 마주할 때마다, 요리를 향한 내 의욕은 힘없이 꺾이곤 했다. 정성을 다해도 고맙다는 인사 한마디 없이 외면당하는 기분은 생각보다 서글픈 것이었다. 그때부터 요리는 내 인생에서 지워진 단어였다.

그런 내가 요식업에 뛰어들겠다고 선언했을 때, 가족과 지인들은 물론 내 자신조차 그 파격적인 결정을 받아들이기까지 꽤 긴 시간이 필요했다.

오 남매 중 셋째딸이었던 나. 엄마는 이른바 '슈퍼우먼 콤플렉스'가 있었던 분이었다. 모든 집안일을 스스로 다 하고, 딸들에겐 "어설프게 할 작정이면 내가 할게, 이리 나와."라는 말로 일을 시키지 않았다. 그래서인지 나는 어릴 때부터 손으로 하는 일은 도통 야무지질 못했다. 뭔가 스스로 익히고 부딪히며 배운 경험이 없었기 때문이다. 어쩔 수 없이 해야 하는 일 빼놓고, 조금만 어려운 일이 생기면 금방 포기하곤 했다.

일을 많이 안 해 본 나로서는 요식업이라는 건 정말이지 넘기 힘든 벽이었다. 내가 알고 있던 요식업이란 손으로 부지런히 움직여야 하는 일. 음식이라는 결과물로 고객의 즉각적인 평가를 받아야 하는 일. 하루하루 육체노동이 기본인 일이었다. 주변의 시선도 문제였지만, 내가 나를 바라볼 때 하나에서 열까지 왕초보로 배워야 하는 넘지 못할 산이었다.

요식업을 해야겠다고 다짐한 계기는 아주 사소한 '원데이 클래스'를 통해서였다. 그냥 새로운 경험이나 해 보자는 가벼운 마음으로 수업을 들으러 갔었다. 원데이 클래스에서 단 몇 시간 만에 자극받고 요식업을 하게 될 줄이야 상상도 못 했다.

여러 비즈니스를 동시에 운영하고 있던 클래스 강사는 강의에 참여한 사람들에게 기가 막힌 명언 한마디를 남겼다. "내가 직접 일을 하지 않고도 얼마든지 수익을 얻을 수 있어요." 그 말의 핵심은 바로 '레버리지(지렛대의 원리, 부동산에서는 대출을 의미, 남의 노동력을 이용해서 돈을 벌 때 사용됨)' 즉 사람을 고용하여 운영 시스템을 만들어 수익을 가져오라는 뜻이었다. 익히 레버리지 개념은 알고 있었다. 실제로 레버리지를 통해 큰 수익을 올리는 그녀를 보니 놀랍고 부럽기까지 했다.

그녀의 말을 듣기 전까지는 내게 사업이란 운영자가 직접 현장에서 발로 뛰어야만 하는 것이었다. 하지만 그녀의 조언은 내가 견지해 온 비즈니스의

   아이 둘 엄마, 사업으로 성장하다

개념을 송두리째 뒤흔들어 놓았다. '내가 없어도 사업이 굴러가게 만드는 것'
이 진정한 경영임을 깨닫는 순간이었다. 결국 사업의 핵심은 노동력을 투입
하는 것이 아니라 정교한 구조를 짜는 일이며, 그 시스템만 견고하다면 직
접 일하지 않고도 얼마든지 높은 수익을 낼 수 있다는 새로운 지평을 마주하
게 되었다. 강사가 던진 핵심 메시지의 본질을 꿰뚫는 찰나, 내 안의 사업 본
능이 폭발적으로 깨어났다. 그전까지는 보이지 않던 기회들이 파노라마처럼
펼쳐졌고, 수많은 비즈니스 모델 중 단 하나의 사업이 마치 운명처럼 내 시
야를 가득 채웠다.

바로 '배달요식업'. 요식업이 유독 마음에 끌렸던 이유는 뭘까? 이전까지
식당 운영은 단 한 번도 생각해 본 적 없었다. 요리에 관심도 없었고, 요리
할 줄 모르는 나였기 때문이다. 그런데 왜 하필 배달요식업이 마음에 끌렸을
까? 그건 바로 첫째, 배달 음식 중 아이템이 신박했다. 내가 먹을 줄 모르나
젊은이들이 좋아하는 음식이란 사실을 깨달았다. 예전부터 돈이 되려면 돈
을 쓸 수 있는 타겟층을 먼저 고르라는 말을 들어본 적 있었다. 젊은이들은
육회, 연어, 문어, 사시미라는 음식에 열광하고 있었다. 솔직히 나는 그런 음
식에 전혀 관심도 없었다. 강사는 그 메뉴로 가게를 차린 지 두 달 만에 1억
넘는 매출을 올린다고 했다. 매출도 높았지만, 마진율은 20%를 훌쩍 넘는다
고 했다. 즉 월 2,000만 원 이상의 순수익을 내고 있었다. 강사의 말에 '바로
이거다'란 생각이 들었다.

'그래, 나도 배달요식업 한번 도전해 보는 거야.' 문제는 초기 투자금이었
다. 구체적으로 창업비가 얼마나 드는지 알아보기로 했다. 내가 가진 소액
투자금으로 가게를 운영할 수 있다면 사람을 고용해서 자동 수익 구조를 만
들면 되겠다 싶었다.

초기 창업비는 대략 2,000만 원 전후였다. 문제는 사업 예비비였다. 가게를

운영하는 강사는 여러 비즈니스를 운영하고 있어 이미 자금력이 탄탄했다. 그 당시 내가 가진 예산은 빠듯했다. 예산이 넉넉했다면 가게 오픈 초부터 직원을 뽑고 시작했을 것이다. 그런데 나에겐 그럴만한 여유가 없었다. 결국 처음부터 모든 걸 내가 직접 해야 했다. 요리부터 포장에 이르기까지. 현실은 내가 생각했던 것과는 너무나 달랐다. 나는 '시스템'을 만들어 운영할 생각이었다. 예산이 없다 보니 오픈 초부터 내가 직접 일을 해야 했다. 다양한 일을 해 본 적 없던 내가 가게 운영 전반에 대해 하나부터 열까지 배워야 했다.

프랜차이즈 7일 교육받는 내내 처음에 생각했던 것과는 너무나 달라 포기하고 싶은 마음이 굴뚝같았다. '이게 진짜 내가 원했던 일인가?' 회의감이 올라왔다.

일을 하면 할수록 땀 흘려 노력한 대비, 결과는 너무 하찮게 느껴졌다. 차라리 식당 아르바이트로 일하는 게 더 나을 수도 있겠다 싶었다. 아르바이트로 일하면 적어도 책임이란 건 줄어들 테니. 하루도 빠짐없이 고된 노동을 하고, 일에 적응해 나가는 중 멘탈이 오르락내리락을 반복했다. 하루에도 수십 번 일을 그만두고 싶었다. 그럴 때마다 나를 다독이며 매출보다는 성장에 집중하려고 노력했다. 분명 돈보다 더 중요한 끈기와 가치를 배울 수 있을 거라 스스로 다독였다.

한 달 두 달 시간이 흘러감에 따라 처음에는 어설펐던 일도 익숙해지기 시작했다. 그 과정에서 성취감이 들었다. 절대 할 수 없을 것이라 생각했던 일을 어느 순간 해내고 있었다. 요식업을 한다고 했을 때 냉담한 눈빛으로 바라봤던 지인들 앞에서 투정도 할 수 없었다. 그야말로 고독한 길을 걸어야 했다. 내가 고집부리며 선택한 일이었으니 아무에게도 도와달란 말을 못 했다. 그저 내가 선택한 일에 잘하는 모습과 성과를 보여주어야 했다. 주변 사람들에게 부정당하던 그 시선 속에서, 잘했다는 격려와 내가 틀리지 않았다는 평가를 듣고 싶었다. 아니, 나 스스로 잘 해냈다는 걸 반드시 증명해 보이고 싶었다.

글을 쓰고 있는 지금, 배달음식점 시작한 지 벌써 2년이란 시간이 흘렀다. 요리를 전혀 모르던 내가, 지금은 썰기 어렵다는 연어도 능수능란하게 썰어 예쁘게 포장도 한다. 문어, 사시미도 정갈하게 썰어서 나간다. 여전히 칼질 속도가 나지 않아 속상할 때가 종종 있다. 고수들처럼 숙련되고 멋지게 플레이팅하지는 못한다. 다만 내가 조리해서 포장한 음식을 전달하면 예쁜 사진 리뷰가 올라온다. 그런 리뷰를 통해 나의 실력이 늘었음을 실감하고 있다.

어느 날 한 고객은 내가 어설프게 칼질하는 모습 보며 이렇게 말했다. "칼질이 너무 서툰데, 어떻게 이 사업을 시작하게 됐어요?" 그 순간, 나는 웃으며 대답했다. "그러게요. 제가 생각해도 제가 참 엉뚱하네요. 어떻게 이 일을 하게 됐는지."

그건 진심이었다. 나조차도 가끔 내가 이 사업을 하고 있다는 사실이 믿기지 않았다. 나는 험한 일은 피하고, 편한 길을 택하던 사람이었으니까. 하지만 지금은 조금 다르다. 무모한 도전이었다고 해도, 그 도전을 통해 나는 성장하고 있었다. 사람들은 이렇게 말한다. "본인이 자신 있는 걸 해라." 어쩌면 내 경우엔 그 말에 반대로 간 케이스다. '자신 없는 걸 해 봤더니, 거기서 자신이 생기더라.' 분명 자신 있게 되기 위해서는 시간이 필요했다. 반복과 연습을 통해 해당 분야의 재능을 발견하게 된다는 뇌신경과 전문의 신동선 박사의 말처럼, 나는 전혀 경험도 없고 자신도 없던 요식업에서 반복과 연습을 통해 나의 재능을 발견해 가는 중이다.

특히 배달요식업에 입문해서 가장 큰 변화는 '삶의 주도권'을 갖게 되었다는 점이다.

과거의 나는 늘 주변 사람들의 말에 지나치게 귀를 기울이며 살았다. 난 내가 먼저 결정하기보다 주변 사람들의 의견을 먼저 묻곤 했다. "이거 하면 어때?", "그건 힘들 것 같아." 내가 판단하기 이전에 그들의 의견이 내 선택을 좌우했다.

하지만 배달요식업을 시작하고 나서는 달라졌다. 뭘 시작하든 누군가에게 묻기보다 스스로 상상하고 원하는 방식대로 추진해 나갔다. 그 누구에게도 의존하지 않았다. 내 인생의 핸들을 처음으로 직접 잡게 된 순간이었다.

고시원 사업을 운영할 때도 나 스스로 모든 걸 결정하지는 않았다. 늘 주변의 시선과 평가를 고려했고, 조언을 많이 듣고 행동하려 했다. 먼저 경험한 전문가의 의견이 내 생각보다 우선이었고, 그래야 불안한 마음이 가라앉았다.

배달음식점 도전은 주변에서 무조건 만류했던 일이었다. 내 멋대로 판단해서 결정한 일이어서 지지해 주는 사람이 아무도 없었다. 무모함과 무대포 기질로 일을 시작한 것이다. 경험이 워낙 없다 보니 프랜차이즈를 택할 수밖에 없었다. 요식업 경험이 전혀 없던 내게는 그나마 합리적인 선택이었다. 프랜차이즈는 브랜드가 있는 만큼 레시피나 운영 매뉴얼이 갖춰져 있었다. 배달 플랫폼 운영 방법이나 광고 효과 등 어느 정도 매뉴얼이 있었다.

배달음식점 창업에 들어가는 초기 투자금이 비교적 적다는 점도 장점이었다. 상권이 좋지 않은 이면 상권이라도 배달 플랫폼 덕분에 어느 정도 수익을 기대할 수 있었다. 마침 집 근처 상가가 비어 있어 시작하기에 절묘한 타이밍이었다. 권리금이나 시설 조건도 큰돈을 들이지 않고 바로 시작할 수 있는 수준이었다. 나는 주저 없이 바로 임대 계약을 진행했다. 사람들이 볼 때는 나의 행동이 정말 무모하게 비쳤을 수도 있다. 지금 돌아보니 내 결심 하나로 모든 상황이 하나둘 퍼즐 맞추듯 맞춰진 것 같다는 생각이 든다.

결국 나는 배달음식점 운영을 실행했다. 글을 쓰고 있는 지금도 운영 중이다. 여전히 매일 가게 운영이 녹록지는 않다. 장사가 안되는 날도 있고, 음식

     아이 둘 엄마, 사업으로 성장하다

관련 클레임이 쏟아지는 날도 있다. 재료 수급이 어려워서 발을 동동거려야 할 때도 있다. 중요한 것은 내가 선택한 일이기 때문에 그 누구에게도 탓을 돌릴 수 없다는 사실이다. 내가 시작했으니 성과를 내는 것 또한 나의 몫이다.

요식업 경험이 전혀 없던 내가 결정적으로 실행할 수 있었던 가장 큰 이유는 켈리 최의 영향이었다. 그녀는 "자산에 큰 타격을 주지 않는 선에서 할 수 있는 도전이라면 무조건 해 보라."고 말했다. 새로운 시도를 하기 전에 '과연 이 선택이 맞는 걸까?' 하며 고민하게 되는 경우가 종종 있다. 나는 그녀의 말을 내 선택의 주요 기준점으로 세웠다. 배달음식점 또한 내가 도전을 한다고 해도 크게 잃을 게 없다는 생각을 했다. 투자금이 내 인생에 위기가 올 정도의 큰 금액은 아니었기에, 그 자체로 내가 잃을 건 없었다.

준비 과정이 길지 않아 빠르게 시작할 수 있었던 배달음식점이었지만, 지난 2년 동안 정말 많은 것을 배웠다. 사업을 한다는 것은 단순히 돈만 버는 것이 목적이 아니다. 사업은 스스로 성장하며 자신만의 기준으로 삶을 살아갈 수 있는 기회가 된다. 더불어 실전에서 부딪히며 나만의 강점과 약점을 직면하는 과정이라는 사실도 깨달을 수 있었다.

지금은 내가 잘하지 못하던 요리를 매일 하고 있다. 사람을 두려워하던 내가 손님들과 늘 마주하며 소통하고 있다. 그들과 부딪히며 사과하기도 하고, 때로는 감사를 받기도 한다. 그 어떤 삶에도 정답이란 존재할 수 없다. 나의 삶이 존중받아야 하듯, 타인의 삶 또한 존중받아 마땅하다. 배달음식점 일을 통해 세상의 이치를 조금씩 알아가는 중이다.

배달음식점을 처음 시작하던 때를 떠올려 보았다. 처음에는 정말 두려웠다. 하지만 2년이 지난 지금은 세상을 바라보는 관점이 한결 유연해진 기분이다. 언제까지 이 일을 하게 될지는 모른다. 다만 이 일을 하는 동안 소소한 도전과 시도를 거듭하며 성공 경험을 쌓아가려 한다. 현장에서 직접 부딪히고 구르다 보면 다음 단계로 도약할 수 있을 거라 믿는다. 쉽게만 가려 했던 내 안일한 생각이 착각이었음을 깨닫고, 비로소 진짜 내 길을 마주하고 있는 느낌이다.

사람들은 흔히 말한다. "자신 있는 일을 하라"고. 하지만 자신 있는 일이란 결국 이미 해 봤거나 익숙한 일일 뿐이다. 처음부터 잘하는 사람이 어디 있겠는가. 요리를 해 본 적도 없고, 손님을 대하는 법은커녕 칼질조차 서툰 내가 요식업을 시작한 건 말 그대로 무모한 도전이었다. 하지만 지금 돌아보면, 그 무모함 덕분에 내 안에 숨어 있던 가능성을 비로소 끄집어낼 수 있었다.

핵심은 단 하나였다. 머릿속에만 머물던 아이디어를 '행동'으로 옮겼다는 점이다. 아무리 완벽한 계획일지라도 움직이지 않으면 아무 일도 일어나지 않는다. 반대로 미숙하고 엉성한 시작일지라도 일단 해 보면, 거기서 피드백을 얻고 시행착오를 겪으며 결국 그 모든 것이 자산이 된다. 나는 뛰어들었고, 부딪히고, 흔들리면서도 다시 일어났다. 그 과정을 통해 나는 내가 어떤 사람인지 비로소 알아갔다.

삶의 주도권은 '결정권'에 있는 것이 아니라 '책임지는 용기'에서 시작된다. 누군가의 조언을 참고할 수는 있지만, 결국 결정은 내가 내려야 한다. 누구도 내 삶을 대신 살아주지 않기 때문이다. 나는 더 이상 "이거 어때?"라고 묻지 않는다. 해 보고 나서 판단하는 것이 훨씬 빠르고 정확하다는 사실을 배웠기 때문이다.

이제 나는 '준비된 나'를 마냥 기다리지 않는다. 실행하는 내가 준비된 나를 만든다는 사실을 깨달았기 때문이다. 이 메시지가 당신에게도 깊이 닿았으면 좋겠다. 어떤 일이든 망설여지고 두렵다면, 오히려 그 두려움이 시작해야 할 신호일 수 있다. 자신 없는 일을 직접 해 볼 때 비로소 진짜 자신감이 생긴다. 행동은 언제나 성장의 시작이다.

   아이 둘 엄마, 사업으로 성장하다

2

비위를 이긴 간절함,
레드오션에서 블루오션을 찾는 법

"용기는 두려움이 없는 것이 아니라, 두려움을 다스리는 것이다." - 마크 트웨인(Mark Twain)

누군가는 나를 무모하다 했지만, 나는 내 속에 분명 해낼 수 있는 저력이 있다고 믿었다.

나는 육회조차 먹을 줄 모르면서 육회 음식점을 시작했다. 주변에서는 '그게 어떻게 가능하냐'고 묻는 사람이 대부분이었다. "네가 육회 집을 한다고? 육회도 못 먹는 네가?" 스스로 생각해도 참 무모하기 짝이 없는 도전이었다.

육회뿐만이 아니었다. 사시미도, 연어도, 익히지 않은 날것은 전혀 먹지도 못하면서 회를 파는 요식업에 뛰어들다니. 내가 생각해도 정말 어이없고 말도 안 되는 일이었다. 하지만 그때 나는 내 안의 가능성, 즉 아직 드러나지 않은 잠재력을 믿고 있었다. 누군가는 나를 무모하다고 했지만, 나는 내 속에 분명 해낼 수 있는 저력이 있다고 확신했다. 그 단순한 믿음 하나로 일단 부딪혔다. '한번 해 보는 거지 뭐, 안 되면 말고'라는 배짱 하나로 말이다.

배달음식점 창업의 시작은 '원데이 클래스'를 들으면서부터였다. 그 강의가 내 인생을 바꿨다. 도전은 신나는 일이라고 믿었던 나에게 강사가 말하는 모든 내용이 새롭게 다가왔다. 내가 즐겨 먹는 메뉴는 아니었지만, 젊은이들이 열광하는 메뉴를 다루는 배달음식점이 꽤 매력적으로 느껴졌다. 창업 비용도 부담스럽지 않았다. 유료 강의를 듣는 셈 치고, 돈을 들여 실전 사업 경험을 쌓는다고 생각했다. 배달음식점에 대한 시장 조사를 시작했다. 전혀 모르는 분야였기에 조사 과정부터 어려움이 많았다. 무작정 강사가 운영하는 가맹점 본사에 상담 신청을 했다. 두 번의 상담을 받으니 뭔가 가닥이 잡히는 느낌이 들었다. 고정비가 많이 들지 않아 위험 부담 없이 시작할 수 있다는 점이 장점으로 다가왔다. 배달음식점은 상가 입지가 크게 문제 되지 않는다는 점도 좋았다.

본격적으로 상가를 보러 다니기 시작했다. 마침 괜찮은 상가가 눈에 띄었다. 하지만 계약을 하고 나면 되돌릴 수 없다는 생각에 두려움이 밀려왔다. 결국 불안한 마음을 내려놓고 상가 계약을 마쳤다. 이제는 무조건 가게를 오픈해야만 했다. 본사 관계자와 세부 일정에 대해 의견을 나누니 최소 7일간의 교육이 필요하다고 했다. 처음엔 "내가 일주일 안에 모든 걸 익힐 수 있을까?" 하는 불안이 엄습했다. 요식업 경험은커녕 요리조차 제대로 해 본 적 없는 내가 칼을 잡고 육회를 무치며 손님을 맞이한다는 상상 자체가 막막했다. 게다가 교육은 인천 본사에서 저녁 8시부터 새벽 2시까지 진행되었다. 집에서 왕복 5시간이 걸리는 거리였기에 출퇴근은 불가능했다. 결국 나는 본사 근처 찜질방에서 숙식을 해결하며 교육을 받았다.

그 일주일 동안 아이들을 떼어놓고 교육을 받아야 하니 걱정이 앞섰다. 당시 초등학교 3학년, 4학년이었던 두 아들. 내가 없으면 등하교는 어떻게 할지, 밥은 또 어떻게 챙겨 먹을지 걱정뿐이었다. 하지만 내 우려와 달리 아이들은 의젓하게 자기 할 일을 해냈다. 그 모습을 보며 내심 뿌듯했고, 한편으로는 아이들이 어느새 이렇게 컸나 싶어 대견한 마음이 들었다.

찜질방에서 숙식하며 매일 밤 교육을 받고 돌아오는 길, 내 머릿속은 복잡하기만 했다. 칼질도 서툴고 노른자 분리조차 헤매는 데다 재료 관리도 전혀 감이 오지 않았다. 모든 게 처음이라 머리가 터질 것만 같았다. 어떤 날은

아이 둘 엄마, 사업으로 성장하다

"지금이라도 그만둔다고 할까?"라는 생각이 불쑥 들기도 했다. 하지만 그럴 때마다 "나는 잠재력이 있는 사람이야. 할 수 있어."라는 마음으로 스스로를 다독이며 버텼다.

7일간의 교육을 무사히 마쳤다. 드디어 가게 오픈 날, 본사 직원이 이틀간 나를 도와 오픈을 함께했다. 하지만 3일째부터는 본사 직원 없이 철저히 혼자였다. 그날의 긴장감은 지금도 생생하다. 갑자기 주문이 몰리기 시작했다. 생각보다 '오픈빨'이 좋았던 것이다. 문제는 순식간에 들어오는 주문을 혼자 처리할 수 없었다는 점이다. 한순간에 터진 주문에 정신을 차릴 수 없었다. 조리하고 포장하느라 들어온 주문 내용을 제대로 확인하기조차 어려웠다. 진땀이 났다. 손이 떨리고 머리가 하얘졌으며 실수를 연발했다. 주문서에 적힌 '음식 먼저 받고 나중에 송금하겠다'는 결제 방식을 미처 확인하지 못했다. 그것이 사기성이 다분한 주문이었다는 사실을 뒤늦게서야 알게 됐다.

처음보다 실수가 조금씩 줄어들었다. 버벅대던 모든 일이 어느 순간 익숙해졌다. '언제쯤 내 손에 익을까' 조바심 내던 날이 엊그제 같은데, 하루 이틀이 지나고 한 달 두 달이 쌓여 어느덧 2년이란 시간이 흘렀다. 어느새 서툴렀던 칼질이 제법 능숙해졌고, 육회 무치는 것도 조금씩 감이 생겼다. 겉보기에 헐렁했던 포장도 어느새 깔끔해졌다. 고객들의 클레임도 점차 줄어들었다. 소스 누락이나 포장 부실로 음식 상태가 좋지 않다는 평을 듣던 시기를 지나, 이제는 나름의 해결 방법을 터득하기 시작했다.

어느덧 나는 당당히 배달음식점 사장으로 불리기 시작했다. 하지만 사장이라 불리는 것보다 '대표님'이라는 호칭이 그렇게 어색할 수 없었다. 자기계발을 통해 낮았던 자존감이 많이 회복되긴 했지만, 여전히 나라는 사람에게 '대표'라는 이름은 낯설고 어색하기만 했다. '내가 정말 대표일까? 모든 것을 책임지는 대표의 자리에 적합한 존재인가?'

나는 나를 늘 부족한 사람이라 단정 지었다. 그랬던 내가 가게를 운영하며 모든 일을 스스로 처리해야만 했다. 세상에 태어난 신생아가 어느새 뒤집기를 하고, 기어다니고, 물건을 붙잡고 일어서며 혼자 걸을 수 있게 되는 것처럼 나도 배달음식점 사장으로서 성장의 시간을 갖게 되었다.

어제까지는 음식을 못 먹는 사장이었다. 여전히 내가 파는 음식을 먹을 줄은 모른다. 다만 어느덧 지내다 보니 음식의 맛 정도는 평가할 수 있는 눈이 생겼다. 조리 속도도 눈에 띄게 빨라졌다. 오픈 초반에는 주문 하나를 마무리하는 데 10분 이상 소요됐지만, 지금은 5분 안에 조리를 완성한다. 누구나 처음부터 잘하는 사람은 없다. 배움과 반복을 통해 분명 달라질 수 있다.

잠 못 자고 일했던 시간이 쌓여 지금의 안정감을 얻을 수 있었다. 그 과정이 녹록지는 않았다. 좌절감이나 포기하고 싶은 마음이 수시로 찾아왔다. '괜한 일을 했나?' 하는 후회 섞인 마음도 들었다. 그럴 때마다 불안정한 감정과 마주하며 스스로를 다독여야 했다. 경험 없이 시작한 사업이었지만 매일의 반복은 결국 기술이 되었고, 기술은 자신감을 낳았다. 그리고 그 자신감은 나를 진짜 '사장'으로 만들었다.

사실 나는 지금도 여전히 부족한 사람이다. 완성된 존재였던 적은 없으며, 여전히 매일 실수하고 또 매일 배운다. 다만 이제는 안다. 부족하다고 해서 시작조차 할 수 없는 것은 아니라는 사실을 말이다. 처음부터 완벽히 준비된 사람은 없다. 다들 시작하면서 합을 맞추고, 넘어지면서 배우며, 시행착오를 통해 자기만의 방식으로 해내는 것이다.

사람들은 종종 이렇게 묻는다. "육회도 못 먹는 사람이 육회 집을 한다고?" 그 말이 이상하지 않게 들리던 시절도 있었다. 하지만 지금은 당당하게 말할 수 있다. "맞아요. 육회 못 먹는 사람이 육회 집을 차렸어요. 그런데도 지금 아주 잘 굴러가고 있답니다." 중요한 건 '먹을 줄 아느냐'가 아니라 '버

   아이 둘 엄마, 사업으로 성장하다

틸 줄 아느냐'라는 사실을, 나는 몸소 배웠다.

그저 '한번 해 보자'는 가벼운 마음으로 시작했지만, 그 안에는 나조차 미처 발견하지 못했던 끈기와 용기가 숨어 있었다. 스스로도 깨닫지 못했던 그것들을 일깨워 준 것은 다름 아닌 매일의 반복이었다. 야간 교육이 끝나면 찜질방에서 쪽잠을 자던 날들, 아이들을 뒤로하고 버스에 몸을 싣던 시간, 재료 하나를 잘못 썰어 눈물을 쏟던 밤들. 그 켜켜이 쌓인 시간들이 결국 나를 바꾸어 놓았다.

나는 여전히 내 음식 맛을 완벽하게 알지는 못한다. 하지만 이제는 고객의 반응을 읽을 줄 안다. 불만을 귀찮은 항의가 아닌 개선을 위한 피드백으로 받아들이는 법도 배웠다. 내 가게를 운영하며 체득한 자잘한 기술과 감각, 그 모든 조각이 모여 지금의 나를 만들었다.

가끔 과거의 나처럼 시작도 하기 전에 겁부터 내는 사람들을 본다. 완벽하게 준비된 다음에야 움직이려고 하는 사람들이다. 물론 그런 신중함이 틀린 것은 아니지만, 지나친 준비는 오히려 시작을 더 멀게 만들 뿐이다.

완벽한 때는 오지 않는다. 불안한 채로라도 시작할 수 있어야 한다. 망해도 다시 일어날 수 있다는 마음 하나면 충분하다. 나는 결국 지극히 평범한 엄마로서, 보통 이하의 실력으로 사업을 시작해 여기까지 왔다. 특별한 재능이 있었던 것도, 대단한 배경이 있었던 것도 아니다. 다만 '한번 해 보자'는 마음과 '오늘 하루만이라도 해내자'는 끈기가 있었을 뿐이다.

"당신 안에도 분명히 해낼 수 있는 저력이 있다."

그 사실을 믿고 한 발 내디디면 어느 순간 그 길이 익숙해진다. 그 익숙함은 기술이 되고, 그 기술이 결국 당신을 바꾼다. 그러니 두려워하지 말고, 너무 계산하지도 말고, 그냥 해 보자. 망하면 어떤가? 다시 하면 그만이다. 내가 해낸 것처럼 당신도 분명 할 수 있다.

3

성공에도 '치트 키'는 있다
: 관점을 바꾸는 기술

> "성공은 단번에 이루어지지 않는다. 그것은 작은 일들을 꾸준히 올바르게 하는 결과다." -
> 짐 콜린스

성공의 첫 번째 법칙은 '모른다고 인정하고 물어보는 용기'였다. 실수는 창피한 게 아니다. 시간과 비용이 들 뿐이다.

"음식이 맛있으면 장사는 무조건 잘 된다?" 많은 이들이 이렇게 알고 있다. 반은 맞고 반은 틀린 문장이라 생각한다. 요식업 경험이 전혀 없던 나는 경험 많은 프랜차이즈의 도움을 받고 시작했다. 물론 인지도가 높은 유명 프랜차이즈는 아니었지만 전국에 40개 이상 가맹점이 있는 곳을 선택했다. 프랜차이즈 사업이 가능하기 위해서는 여러 지역의 직영점에서 매출이 잘 나와야 하는 기준이 있다.

그런 여건들을 고려해 프랜차이즈 본사의 도움을 받아 가맹점을 오픈했다. 본사 매뉴얼과 정해진 조리법, 인테리어, 포장 방식까지 나는 그저 본사에서 시키는 대로만 따라 했다. 내가 가진 지식과 경험이 전무했기 때문이다. 그야말로 요식업 왕초보로서 가게를 열게 된 것이다. 나처럼 '제로 베이스'인 사람에게 프랜차이즈 시스템은 큰 도움이 되었다.

하지만 그것도 잠시였다. 7일간의 교육을 수료한 후에는 오롯이 나 혼자 모든 것을 감당해야 했다. 막상 매장 문을 열자, 무서울 정도로 모든 게 낯설었다. 손님이 들어오면 손은 바빠졌지만 머릿속은 멍해졌다. 튀김은 수시로 탔고, 배달은 정해진 시간에 가지 못해 항의 전화가 빗발쳤다. 실수는 일상이었다. 스스로 해결하지 못하는 문제는 본사 담당자에게 의존할 수밖에 없었다. 교육 자료를 들춰봐도 해결되지 않는 문제는 인근 가맹점 사장님들께 물었다. 그렇게 질문하고, 따라 하고, 시행착오를 반복해 나갔다.

내가 배운 성공의 첫 번째 법칙은 "모른다고 인정하고 물어보는 용기"였다. 처음에는 모든 게 낯설었다. 분명 교육 때 배웠는데도 실전 현장에서는 매번 처음 겪는 일처럼 느껴졌다. 당황하면 머릿속이 하얘져 배웠던 내용조차 기억나지 않기도 했다.

하지만 그렇게 하루하루 시간이 쌓이자, 잦았던 실수들이 눈에 띄게 줄어들기 시작했다. 그러던 어느 날, 평소보다 한결 안정적인 흐름으로 음식을 조리해 라이더에게 전달했다. 그리고 바로 다음 날, 내가 만든 음식에 기분 좋은 리뷰가 달렸다. "이 식당, 진짜 맛있어요!"라는 짧은 글자를 보는 순간, 그간의 고생을 모두 보상받는 듯한 커다란 성취감이 밀려왔다.

장사 실력을 제대로 쌓아야 내가 원하는 매출을 올릴 수 있겠다는 생각이 들었다. 그러다 우연히 '배민아카데미'라는 프로그램을 알게 되었다. 배달 플랫폼을 이용하는 사장님들을 위해 마케팅, 광고, 세무, 운영 노하우 등 장사에 꼭 필요한 온·오프라인 강의를 제공하는 서비스였다. 나는 틈나는 대로 온라인 강의를 들으며 내가 모르는 분야를 하나씩 채워 나갔다. 때로는 시간을 내어 오프라인 세미나에도 참여했다. 그곳은 현장에서 직접 발로 뛰며 성공을 일궈낸 사장님들의 실전 강의가 주를 이루었다. 덕분에 내 사업장에 곧바로 적용할 수 있는 매우 실용적인 지식들을 얻을 수 있었다.

내가 깨달은 성공의 두 번째 법칙은 "일하면서 배운다"였다. 이론만 습득하는 것은 아무런 의미가 없다. 배운 것을 경험을 통해 현장에 직접 적용해

보는 과정이 반드시 필요하다. 프랜차이즈 본사에서는 오픈 초기에 리뷰 이벤트를 적극적으로 진행하라고 독려했다. 무료 배달이나 사은품 증정, 메뉴 추가 서비스 같은 것들이었다. 경험이 없던 나로서는 비용이 발생하는 리뷰 이벤트가 과연 얼마나 효과가 있을지 의구심이 들기도 했다.

리뷰 수는 늘어났지만, 때로는 별점이 깎여 오히려 매출에 악영향을 끼치기도 했다. 무조건적인 할인이나 사은품으로 유입된 고객은 충성도가 낮았다. 결국 우리 가게의 음식 그 자체에 만족하는 충성 고객을 확보하는 것이 무엇보다 중요하다는 사실을 깨달았다.

재구매가 꾸준히 이어지려면 단기적인 이벤트보다 음식점으로서의 '기본기'가 가장 중요하다는 것을 절감했다. 본사가 제시한 방식은 참고서일 뿐, 나만의 정답지는 아니었다.

성공의 세 번째 법칙은 "경험 많은 전문가의 틀을 따르되, 나만의 철학으로 조율해 간다"는 것이었다. 내 가게는 주택가 골목, 즉 유동 인구가 적고 눈에 잘 띄지도 않는 이른바 '이면 상권'에 위치해 있다. 오픈 전에는 입지가 좋지 않은 이곳에서 과연 장사가 될까 고민이 많았다. 하지만 2년 가까이 운영해보니 배달 장사는 상권이 전부가 아니라는 사실을 깨달았다.

배달앱 세상에서는 오프라인 입지보다 리뷰, 사진, 평점, 그리고 응대 속도가 곧 최고의 승부처다. 나는 배민 아카데미를 통해 메뉴 사진 잘 찍는 법을 공부했고, 앱 내 매장 상세 설명을 직접 수정하며 우리 가게를 알리는 데 공을 들였다. 고객 리뷰가 올라오면 누구보다 재빠르게 답글을 달며 소통했다. 사장이 직접 발로 뛰며 정성을 쏟으니 매출도 점차 좋아지기 시작했다. 온라인 매장을 얼마나 세심하게 관리하느냐에 따라 가게의 이미지가 완전히 달라진다는 것, 그리고 손님이 직접 방문하지 않아도 신뢰는 얼마든지 쌓을 수 있다는 점을 몸소 배웠다.

성공의 네 번째 법칙은 "조건보다 콘텐츠"다. 매장의 위치보다 더 중요한 것은 내가 고객에게 어떻게 비치느냐 하는 점이다. 나는 우연히 알게 된 한 사장님과 인연을 맺게 되었는데, 당시 나는 연어 관리 문제로 꽤나 골치를 앓고 있었다. 고민을 털어놓자 그녀는 다년간 쌓아온 경험의 지혜를 아낌없이 나누어 주었고, 덕분에 내 고민은 일순간에 해결되었다.

그날 이후 우리는 자주 소통하는 사이가 되었다. 새로운 정보를 얻을 때마다 '역시 진짜 정보는 현장에 있다'는 사실을 뼈저리게 실감하곤 한다. 여기서 가장 중요한 것은 배우려는 겸손한 자세다. 만약 내가 잘 알지도 못하면서 아는 척하거나 오만한 태도를 보였다면, 그녀는 자신의 귀한 노하우를 흔쾌히 공유해 주지 않았을 것이다. 모르는 것을 인정하고 배우려는 낮은 태도가 상대의 마음을 열고 정보를 이끌어 내는 열쇠가 된다.

성공의 다섯 번째 법칙은 "배우려는 사람에겐 모두가 스승"이라는 점이다. 음식이 늦었음에도 사과 한마디 없이 그냥 지나친다면, 그 손님은 다시는 우리 가게를 찾지 않을 것이다. 반면 작은 실수가 있더라도 진심을 다해 사과하는 태도는 결국 재구매라는 선물로 돌아온다. 나는 현장에서 이런 귀한 경험을 무수히 반복했다.

고객이 정성껏 달아준 리뷰 하나하나에 정해진 템플릿 대신, 조금 서툴고 오타가 있더라도 오직 나만의 말투로 진심을 담아 답글을 적어 내려갔다. 화려한 미사여구보다 투박하지만 진실한 한마디가 고객의 마음을 움직인다는 사실을 깨달았기 때문이다.

성공의 여섯 번째 법칙은 "일관된 마음가짐으로 나만의 철학을 유지하는 일"이다. 장사에는 정해진 정답이 없다. 누군가에게 효과적이었던 방식이 나에게는 전혀 통하지 않을 수도 있다. 나는 프랜차이즈 본사가 제시한 길을 따르되, 그 안에서 내 방식대로 하나씩 수정하며 나만의 길을 개척해 나갔다.

숱하게 실수하고 넘어진 날들이 쌓여 비로소 지금의 내 가게가 완성되었다.

장사를 하다 보면 늘 예상치 못한 변수가 터지기 마련이다. 어떤 날은 주문이 폭주하는 바람에 소스나 음료를 누락하여, 별도로 배달 대행료를 지불하며 라이더를 부르기도 했다. 또 어떤 날은 배달 플랫폼의 오류로 주문이 뚝 끊겨 막막할 때도 있었다. 그런 날이면 매출이라는 날씨에 따라 내 기분도 덩달아 오락가락 요동치곤 했다.

그 혼란스러운 와중에도 나름의 기준을 세우고 지키는 것이 얼마나 중요한지 배웠다. 하루에도 몇 번씩 흔들리는 상황 속에서 일정하게 유지해야 할 것은 결국 내 마음가짐과 가게의 원칙이었다. 혼자 일하는 시간이 길어지다 보니 자연스레 내 공간인 가게와 대화하는 시간도 많아졌다.

가게 구석구석을 점검하며 깨달았다. 청소 상태, 조리 도구의 정렬, 배달 포장의 완성도. 이 모든 사소한 것들이 모여 결국 '성실함'이라는 총합을 이룬다는 것을 말이다. 고객은 비록 우리 주방을 직접 보지는 못하지만, 사장의 성실함은 반드시 음식에 담겨 전달되기 마련이다. 신기하게도 사람의 진심은 보이지 않는 맛의 깊이에도 고스란히 묻어난다.

가게 오픈 초반에는 음식 관련 클레임이 들어오면 심장이 먼저 덜컥 내려앉곤 했다. 나의 노고를 몰라주는 고객에게 서운함과 불편한 감정이 앞서기도 했다. 하지만 시간이 흐를수록 깨닫게 되었다. 고객의 소리는 내 가게를 더 단단하게 만들어 줄 가장 가치 있는 정보라는 사실을 말이다. '이번에는 무엇이 손님을 불편하게 했을까?' 이제는 감정보다 나 자신을 먼저 들여다보게 된다.

고객은 나를 가르치려 드는 대상이 아니다. 그저 음식에 대한 솔직한 반응을 들려주는 고마운 이들일 뿐이다. 결국 장사는 '사람 공부'였다. 손님을 이해하고, 함께 일하는 사람들을 알아가며, 무엇보다 나 자신을 깊이 알아가는

아이 둘 엄마, 사업으로 성장하다

시간의 연속이었다. 매장을 운영한다는 것은 작지만 묵직한 책임감을 매일 짊어지는 일이지만, 그 무게가 결국 나를 더 단단하게 성장시킨다.

이 글을 쓰는 지금도 나는 완성된 사장이 아니다. 여전히 매일 배우고, 매일 시행착오를 겪는 중이다. 왕초보에서 이제 겨우 '초보'가 되었을 뿐이다. 언젠가는 노련한 사장이 될지도 모르겠지만, 그 과정에서 나는 계속 배울 것이고 내 가게도 나와 함께 자랄 것이다. 그것이 내가 믿는 진짜 성공의 법칙이다.

배우려는 의지가 있는 사람에겐 반드시 길이 열린다. 요식업에 대해 아무것도 몰랐던 나는 프랜차이즈라는 틀 안에서 시작할 수밖에 없었다. 하지만 본사가 짜놓은 틀에 안주하기보다, 내 방식대로 조금씩 수정하고 부딪히며 나만의 길을 찾아냈다. 중요한 건 '모르는 것을 묻고, 배운 것을 즉시 적용하며, 스스로의 기준을 세워가는 과정' 그 자체였다.

실수는 부끄러운 오점이 아니라 성장을 위한 귀한 재료였고, 고객의 날 선 소리는 비판이 아닌 개선을 위한 결정적 힌트였다. 결국 장사는 내가 어떤 철학을 가지고 얼마나 일관되게 자리를 지키느냐의 싸움이다. 나만의 기준과 태도를 잃지 않고 한 발씩 나아가면, 그 고단했던 시간들이 어느 순간 가게의 독보적인 경쟁력이 되어줄 것이다.

초보였던 나도 지금은 어제보다 더 나은 사장이 되어가고 있다. 비록 완성은 없을지라도, 매일 조금씩 단단해지는 나 자신을 믿는다. 이것이 내가 현장의 경험으로 터득한 진짜 '성공의 법칙'이다.

4

노동 수익과 자본 수익 사이,
그 한 끗 차이의 깨달음

사장은 단순히 지시하고 책임지는 위치가 아니라, 구성원과 함께 길을 찾고, 실패를 감수하며, 서로의 성장을 도와야 하는 위치라는 것을 깨닫게 되었다.

처음 요식업, 그중에서도 배달요식업에 뛰어들며 가졌던 생각은 단순하고도 명확했다. 바로 '풀오토 시스템'을 만드는 것이었다. 사람을 고용하고 각 파트에 리더를 세워, 내가 직접 현장을 지키지 않아도 스스로 돌아가는 시스템을 구축하는 것이 내 목표였다.

이 청사진은 단지 내 머릿속에서만 나온 것이 아니었다. 당시 수강했던 한 '원데이 클래스' 강사의 영향이 컸다. 그녀는 여러 개의 사업체를 동시에 운영하면서도 실제 운영에는 일절 개입하지 않았다. 대신 믿을 만한 리더를 배치해 전체를 조율하는 방식을 취하고 있었다. 그 가르침은 내게 마치 완벽한 정답처럼 다가왔고, 나는 그것이 내 미래가 될 것이라 확신했다.

하지만 현실은 냉혹하리만큼 달랐다. 나는 이제 막 걸음마를 뗀 초보 사장이었고, 그녀는 수많은 풍파를 견뎌온 노련한 사업가였다. 무엇보다 결정적인 차이는 '자본력'이라는 든든한 뒷받침의 유무였다. 이 거대한 간극을 간

아이 둘 엄마, 사업으로 성장하다

과한 채, 단순히 '풀오토'라는 개념만 이식하면 나도 그녀처럼 운영할 수 있으리라 믿었던 것이 크나큰 오산이었다. 만약 그때, 풀오토가 당장 실현 가능한 마법 같은 구조가 아니라는 사실을 알았더라면 훨씬 덜 지치고, 오히려 더 전략적으로 시스템을 구축해 나갔을지도 모른다.

결국 나는 배달음식점의 모든 공정을 내 손으로 직접 일구어야만 했다. 요식업의 세계를 머리가 아닌 몸으로 하나하나 익혀 나간 셈이다. 이 생생한 실전 경험은 요식업을 바라보는 나의 프레임 자체를 송두리째 바꿔 놓았다. '사람을 채용하면 나는 무조건 현장에서 빠질 수 있다'는 단순한 환상에서 벗어나, '실무 운영을 완벽히 이해해야만 비로소 제대로 된 레버리지를 일으킬 수 있다'는 본질적인 깨달음으로 시각이 확장된 것이다.

직접 몸으로 부딪히며 깨달은 요식업의 본질은 결국 '사람'의 일이라는 점이었다. 시스템이나 메뉴, 브랜드가 아무리 훌륭해도 그것을 지탱하고 움직이는 핵심은 결국 사람이기 때문이다. 기술의 발달로 AI가 많은 일을 대신하는 시대라지만, 사람의 정성과 손맛, 그리고 세심한 서비스가 빠진 음식점은 '앙금 없는 빵'과 다를 바 없다. 사람이 전부인 일이기에, '채용'은 운영자에게 가장 크고 어려운 숙제가 된다.

나 역시 아르바이트 직원을 여럿 채용해 운영해 보았다. 하지만 내 예상과 달리, 일 잘하는 직원일수록 한 가게에 오래 머물지 않았다. 각자의 사정으로, 혹은 더 나은 조건을 찾아 떠나곤 했다. 공들여 일을 가르치고 이제야 시스템이 잡히나 싶을 때면 어김없이 이탈자가 생겼다. 인력 공백이 생길 때마다 사장인 내가 다시 현장에 뛰어들어 모든 일을 감당해야 했다. 이 과정을 겪으며 단순히 사람을 뽑아 일을 맡기는 것이 경영의 끝이 아님을 뼈저리게 느꼈다. 좋은 사람을 곁에 두기 위해서는 사장의 진심뿐만 아니라, 그들에게 일의 의미와 비전을 제시해 줄 수 있어야 한다. 정해진 시급을 주는 것은 고용주로서 당연한 의무다. 하지만 직원이 책임감을 느끼고 오래도록 함께하게 만들려면, 운영자의 리더십 자체가 본질적으로 달라야 한다는 사실을 나는 비로소 깨달았다.

제대로 된 리더십을 발휘하기 위해, 먼저 직원들에게 매장 매출을 투명하게 공개했다. 매출이 오르면 함께 기뻐하며 인센티브를 챙겼고, 무엇보다 그들을 단순히 노동력을 제공하는 피고용인이 아닌 함께 성장하는 '동료'로 대하려 노력했다. 물론 초반에는 모든 게 서툴렀다. 아르바이트생이 나가고 새로 뽑는 과정이 수없이 반복되었다. 그 속에서 "어떻게 하면 이들과 오래도록 함께 갈 수 있을까"라는 고민은 내 일상의 화두가 되었다.

그러던 중 운명처럼 한 여대생 아르바이트생을 만났다. 그녀는 손이 빠를 뿐만 아니라 습득력도 대단했다. 어느 순간부터는 가게 운영 전반을 전담해도 될 만큼 깊은 신뢰가 쌓였다. 그녀에게 일을 맡기고 잠시나마 휴식을 취할 때면, 내가 그토록 갈망하던 '풀오토'의 희망이 눈앞에 보이는 듯했다. 8개월 넘게 합을 맞추며 나는 '이제 내가 없어도 가게가 돌아가겠구나.'라는 생각에 마음속으로 소리 없는 환호를 질렀다.

하지만 그 기쁨은 오래가지 못했다. 주력 메뉴였던 육회와 연어의 매출이 급감하기 시작한 것이다. 위기를 극복하고자 가게 안에 또 다른 가게를 여는 '샵인샵(Shop-in-shop)' 형태로 운영 방식을 바꿨다. 샵인샵은 떨어진 매출을 보완해 주었지만, 그만큼 노동 강도는 높아졌다. 8개월간 정을 붙이고 일했던 그녀에게 늘어난 업무는 큰 부담으로 다가갔고, 결국 그녀는 일을 그만두게 되었다.

만약 당시 예산이 넉넉해 샵인샵 전담 인원을 따로 뽑을 수 있었다면 어땠을까. 샵인샵 도입 초기라 드라마틱한 매출 상승이 없었기에 추가 고용은 불가능했고, 결국 아끼던 인재를 놓치고 말았다. 이처럼 좋은 직원을 확보하고

아이 둘 엄마, 사업으로 성장하다

지속적으로 함께하는 일은, 가게 운영자에게 그 무엇보다 중요한 지상 과제임을 뼈저리게 배웠다.

이러한 원칙은 비단 음식점 사업에만 국한되는 이야기가 아니다. 사업의 규모가 커질수록, 더 높은 성공으로 나아가기 위해서는 '나 혼자'만의 힘으로는 불가능하다는 사실을 깨달았다. 협업은 곧 성장의 밑거름이며, 지속 가능한 미래를 보장하는 유일한 길이다.

품성이 바르고 능력이 출중한 인재를 곁에 두고 싶다면, 무엇보다 내가 먼저 그런 사람이 되어야 한다. 소위 말하는 '끌어당김의 법칙'이 가장 명확하게 작용하는 지점이 바로 여기다. 내가 정직하지 않으면, 내가 성실하지 않으면, 그리고 내가 너그럽지 않으면 내 주변에 결코 좋은 사람이 모일 리 없다.

사장이 먼저 진정성을 갖추고 사람을 존중하며 투명하게 대할 때, 비로소 뜻이 맞는 이들이 하나둘 모여들기 시작한다. 이는 책이나 강연에서 얻은 지식이 아니다. 수많은 시행착오와 좌절 끝에 내 온몸과 마음으로 체득한 살아 있는 진리다. 이제 나는 요식업을 단순히 '먹을 것'을 파는 장사로만 보지 않는다. 사람과 사람이 어우러져 가치를 만들어 가는 하나의 '유기적인 협력체'라고 믿는다. 직원과 손님, 그리고 나 자신까지, 모든 구성원이 조화롭게 움직일 때 비로소 지속 가능하고 건강한 구조가 완성된다.

이 과정에서 내가 마주한 또 하나의 과제는 '운영자로서의 그릇'을 갖추는 일이었다. 초보 사장일수록 일을 직원에게 온전히 맡기기보다 스스로 해결하려는 경향이 강하다. 처음에는 이것이 사장의 책임감이라 생각했지만, 시간이 흐를수록 이는 시스템의 부재와 불신을 가리는 다른 표현일 뿐이라는 사실을 깨달았다. 일을 내려놓고 맡기기 위해서는 단순히 '방임'하는 태도를 넘어, 신뢰가 싹틀 수 있는 환경과 관계를 먼저 구축해야 한다. 그리고 이 신뢰는 단시간에 급조되지 않는다. 긴 시간 소통하고, 함께 문제를 해결하며 층층이 쌓아 올려야 하는 정교한 작업이다.

직원 스스로 책임을 다하고 지혜롭게 판단할 수 있는 역량을 키워주는 것 또한 사장의 몫이다. 운영 초반에는 그저 일한 만큼의 시급만 정확히 챙겨주면 충분하다고 생각했다. 하지만 현장에서 마주한 직원들은 정당한 대가를 받는 것은 기본이고, 그 이상의 '인격적인 존중'을 갈망하고 있었다. 누구나 인간으로서 존재를 인정받고 싶어 한다. 직원 또한 단순히 몸으로 일하는 존재가 아니다. 그들 역시 일하는 동안 인정받고, 성장하며, 그 시간이 자신의 삶에 의미 있기를 바란다.

단순히 몸을 쓰는 일은 세상에 널려 있다. 오히려 힘들고 쉽게 지치는 일은 기피하는 것이 요즘의 흐름이다. 일의 의미를 스스로 찾지 못하면 한곳에서 오래 일하는 것은 불가능에 가깝다. 개인이 스스로 일에 의미를 부여하기란 결코 쉽지 않기에, 운영자는 반드시 이 점을 고려해야 한다. 아무리 시급이 높고 대우가 좋아도, 마음을 둘 곳이 없다면 결국 사람은 떠나기 마련이다.

나는 경험을 통해 '사장'이라는 단어를 다시 쓰게 되었다. 사장은 단순히 지시하고 책임을 지는 자리가 아니었다. 구성원과 함께 길을 찾고, 실패를 기꺼이 감수하며, 서로의 성장을 돕는 동반자라는 사실을 비로소 깨달았다. 내가 먼저 배우고 변화할 때, 비로소 좋은 결과가 뒤따른다. 이러한 변화는 단순히 조직 운영을 위한 전략을 넘어 내 삶의 태도 자체를 바꾸어 놓았다. 사람을 대하는 방식, 상황을 바라보는 시각, 문제를 해결하는 자세까지 인생의 모든 결이 달라진 것이다.

경영을 하며 얻은 가장 큰 배움은 결국 모든 일의 본질이 '사람'에 있다는 사실이다. 시스템을 세우고 매출을 올리며 브랜드를 키우는 행위는 과정일 뿐이다. 그 중심에 진심을 담아 움직이는 사람이 없다면, 공들여 쌓은 성은 결국 껍데기에 불과하다. 많은 이들이 효율만을 좇는다. 더 적게 일하고, 더 빠르게 자동화하여 결과를 내는 법에만 몰두한다. 나 또한 한때는 그랬다. 효율 자체가 나쁜 것은 아니다. 하지만 그 방향이 '사람 없는 구조'를 꿈꾸는 것이라면 결국 모래성처럼 무너지기 마련이다.

진짜 시스템은 사람이 빠져나갈 구멍을 만드는 구조가 아니라, 사람이 기꺼이 책임을 질 수 있게 만드는 구조여야 한다. 나는 이제 완성은 없어도 매일 조금씩 단단해지는 사람의 힘을 믿는다. 그것이 내가 경험으로 터득한, 결코 흔들리지 않는 진짜 '성공의 법칙'이다.

'좋은 사람을 어떻게 뽑을 것인가'보다 훨씬 더 중요한 것은, '좋은 사람이 기꺼이 머물고 싶은 환경'을 만드는 일이다. 이는 단순히 높은 보상이나 좋은 조건만으로 해결되지 않는다. 결국 운영자의 태도와 방식, 그리고 철학이 빚어낸 '공기' 같은 것이 그들의 마음을 움직이기 때문이다. 존중받고 있다는 확실한 느낌, 내 일이 가치 있다는 감각, 그리고 사장이 나를 진심으로 대한다는 믿음. 이 3가지가 결여된다면 그 어떤 화려한 조건도 소용이 없다.

이런 환경은 결코 단기간에 구축할 수 없다. 긴 시간이 필요하고, 뼈아픈 실수와 좌절의 터널을 지나야 비로소 만들어지는 것이다. 무엇보다 중요한 핵심은 그 과정에서 '내가 먼저 달라져야 한다'는 사실이다. 시스템만 탓하거나 사람만 원망하지 말고, 운영자로서 나의 태도부터 매일 점검해야 한다.

그렇다면 진심만 있으면 다 되는가? 절대 그렇지 않다. 진심을 다하고도 실패하는 일은 부지기수다. 다만, 진심이 없다면 아예 시작조차 할 수 없다. 진심은 성공의 보증 수표가 아니라 '시작의 조건'이다. 그 단단한 바탕 위에 신뢰가 쌓이고 관계가 맺어지며, 비로소 팀이 형성된다. 그리고 결국 그 팀원들의 정성이 모여 가게라는 구조를 튼튼하게 지탱하게 되는 것이다.

'혼자 하려 하지 마라.' 귀에 못이 박히도록 들은 이 말은 언뜻 흔해 빠진 조언처럼 들릴지 모른다. 하지만 현장에서 직접 부딪치며 얻은 결론은 명확했다. 협업은 선택의 문제가 아니라, 치열한 정글에서 살아남기 위한 유일한 '생존 방식'이라는 사실이다. 좋은 사람을 곁에 두고 싶다면 내가 먼저 좋은 사람이 되어야 한다. 신뢰는 머릿속 계산으로 설계할 수 없으며, 리더십은 명함에 박힌 직책에서 나오지 않는다. 그것은 결국 한 인간이 삶을 대하는 태도에서 자연스럽게 배어 나오는 법이다.

사업은 결국 사람이 하는 일이고, 요식업은 더더욱 그렇다. 음식을 팔지만 그 본질은 사람을 대하는 마음에 있다. 내가 나를 어떻게 대하는지, 그리고 직원과 손님을 어떤 마음으로 마주하는지가 가게의 공기를 만들고 매출의 흐름을 결정한다.

물론 '풀오토 시스템' 구축도 중요하다. 하지만 그것은 목적이 아니라 '결과'여야 한다. 믿을 수 있는 사람과의 관계, 운영자의 끊임없는 성찰과 변화, 그리고 서로의 책임감이 겹겹이 쌓여야만 도달할 수 있는 결실인 것이다. 사장이라면 시스템의 효율을 고민하기에 앞서 '사람'을 먼저 깊이 고민해야 한다. 사람을 이해하지 못하는 시스템은 결코 오래갈 수 없기 때문이다.

그리고 기억해야 할 것이 있다. 내가 고민해야 할 '사람'의 범주에는 타인뿐만 아니라 '나 자신'도 포함되어 있다는 사실이다. '나는 어떤 사람인가?'라는 질문, 바로 그것이 모든 경영과 운영의 가장 근원적인 출발점이다.

   아이 둘 엄마, 사업으로 성장하다

5

리스크를 절반으로 줄이는 영리한 창업, '샵인샵'의 마법

수는 교훈이고, 교훈은 성장을 만든다. 관점을 달리하면 내가 생각했던 실패가 결국 성공으로 가는 지름길이 될 수 있다.

배달음식점을 시작한 이후, 그해 추석을 전후로 매출이 무서운 속도로 급감하기 시작했다. 처음 가게 문을 열었던 것은 2024년 3월. 육회와 연어, 문어 사시미를 주력으로 내세운 배달 전문점이었다. 요식업 경험이 전혀 없던 내게 오픈 초반의 반응은 그야말로 감격스러웠다. 월 매출이 2,700만 원에서 2,800만 원에 육박하자 혼자서는 도저히 감당할 수 없어 아르바이트생까지 고용할 정도였다.

하지만 승승장구할 것만 같던 기세는 정확히 7개월 만에 꺾이고 말았다. 매출은 처참하게 반토막 났다. 2025년 초에 접어들자 아르바이트생을 고용하는 것조차 사치가 될 만큼 매출은 바닥을 쳤다. 성공의 단맛을 보여준 지 채 일 년도 되지 않아, 시장은 내게 냉혹한 성적표를 내밀었다.

불행 중 다행으로 내 가게는 중심 상권이 아니었기에 월세 같은 고정비가 낮았다. 덕분에 매출이 절반 이하로 꺾였음에도 최소한의 운영비는 감당할 수 있었다. 하지만 사장인 내 인건비조차 건지기 힘든 상황이 지속되자 새로운 전략이 절실해졌다. 돌파구를 찾던 중 '배민아카데미'에서 제공하는 교육 프로그램이 눈에 들어왔다.

그곳에서 만난 한 강사의 이야기는 내게 강렬한 영감을 주었다. 그는 하나의 매장에서 여러 개의 브랜드를 운영하는 '다브랜드 전략'으로 성공한 인물이었다. 경기가 어려울수록 여러 브랜드를 운영하며 서로의 매출을 보완해야 한다는 그의 한마디가 뇌리에 깊이 박혔다. 바로 '샵인샵(Shop-in-shop)' 전략이었다. 육회와 연어가 주춤할 때, 그 자리를 대신할 수 있는 메뉴는 무엇일까 고민하기 시작했다.

내가 요리에 재능이 있었다면 직접 신메뉴를 개발했겠지만, 나는 요리에 관해 아는 것이 전무했다. 애초에 요리 자체에 큰 관심이 없던 사람이었기에, 이미 맛이 검증되고 조리가 간편한 기존 브랜드를 도입하는 것이 가장 현실적인 선택이었다. 기준은 명확했다. 기존의 육회·연어 브랜드와 동선이 겹치지 않아야 했고, 주문이 몰려도 조리와 포장이 간결해야 했다. 그 까다로운 조건을 모두 충족한 아이템이 바로 '국밥'이었다.

국밥은 조리법이 단순하고 대중들에게 익숙한 메뉴라는 점에서 샵인샵으로 활용하기에 더할 나위 없는 조건처럼 보였다. 나는 초기 투자금을 아끼기 위해 가맹비가 없는 브랜드를 꼼꼼히 물색했고, 마침내 원하는 기준에 딱 맞는 곳을 찾아냈다. 다만 국밥 특유의 냄새를 잡기 위해 후드를 새로 설치해야 했고, 초도 물류비까지 합치니 약 500만 원이라는 초기 비용이 발생했다. 준비를 마치고 배달 플랫폼 광고를 시작하자마자 기다렸다는 듯 주문이 들어오기 시작했다.

하지만 안도감도 잠시, 샵인샵 운영의 현실은 내가 꿈꿨던 장밋빛 미래와는 너무나 거리가 멀었다. 무엇보다 육회나 연어에 비해 준비 과정이 상상 이상으로 고됐다. 마늘과 청양고추를 다듬고 각종 양념과 깍두기를 세팅하

　아이 둘 엄마, 사업으로 성장하다

는 것부터, 순대와 내장을 삶고 사골 육수를 끓여내는 일까지 손이 안 가는 곳이 없었다. 밑 작업에만 꼬박 반나절이 소요될 정도였으니, 그 고된 노동을 견디다 못한 아르바이트생은 결국 그만두겠다는 통보를 해왔다.

재고 관리 또한 냉혹한 현실이었다. 미리 삶아둔 순대나 내장은 이틀 내에 팔지 못하면 전량 폐기해야 했기에, 주문이 일정하지 않은 날에는 버려지는 식재료를 보며 가슴을 졸여야 했다. 매출을 보전해 보려 시작한 샵인샵이었지만, 실상은 남는 것보다 버리는 게 더 많아 손실이 눈덩이처럼 불어났다. 매출 숫자는 조금 늘었을지 몰라도, 그 대가로 찾아온 극심한 스트레스와 노동의 무게는 나를 벼랑 끝으로 몰아넣었다.

국밥 운영의 고비를 넘기며 1가지 확신이 생겼다. 뼈아픈 2가지 문제, 즉 과도한 준비 시간과 재고 손실만 해결할 수 있다면 샵인샵 전략은 분명 승산이 있다는 점이었다. 나는 다시 새로운 브랜드를 물색하기 시작했다. 이번에는 철저히 3가지 원칙에 집중했다. 첫째, 준비 과정이 짧을 것, 둘째, 재료 손실이 적을 것, 셋째, 조리가 간편할 것. 기준이 날카로워지니 찾아야 할 목표도 선명해졌다. 이 까다로운 필터를 통과한 아이템은 바로 '타코야끼'와 '닭강정'이었다.

타코야끼와 닭강정은 조리가 단순하면서도 재료 관리가 매우 수월했다. 주문이 들어오면 튀김기에 넣고 4~5분간 튀겨낸 뒤, 소스를 뿌려 포장하면 그만이었다. 동선은 꼬이지 않았고 조리 과정은 물 흐르듯 매끄러웠다. 게다가 프랜차이즈 본사의 완제품을 공급받아 사용하기만 하면 되었고, 가맹비나 교육비 같은 추가 비용이 없다는 점도 큰 매력이었다.

첫 번째 샵인샵의 실패는 헛된 고생이 아니었다. 오히려 두 번째 시도에서 성공으로 가는 소중한 불씨가 되어주었다. 메인 브랜드인 육회와 연어의 매출이 주춤하던 시기에, 타코야끼와 닭강정은 그 빈자리를 든든하게 메워주었다. 매출이 회복세를 타자 꺼져가던 장사 의지에도 다시금 기분 좋은 불이 붙기 시작했다.

첫 번째 샵인샵 실패를 겪은 후, 두 번째 도전에서 배운 점은 돈 이상의 값진 경험이었다. 실패라 생각했던 첫 도전은 경험을 사는 시간이 되었다. 그 경험이 두 번째 도전에서 더 나은 선택을 하게 해 주었다. 안타깝게도 첫 번째 샵인샵은 운영한 지 한 달 만에 접어야 했다. 한 달간 일해보니 오래 일해도 큰 메리트가 없어 보였다. 즉 시작한 일이 잘못됐다고 느끼면 빠르게 내려놓을 줄 아는 용기도 필요하다. 내가 만약 500만 원 투자금이 들어갔다며 장점이 크지 않은 국밥 브랜드를 계속 끌고 갔었다면⋯ 아마도 후회가 더 컸을 터다. 실패는 실패가 아니다. 실패 경험은 성공으로 갈 수 있는 가치의 산물이었다. 또한 이 경험을 통해 스스로를 믿는 힘이 생겼고 더 낮았던 자존감을 회복할 수 있는 기회가 되었다.

치열했던 샵인샵 도전기를 지나며 나는 장사 기술보다 더 값진 인생의 문장들을 얻었다. 돌이켜보면 문제에 직면했을 때 가장 경계해야 할 것은 냉소와 한탄이었다. 문제를 두고 가만히 앉아 한탄만 해서는 아무것도 바뀌지 않는다. 중요한 것은 문제를 어떻게 해석하고 얼마나 신속하게 '행동'으로 옮기느냐에 달려 있다. 멈춰 서서 불평하기보다 다음 발걸음을 어디로 내디딜지 고민하는 태도, 그것이 정체된 가게에 다시 숨을 불어넣는 유일한 방법이었다.

이 과정을 거치며 나는 '실패'라는 단어의 정의를 다시 내리게 되었다. 내가 원하는 답을 즉시 얻지 못했다고 해서 그것을 무조건 실패라 단정 지을 필요는 없다. 관점을 조금만 달리하면, 뼈아픈 실수는 가장 정직한 교훈이 되고 그 교훈은 다시 성장의 단단한 밑거름이 된다. 우리가 실패라고 불렀던 그 길은, 어쩌면 성공으로 가기 위해 반드시 거쳐야 했던 가장 빠른 지름길이었을지도 모른다.

     아이 둘 엄마, 사업으로 성장하다

처음부터 모든 것을 잘 해내는 사람은 없다. 무수한 시행착오와 넘어짐, 그리고 다시 일어나는 그 투박한 과정들이 모여 비로소 우리를 단단한 경영자로 빚어낸다. 내 가게는 여전히 완성형이 아니다. 매출은 여전히 파도처럼 들쭉날쭉하고, 매일같이 해결해야 할 과제들이 산더미처럼 쌓여 있다. 하지만 나는 확신한다. 두 번의 샵인샵 도전이 내 사업의 결정적인 터닝포인트가 되었음을 말이다.

지금 이 글을 써 내려가는 이유는 나의 작은 성공을 뽐내기 위함이 아니다. 누구나 겪을 수 있는 현실적인 고통 속에서 우리가 무엇을 발견할 수 있는지 그 진심을 공유하고 싶어서다. 지금 눈앞에 문제가 생겼다면 잠시 멈춰서서 관찰하고, 분석하고, 다시 행동하자. 실패해도 괜찮다. 그 경험을 통과한 당신은 분명 어제보다 더 나은 내일을 맞이할 준비가 되었을 테니까.

가게를 운영하며 수없이 많은 판단의 기로에 섰다. 어떤 선택은 쓰디쓴 실패로 돌아왔고, 어떤 선택은 예상치 못한 성공을 안겨주었다. 그러나 성공과 실패라는 결과보다 더 중요한 사실은, 내가 그 모든 결정의 순간마다 멈추지 않았다는 점이다. 엄습하는 두려움과 막막한 불안이 발목을 잡을 때도 있었지만, 결국 그 모든 부정적인 감정을 잠재운 것은 언제나 '행동'이었다. 행동하기 시작하면 불안은 힘을 잃었고, 나는 뒤로 물러서는 대신 기꺼이 다음 도전 앞에 설 수 있었다.

어쩌면 샵인샵 도전은 단순히 메뉴를 늘리는 전략 그 이상의 의미였는지도 모른다. 나는 그 과정을 통해 나의 한계를 시험했고, 굳어 있던 고정 관념을 깨뜨렸으며, 익숙한 방식에 안주하려는 안일함을 밀어냈다. 첫 번째 시도에서 고배를 마셨을 때는 자존감이 무너져 '이 길이 내 길이 아닐지도 모른다'는 의심에 괴로워하기도 했다. 하지만 포기하지 않고 두 번째 도전을 성공으로 이끌어 냈을 때, 나는 비로소 잃어버렸던 나 자신에 대한 신뢰를 되찾을 수 있었다. '경험'이라는 세상에서 가장 값비싼 자산은 그렇게 내 손에 쥐어졌다.

앞으로도 위기는 어김없이 찾아올 것이다. 매출은 다시 출렁일 것이고, 고객의 입맛은 변할 것이며, 예상치 못한 변수들이 내 앞길을 가로막을지도 모른다. 하지만 이제 나는 안다. 위기 속에서 멈추지 않고 실행하고, 그 실행 속에서 배우며, 다시 나아가는 것만이 성장에 도달하는 유일한 길임을 말이다. 그래서 나는 오늘도 또 다른 가능성을 꿈꾸며, 설레는 마음으로 다음 도전을 준비하고 있다.

6

장사가 아니라
'비즈니스'를 하는 사람들의 기본값

"해 봤나. 실패했나. 상관없다. 다시 해라. 다시 실패해라. 더 나은 실패를 해라." - 사뮈엘 베케트(Samuel Beckett)

작은 실수가 커지지 않게 하는 가장 좋은 방법은, 그 실수를 막는 시스템을 만드는 일이다. 반복되는 실수를 줄이고, 안정적인 운영을 위한 가장 현실적인 방법이다.

배달요식업이라는 치열한 현장에 직접 뛰어들고 나서야 비로소 눈에 들어오기 시작하는 것들이 있다. 이전에는 미처 몰랐던, 혹은 사소하게 여겼던 것들이 실은 가게의 운명을 쥐고 있었다는 사실을 말이다. 이제는 안다. 눈길을 사로잡는 화려한 사진과 훌륭한 맛은 기본일 뿐, 그것만으로는 결코 가게가 지속될 수 없다는 것을. 정작 매장을 흔들림 없이 지탱하는 힘은 고객의 눈에 잘 띄지 않는 곳에 숨어 있는 '작은 디테일'에서 나온다.

나는 육회와 연어, 사시미처럼 신선함이 생명인 메뉴를 다루는 배달 전문점을 운영하며 수많은 시행착오를 겪었다. 그리고 그 혹독한 시간 속에서 매장의 성패를 결정짓는 작지만 결정적인 디테일들을 하나씩 찾아낼 수 있었다. 화려한 기교보다 강력한 힘을 발휘하는, 현장에서 길어 올린 그 보석 같은 기록들을 이제 하나씩 꺼내 보려 한다.

요식업에서 위생은 곧 생명과 직결된다. 하지만 사업 초반의 나는 그 '기본'이라는 단어가 가진 무게를 온전히 이해하지 못했다. 특히 우리 가게처럼 가공하지 않은 날음식을 주력으로 삼는 곳이라면 위생 관리는 타협 없는 필수 요소다. 처음에는 성능 좋은 냉장고만 믿으면 모든 것이 해결될 줄 알았다. 하지만 실제 현장은 그렇게 단순하지 않았다.

진짜 문제는 냉장고 안쪽에 소리 없이 쌓여가는 '성에'와 '얼음'이었다. 얼음층이 두꺼워질수록 냉장고의 열 교환 효율은 떨어지고 내부 온도는 미세하게 요동치기 시작했다. 아주 작은 온도 변화에도 민감한 생선과 육회의 선도는 그 틈을 타 무너질 수 있었다. 이 사실을 뼈아프게 깨달은 뒤부터 나는 나만의 위생 루틴을 세웠다. 매일 한 번 내부를 청소하고, 주 2회는 반드시 성에를 완벽히 제거하는 식이다. 식재료 유통기한 역시 체크리스트를 만들어 아르바이트생과 공유하며 수시로 확인한다. 이 사소해 보이는 반복적인 행위들이 결국 가게에 대한 고객의 근본적인 신뢰를 지탱하는 기둥이라는 사실을 이제는 몸으로 안다.

디테일의 힘은 고객과의 접점인 '리뷰'에서도 여실히 드러났다. 처음에는 부정적인 리뷰를 마주할 때마다 억울한 마음이 앞섰다. 특히 배달 과정에서 초밥이 한쪽으로 쏠리거나 국물이 새어 나가는 등, 내 손을 떠난 뒤에 발생한 사고를 마주할 때면 더욱 그랬다. 나는 고객에게 솔직하게 설명하면 이해해 줄 거라 믿고 "배달 라이더의 실수인 것 같습니다."라고 답글을 달곤 했다.

그러나 고객의 입장은 전혀 달랐다. 고객에게 조리하는 사장과 배달하는 라이더는 분리된 존재가 아니라, 하나의 서비스를 제공하는 '우리 가게' 그 자체였다. "내 잘못이 아니다."라는 해명은 고객의 귀에 그저 무책임한 회피로 들릴 뿐이었다. 배달 사고조차 결국 내 책임의 범주 안에 있다는 것을 인정하고 나서야, 나는 비로소 진정한 운영자의 자세를 갖추게 되었다.

수많은 시행착오를 반복하며 나는 비로소 고객의 시선으로 내 가게를 바라보는 법을 배웠다. 리뷰 창에 불만의 목소리가 올라오면 감정적으로 방어하기보다 먼저 수화기를 들었다. 정중히 사과하고 상황을 설명한 뒤, 재조리나 환불을 제안했다. 때로는 명백히 내 실수가 아님에도 기꺼이 손해를 감수했다. 당장의 이익보다 중요한 것은 고객이 느꼈을 실망감을 해소하는 일이었기 때문이다. 이러한 태도의 변화는 마법처럼 리뷰 창의 온도를 바꾸어 놓았다.

리뷰 응대는 단순히 모니터 앞에 앉아 텍스트를 입력하는 행위가 아니다. 그것은 사장의 진심이 고객의 식탁까지 가 닿느냐를 결정짓는 치열한 소통의 과정이다. 내게 있어 좋은 리뷰는 따뜻한 보상이었지만, 날 선 비판이 담긴 나쁜 리뷰는 무엇과도 바꿀 수 없는 보물 같은 피드백이었다. 칭찬에 안주하지 않기 위해 나는 정기적으로 리뷰의 행간을 읽는다.

첫째, 특히 반복되는 지적은 단순한 불평이 아닌, 시스템 결함을 알리는 경보음으로 받아들인다. "간장이 부족해요."라는 목소리가 이어지면 단순히 간장 하나를 더 넣어주는 것에 그치지 않는다. 간장 용량 자체를 늘리거나, 별도의 요청이 없어도 여분을 반드시 동봉하도록 조리 매뉴얼을 수정한다. 개인의 불만을 시스템의 개선으로 연결하는 것, 그것이 내가 리뷰라는 거울을 통해 가게를 더 단단하게 가꾸는 방식이다.

둘째, 불만 리뷰가 뜨면 무조건 사과부터 하고, 필요하다면 재조리를 해서 다시 보내기도 한다. 전화로 직접 소통하면, 리뷰보다 더 큰 신뢰를 회복할 수 있는 기회가 된다. 이런 정성스러운 대응이 오히려 단골을 만들기도 한다. 고객은 완벽한 음식보다, 문제가 생겼을 때 어떻게 대처하느냐를 더 본다.

셋째, 배달 라이더들에 대한 태도이다. 한번은 육회, 연어에 곁들여 나가는 소스가 배달 도중 쏟아져서 음식 전체에 흘러내리는 일이 있었다. 고객은 환불을 요구했고, 나는 배달 대행사에 문제를 제기했다. 결국 대행사 사장님이 절반, 라이더가 절반을 부담하는 식으로 처리됐지만, 당사자인 라이더는 그 일로 일을 그만두었다. 이후 대행사와의 관계도 어색해졌고, 대행사 사장 입장에서도 새로운 라이더를 채용하는 데 번거로움을 주게 되었다. 그 일 이후로 한동안 라이더가 우리 가게에 늦게 도착하는 일이 자주 발생해서 애를 먹은 경험이 있다. 아마도 깐깐한 가게라는 생각 탓에 라이더들이 일을 기피하는 게 아닐까 싶었다.

그 일을 계기로 깨달았다. 라이더는 단순히 음식만 배달하는 사람이 아니다. 라이더를 통해 고객이 내 가게를 만나는 '첫 번째 접점'이다. 라이더가 실수했더라도, 그 실수에 대한 대응 방식에 따라 가게 이미지는 달라질 수 있다. 내가 라이더 실수에 조금만 더 유연하게 대응했었더라면, 그 라이더는 일을 그만두지 않았을 수도 있고, 그 일로 배달 지연의 문제도 발생하지 않았을 터이다. 이는 굳이 배달음식점 사장과 배달 라이더와의 관계만 해당되는 것이 아닐 게다. 그 어떤 분야에서 일을 하든지, 나와 관계를 맺는 대상과의 관계는 작은 문제로 인해 일을 그르칠 수 있다. 사람의 귀함보다 음식과 서비스만 생각했던 나의 부족함이 더 큰 가치를 놓친 것 같았다. 눈앞 일에만 급급했던 나의 불찰을 성찰하게 되는 좋은 기회였다. 그 사건 이후로 내 가게에 들어오는 라이더를 포함한 모든 사람에게 배려하는 마음을 가지려 한다. 주문과 포장에 몰입하느라 인사할 틈도 없을 때가 많지만 최대한 우리 가게에 들어오는 라이더들에게는 잊지 않고 인사하려 한다. 그게 사소한 일일 수 있지만, 이런 소통이 결국 가게의 평판을 지키는 일이라 믿는다. 또한 포장 시 음식이 흐트러지지 않도록 세심하게 체크한다. 소스는 랩으로 단단히 고정하고, 용기 내부가 흔들리지 않도록 테이핑 처리도 잊지 않는다.

넷째, 아르바이트에 대한 사장의 태도와 관리의 중요성을 말해본다. 처음에는 아르바이트가 매번 바뀔 때마다 다시 교육하느라 시간이 많이 들었다.

   아이 둘 엄마, 사업으로 성장하다

그때부터 '시스템화'의 필요성을 느꼈다. 가장 먼저 한 일은 주방 곳곳에 체크리스트를 붙여 놓는 일이었다. 청소, 포장, 재료 보관 등 항목을 나누고, 어떤 순서로 무엇을 해야 하는지를 쉽게 볼 수 있도록 시각화했다. 또한, '노션'이라는 프로그램에 모든 업무 매뉴얼을 정리해 두었다. 새로운 아르바이트가 오면 무조건 그 매뉴얼을 먼저 읽게 한다. 현장 교육 전에 매뉴얼 숙지가 되면, 교육 시간도 단축되고, 실수도 확연히 줄어든다. 이건 단순히 편해지기 위한 게 아니다. 반복되는 실수를 줄이고, 안정적인 운영을 위한 가장 현실적인 방법이다.

나는 요식업 경험이 전혀 없던 사람이다. 초반에는 실수를 달고 살았다. 육회를 너무 해동시킨 탓에 육즙이 빠져 맛이 밍밍해질 때도 있었고, 포장이 엉성해서 고객 불만이 쇄도했던 때가 있었다. 그 모든 시행착오를 겪으며 깨달았다. 바로, 실수가 없다면 진보도 있을 수 없다는 것. 또한 사장으로서 가게를 운영하기 위해서는 아르바이트의 마인드를 수시로 관리해야 하는 점은 음식을 조리하고 포장하는 일 이상으로 중요한 일이다. 아르바이트와 사장과의 관계가 좋지 않으면 고스란히 조리에 신경을 쓰지 않게 된다. 시간만 떼우기 식의 마음으로 가게가 돌아간다면 업주로서 큰 피해를 보게 된다. 사장은 내가 운영하는 가게와 가게 일에 충성할 수 있도록 인간적으로 신뢰를 주고 매출에 따라 인센티브도 주어야 한다. 법적으로 직원에게 식사를 줄 의무는 없다고 해도 정성스러운 식사를 챙겨주고 음료를 제공해 주려 했다. 아르바이트에게 그렇게까지 해야 하냐며 말하는 업주들도 있을 수 있다. 사람은 정과 신뢰로 제대로 된 협업 관계를 만들어 갈 수 있다. 상대를 존중하지 않는 관계는 원하는 일의 성과를 낼 수 없다. 아르바이트가 때론 실수를 하기도 한다. 실수할 때마다 얼굴을 붉히며 화를 내게 되면 그 누구도 불편한 분위기에서 일을 배울 수 없다. 최대한 기분 상하지 않는 선에서 같은 실수를 반복하지 않도록 말하려 한다. 이는 시행착오를 통해 배운 깨달음이다.

다섯째, 사장 없이도 가게가 효율적으로 운영되기 위해 루틴을 체계화시킨다.

냉장고는 월요일 아침, 목요일 밤에 무조건 청소한다. 재료 체크는 오전 11시, 오후 4시 두 차례. 리뷰는 저녁 주문이 끝난 후 9시에 확인. 이런 식으로 모든 루틴을 스케줄로 만들어 놓고 벽면에는 아르바이트도 볼 수 있도록 적어두었다. 작은 실수가 커지지 않게 하는 가장 좋은 방법은, 그 실수를 막는 시스템을 만드는 일이다. 배달음식점 운영은 단순히 음식을 만들어 배달하면 끝이 아니다. 운영 전 과정에 디테일이 있어야 한다. 주방의 온도 하나, 소스 소분 과정, 정기적 위생 관리, 빠른 리뷰 대처 등 어느 것 하나 빠지지 않는 것. 그것이 가게의 평판을 만들고, 단골을 만든다. 나는 처음부터 이 모든 과정을 놓치곤 했다. 아니 어떻게 해야 할지 방법을 몰랐다. 하지만 꾸준히, 하나하나 배워가며 체계를 만들어 갔다. 물론 여전히 배우고 있는 중이다. 누구나 처음엔 서툴다. 하지만 그 서툰 순간들을 그냥 지나치지 않고, '작은 디테일' 하나씩을 추가해 간다면 그 노력이 결국 당신이 원하는 일을 성장으로 이끌 수 있다.

가게를 지탱하는 건 음식이 아니다. 사람이다. 그리고 그 사람들을 지키는 건 디테일이다. 나는 육회와 연어를 다루는 배달 전문점을 하면서 이걸 아주 명확히 알게 됐다. 위생, 리뷰, 라이더, 아르바이트―하나같이 당연한 것처럼 보이는 것들. 근데 이 당연한 걸 당연하게 하지 못하면 가게는 돌아가지 않는다.

사장인 나는 잘못 없어도 책임을 져야 했다. 리뷰 하나가 억울해도, 라이더 실수가 내 손해로 돌아와도, 아르바이트의 반복된 실수에 내가 피로해도, 결국 그걸 품고 정리해야 가게가 굴러간다. 그게 사장의 자리다. 감정 상할

    아이 둘 엄마, 사업으로 성장하다

수 있다. 손해 볼 수도 있다. 근데 이걸 피하려고 하면 더 큰 걸 잃는다. 사람을 잃고, 신뢰를 잃고, 결국 평판을 잃는다.

1가지 분명히 하고 싶은 말은 이거다. '작은 디테일'은 결국 사람을 지키는 기술이다. 냉장고 청소, 포장 테이핑, 아르바이트 매뉴얼 같은 것들은 전부 누군가에게 불편이나 실망을 주지 않기 위한 장치다. 이런 노력이 반복되면 시스템이 되고, 그 시스템이 사람을 보호한다. 아르바이트가 일을 배울 수 있게 하고, 라이더가 부담 없이 문을 열게 하고, 고객이 다시 주문할 이유가 되는 것. 이 모든 게 결국 '운영'이고, 그 운영을 단단하게 만드는 건 돈이나 마케팅이 아닌 사장의 자세다.

나는 완벽하지 않았고 처음엔 잘 몰랐다. 그래서 실수했고, 그 실수를 통해 조금씩 배웠다. 그 과정에서 사장의 역할은 문제를 완전히 없애는 게 아니라, 문제가 생겨도 무너지지 않게 만드는 것이라는 걸 알게 됐다. 이를 위해서는 시스템이 필요하고, 그 시스템은 디테일로 채워진다. 그리고 그 디테일은 결국 사람을 위하는 마음에서 시작된다.

지금 무언가를 시작하거나 일이 잘 안 풀리고 있다면 너무 거창한 걸 고민하지 말자. 불만 리뷰 하나에 어떻게 반응하고 있는지, 오늘 냉장고 청소는 제대로 했는지, 라이더에게 인사 한마디 건넸는지—이런 사소한 것부터 다시 점검해 보자. 디테일은 작지만 절대 가볍지 않다. 그 작은 것들이 쌓여서 결국 당신의 가게를, 당신의 일상을, 그리고 당신 자신을 만들어 간다.

7

불황에도 줄 서는 식당은
분명 이유가 있다

"처음에는 우리가 습관을 만들고, 그다음엔 습관이 우리를 만든다." - 존 드라이든(John Dryden)

나는 이제 서비스를 제공해야 하는 사람이다. 고객의 불편함을 책임지고 해결해야 하는 사장임을 깨달아야 했다.

내가 요식업을 시작하게 된 이유는 실로 단순했다. 그저 "해 보지 않은 일에 도전해 보고 싶다"는 마음, 실패하더라도 실행했다는 것에 의의를 두자. 삶에서 한 번쯤은 경험하지 않은 새로운 세계로 뛰어들고 싶었다. 그 도전의 방향이 '요식업'일 줄은 꿈에도 생각 못 했다. 나는 요리에 전혀 관심도 없었다. 요리 관련 책 한 권 제대로 읽어본 적 없다. 그런 내가 이 업계에 발을 들이게 된 건, 지금 생각해도 정말 무모했다.

누가 봐도 준비되지 않은 갑작스러운 출발이었다. 그저 "하면 되겠지."라는 막연한 자신감만으로 프랜차이즈 요식업 창업을 결심했다. 이전 경험과는 전혀 연관성 없는 세계로 뛰어든 것. 그래서일까. 처음부터 모든 순간이 위기였다. 손놀림 하나, 칼질 하나조차 서툴렀던 나는 조리 도구 앞에만 서면 긴장으로 땀이 흘렀다. 작은 실수에도 마음이 휘청였다. 뇌과학에서도 말하지 않던가. 인간의 뇌는 익숙함을 좋아해, 새로운 자극과 환경에는 불안과 위기의 반응을 보인다고. 도전과 변화, 그것이야말로 두려움을 포함한 행동이었다. 요식업 자체로 하나의 거대한 '위기'였다는 말이다.

그 위기의 첫 번째 신호탄은 프랜차이즈 본사 7일간의 교육이었다. 처음엔 일주일이 금방 지나갈 거라 생각했다. 그런데 시작하고 나니 일주일이 나에겐 몇 년처럼 무겁게 느껴졌다. 주방이라는 낯선 공간, 정해진 레시피에 따라 움직이는 반복된 동작들, 매뉴얼의 디테일한 규칙. 그 모든 게 해 보지 않은 일이었다. 낯설고 버거웠다. 특히 손이 느린 내가 조리, 포장, 칼 사용 등은 언제나 긴장의 연속이었다. 누군가에게는 별거 아닌 일이겠지만 한 번도 경험하지 않은 나로서는 모든 일이 허투루 넘길 수 없었다.

프랜차이즈 본사에서 나를 가르쳐준 사람들은 놀랍게도 20대 초반의 청년들이었다. 나보다 20년 이상 어린 그들이, 몇 년간 요식업에 몸담은 실전형 '스승'이었다. 처음엔 자식뻘 나이 되는 사람들에게 못 한다고 지적받는 일이 자존심을 상하게 했다. 내가 마치 초등학생이 된 것처럼 '어린 선생님들'에게 설명을 들어야 했다. 모르는 걸 배워야 하니 고개 숙여 들을 수는 있었다. 문제는 실수하면 바로 지적을 받는 일이 반복됐다. 마음 한편에선 울화가 치밀기도 했다. '내가 이 나이에 머리에 피도 안 마른 어린애들에게 이런 말까지 들어야 하나?'라는 생각도 들었다.

하지만 시간이 지나며 깨달았다. 나는 겸손해질 수밖에 없었다. 아무것도 모르는 상태로 시작한 내가 누구보다 나이에 상관없이 일단 배워야 할 위치라는 사실. 어른의 체면과 자존심을 내려놓아야 했다. 요식업에서는 처음부터 배워야 하는 입장이었다. 7일 교육은 그 어떤 이론 수업보다 온몸으로 부딪히며 배운 성장의 시간이었다. 알 수 없는 불편한 감정으로 힘들었던 시간이었다, 그 배움의 과정에서 진짜 '도전'이라는 열정이 피어나기 시작했다.

교육이 끝나자마자, 내 매장에서 실전이 시작되었다. 솔직히 7일 교육 동안 내 가게 오픈을 미루고만 싶었다. 교육이 끝날 무렵, 조금 감이 익어갈 뿐. 여전히 모르는 것 투성이었다. 나 혼자 모든 걸 책임져야 한다고 생각하니 가슴이 떨렸다. 불안한 마음처럼 생각했던 것 이상으로 많은 위기가 몰려왔다. 처음부터 주문이 한꺼번에 들어와서 주문 중지를 눌러야 했다. 서툰 손놀림으로 많은 조리를 해야 하다 보니 실수가 잦았다. 고객의 불만이 이어졌다. 때로는 고객과 다툼으로 번지기도 했다.

나는 늘 사장의 입장이었다. 고객은 서비스 받는 입장에서 당연히 불만을 토로할 수 있었다. 요식업하기 전까지 나는 고객이었다. 고객에서 사장이 되었으나 사장의 입장만 내세우는 하수였다. 철저히 고객 입장으로 빙의되기 어려웠다. 입장이 바뀐 이상 마인드가 바뀌어야 한다. 나는 이제 서비스를 제공해야 하는 사람이다. 고객의 불편함을 책임지고 해결해야 하는 사장임을 깨달아야 했다. 어찌 보면 바뀐 정체성에 적응하는 데 시간이 필요했다.

포장 실수, 누락, 배달 시간 지연 등 작은 실수들이 고객의 불만으로 이어졌다. 실수가 반복되면서 '적응하기까지 대체 얼마나 걸릴까?' 하며 좌절감이 들었다. 자기 계발을 통해 자존감을 회복하고 시작한 사업이었는데. 새로운 사업으로 자존감을 다시 잃어가고 있었다. 매일 밤 내가 한 일에 원망하며 잠이 들곤 했다. 괜한 도전을 했나. 후회의 감정이 몰려왔다. 이 길이 나와 맞지 않는 건 아닐까. 포기하고 싶다는 마음이 수시로 올라왔다.

그러던 어느 날, 우연히 한 권의 책을 읽게 되었다. 김주환 교수의 『회복탄력성』 책 속에는 회복탄력성이 높은 사람들의 특징과 사례가 있었다. 성공했다는 사람들은 위기를 단순한 고난으로 여기지 않고, 성장을 위한 발판으로 삼는다. 일반적인 사람들과 다른 점은 바로 고통을 바라보는 관점에 있었다. 역경은 '불행'이 아니라 '기회'로 본다는 점이었다.

책을 읽으며 깨달았다. 내가 요식업을 하면서 겪은 어려움들, 그것들이 단순한 실패가 아닌 '성장'을 위한 과정이었다. 고객의 클레임으로 불편했던 순간, 예상치 못한 실수로 인해 자책했던 날들, 그 모두가 나를 더 단단하게 만들기 위한 과정이었다. 그 시간이 없었다면 내가 원하는 꿈의 자리까지 다가설 수 없을 터다. 현실과는 동떨어져 있지만 상상 속 꿈의 자리는 분명 넘어야 할 지뢰밭이 군데군데 있을 게 분명하다.

시련에 대한 관점이 달라진 그 이후, 나에게 찾아오는 '위기'를 대하는 마음가짐이 바뀌기 시작했다.

순간순간 위기로만 느껴졌던 일들이 사실은 나를 성장시키는 시간이란 사실을. 또한 문제가 발생할 때마다 좀 더 깊이 고민하려 했다. 좀 더 치열하게 전략을 세우려 했다. 나를 둘러싼 외부 환경을 바꾸려 했다. 내면이 아닌 외부의 변화는 장기적 기대치를 바꾸지는 못했다. 결국 변화의 근본적 시작은 바로 '내면'이어야 했다. 내 마인드가 바뀌고 내 감정을 제대로 이해할 때 주변 상황은 순차적으로 바뀌기 마련이었다.

배달 가게를 오픈 한 2024년. 그 해 추석 전후로 매출이 급감했다. 괜찮았던 매출이 반토막 났다. 몸은 힘들었지만 예상보다 괜찮은 매출에 힘을 내며 일을 해왔는데. 예상치 못한 경기 상황에 불안했다. '이대로 무너지는 건 아닐까.' 걱정이 앞섰다. 불안했지만 다행스러운 건 세상을 바라보는 관점이 달라지고 있었다. 주변 가게를 운영하는 사장님들 중 폐업하는 분들도 많았다. 경기가 좋지 않다는 걸 직감해야 했다.

그렇다고 불안해만 할 수는 없었다. 지금 이 상황에서 어떻게 일어설 수 있는지를 고민해야 했다. 그때부터 나는 현실을 받아들이기 시작했다. 다만 자포자기로 현실을 받아들이지 않았다. 대한민국 자영업자들 모두가 힘들지만 이 어려움 속에서도 잘되는 사람들이 분명 있었다. 그들은 역경 속에서도 분명 성공하려는 남다른 관점을 갖고 있었다. 내가 그 자리에 있고자 했다. 이때 위기를 기회로 발휘할 기지가 필요했다.

장사 공부를 해야겠다는 생각이 들었다. 힘든 때 일수록 부족한 부분을 공부해야 한다. 배달 사장님들을 위한 교육 서비스를 제공해 주는 '배민아카데미'를 알게 되었다. 그곳에서 운영하는 프로그램을 신청했다. 매장을 운영하며 성과를 낸 사장님들의 이야기를 들을 수 있었다. 한 사장님의 이야기가 나를 자극했다. 그는 한 매장에 여섯 개의 '샵인샵'을 운영하고 있었다. 냉면, 김치찌개, 칼국수, 삼겹살, 닭볶음탕, 우동. 6가지 메뉴로 고객의 입맛을 사로잡았다. 나도 한번 도전해 보고 싶다는 생각이 들었다.

샵인샵 도전은 쉬운 일이 아니었다. 메뉴 구성, 원가 계산, 조리 방식, 재료 보관 등 모든 게 다시 설계되어야 했다. 하지만 나는 과감히 실행에 옮겼다. 샵인샵 도전은 시행착오의 경험이 필수였다. 첫 샵인샵은 '국밥' 브랜드를 내 매장에 추가해서 팔았다. 가맹 교육비와 초도 물류비를 포함해 대략 500만 원이 들었다. 한 달 운영하면서 기존 업장인 육회 브랜드와 동선이 꼬인다는 느낌이 들었다. 일의 효율성도 떨어지고 생각보다 마진이 높지 않았다. 일의 강도에 비해 수익이 적다 보니 기존 육회 브랜드까지 악영향을 주는 느낌이 들었다. 나는 결국 한 달 만에 국밥 샵인샵을 접어야 했다.

첫 번째 샵인샵인 국밥 브랜드 추가 시도는 실패로 돌아갔다. 두 번째 아이템을 찾아야 하니 첫 번째 했던 시행착오가 도움이 되었다. 국밥 브랜드를 추가로 넣어 보니 재료 손실률이 높았고, 준비 과정도 생각보다 힘들었다. 원래 브랜드에 악영향을 주게 되면 이것도 저것도 아닌 실패로 돌아간다는 사실 경험을 통해 알게 됐다. 기존 브랜드에 큰 영향을 미치지 않으면서 재료 로스도 적고, 조리 과정도 간단한 아이템을 선택하는 것이 낫다는 판단이 들었다. 결국 샵인샵을 선택하기 전 따져봐야 할 기준을 세울 수 있었다. 첫째, 기존 브랜드와 동선이 꼬이지 않는 조리대를 설계해야 한다.

둘째, 재료 손실이 크지 않는 아이템을 선정해야 한다. 셋째, 조리가 간단

  아이 둘 엄마, 사업으로 성장하다

해야 한다. 첫 번째 샵인샵 실패를 통해 나는 3가지 기준을 세워 결국 나에게 맞는 샵인샵을 찾을 수 있었다. 샵인샵을 도전하면서 고객 반응이 기대보다 낮을 때는 좌절감도 느꼈다.

그러나 그 모든 과정이 나에겐 '도약'의 시간이었다. 익숙한 것에 안주하지 않고, 불안정한 새로운 길을 선택한 나는 조금씩 시야의 폭이 확장되고 있었다.

새로운 시도를 통해 나는 실패의 쓴맛을 보아야 했다. 아팠지만 새로운 걸 알아냈다는 것 자체에 용기를 얻곤 했다.

나는 이제 더 이상 '안전지대'에만 머물고 싶지 않다. 매출이 급감하는 일도, 고객의 항의 전화도, 갑작스러운 사고나 실수도 모두 나를 '시험'하는 시간이라고 생각한다. 그 시간들이야말로 내가 다시 한번 성장할 수 있는 계기가 되며, 나만의 스토리를 만들어 가는 시간이다.

과거에 나는 작은 문제 앞에서도 쉽게 무너졌다. 실수 하나에 모든 것을 포기하고 싶어 했다. 하지만 지금의 나는 그런 위기들을 '기회'로 바라볼 수 있게 되었다. 같은 상황이더라도 내가 어떻게 바라보느냐에 따라, 내 삶은 천국이 되기도 하고, 지옥이 되기도 한다는 사실을 깨닫게 된 것이다.

만들어 가고 있다. 요식업은 나에게 전혀 예상치 못한 세계였다. 해보지 않은 경험 안에서 불안과 두려움이라는 감정으로 그 순간을 이겨내야 했다. '도전'이라는 명분 하나로 시작된 이 길 위에서 나는 나만의 성장을 만들어 가고 있다.

위기는 언제나 찾아온다. 하지만 그것을 어떻게 받아들이느냐가 인생을 결정짓는다. 나는 이제, 위기가 찾아오면 웃는다. 그리고 이렇게 말한다.

"좋아, 이번엔 또 어떤 기회가 숨어 있을까?"

살면서 누구나 한 번쯤은 '이건 정말 아니다' 싶은 순간을 만난다. 노력한 만큼 결과가 따라오지 않고, 괜히 시작했나 싶은 후회가 가슴을 짓누른다.

하지만 그 시간을 지나고 나면 깨닫는다. 내가 진짜 성장한 순간은 잘 나가던 때가 아니라, 제대로 흔들렸던 그 순간들이었다는 걸.

위기라는 건 원래 낯설고 무섭다. 겪어본 적 없는 상황에 맞닥뜨리면 본능적으로 움츠러든다. 그런데 그 낯설고 불편한 순간을 '버티기'만 하느냐, '이해하고 바꾸려' 하느냐에 따라 삶의 방향이 갈린다. 그냥 참고 넘어가면 그저 힘든 시간이었을 뿐이지만, 한 걸음만 더 나아가서 '내가 뭘 바꿀 수 있을까?'를 고민하면, 그 순간이 내 삶을 바꾸는 기회가 된다.

우리는 종종 바깥의 문제를 고치려 한다. 손님이 까다롭다, 경기가 어렵다, 시스템이 문제다. 그런데 정작 근본적인 변화는 바깥이 아니라 '내 안'에서부터 시작된다. 내 관점, 내 태도, 내 방식. 그걸 하나씩 바꾸기 시작할 때, 비로소 외부의 상황도 조금씩 달라지기 시작한다. 생각이 바뀌면 행동이 바뀌고, 행동이 바뀌면 결과도 달라진다.

실수하고, 욕먹고, 자존심 상하는 일이 반복되는 가운데도 내가 계속 버틸 수 있었던 건, 결국 나를 믿었기 때문이다. '이 경험이 그냥 끝나지는 않을 거야.' '이 순간이 언젠가는 도움이 될 거야.' 그런 믿음 하나가 나를 다시 일으켰다. 결국 중요한 건, 지금 이 시련을 어떻게 바라보느냐이다. 이건 끝이 아니라 '과정'이고, 언젠가 분명 나를 더 괜찮은 사람으로 만들어줄 거라는 믿음. 거기서 진짜 회복이 시작된다.

그래서 지금 어떤 위기 속에 있다면, 이렇게 한번 스스로에게 물어보자. "이 안에는 어떤 기회가 숨어 있을까?" 그냥 버티는 것도, 애써 긍정하는 것도 아니다. 진짜 중요한 건, 그 안에서 나만의 방향을 찾는 거다. 그리고 지금의 내 모습에 대해, 나 스스로 부끄럽지 않게 살아가는 거다.

자영업자에서 사업가로,
그 뼈아픈 진화의 기록

"자유는 책임을 지는 순간부터 시작된다." – 장폴 사르트르

누군가의 선택에 기대 살아가던 사람이, 어느 날 '내가 책임지는 삶'을 선택했을 때 느끼는 변화는 단순한 역할의 전환이 아니다. 그것은 삶의 방향 자체를 통째로 바꾸는 결정이다.

나는 가게를 열기 전까지 '사장'이라는 단어 자체가 무거운 짐처럼 느껴졌다. 특히 '대표'라는 직함은 더더욱 부담스러웠다. 그 단어에는 단순히 직책 이상의 의미가 들어 있었다. 대표란 결국 내가 모든 판단과 결정을 책임져야 한다는 뜻이니까 말이다. 내 말 한마디, 내 선택 하나가 모든 결과로 이어지는 자리. 그 무게감은 내게 두려움으로 다가왔다.

나는 원래 철저히 '의존형 인간'이었다. 어릴 땐 엄마에게, 결혼 후엔 남편에게 모든 의사 결정을 위임해 왔다. 스스로 선택하는 일에 익숙하지 않았다. 무언가를 결정해야 하는 순간마다 실수할까 봐, 실패할까 봐 스스로 믿지 못했다. 늘 누군가의 조언이 필요했고, 혼자 결정하는 건 마치 위태로운 줄타기처럼 느껴졌다. 실패를 예감하며 겁부터 먹는, 그런 사람이었다.

그랬던 내가 변했다. 아니, 변화하기로 결심했다. 어느 날 문득, 이렇게 살아선 아무것도 이룰 수 없다는 자각이 들었다. 누군가의 의견을 기다리다가

는 결국 내 삶이 남의 손에 의해 좌우될 뿐이었다. 그 순간부터 나는 '끈기'를 훈련하기 시작했다. 하루하루 스스로 선택과 실행으로 채워 나가려 했다. 나도 뭔가를 해낼 수 있다는 확신을 쌓아갔다. 그렇게 나는 배달음식점의 대표가 되었다.

가게를 열기 전부터 나는 이미 마음가짐이 달라져 있었다. 더 이상 누군가에게 의존하지 않았다. 모든 걸 내 판단으로, 내 책임으로 진행했다. 물론 요식업 경험이 전혀 없다 보니 프랜차이즈 본사 담당자에게 자문을 구할 수밖에 없었다. 중요한 건 자문을 구하지만 최종적으론 나의 결정으로 진행되었다. 순간순간 내 판단이 중요한 결정을 가져왔다.

그렇게 빠르게 판단하고 즉시 행동하는 것이 일상이 되었다. 그렇게 나는 점점 '진짜 대표'가 되어갔다. 근 2년 동안 나는 사장이라는 역할이 어떤 것인지 몸과 마음으로 배우고 있었다. 사장이란, 단순히 가게를 운영하는 사람이 아니다. 매출이 좋든 나쁘든 전체를 전략적으로 바라보고, 방향을 설정하며, 미래를 계획해야 하는 사람이다. 단기적인 수익보다 장기적인 안정과 지속 가능성을 설계하는 사람이다.

사장에게는 사람을 다루는 능력도 중요하다.. 아르바이트 한 명, 한 명을 어떻게 대하느냐에 따라 가게의 분위기와 효율이 달라졌다. 사장은 단순히 지시하는 사람이 아니라, 함께 일하는 사람들과의 관계를 설계하는 사람이다. 서로의 감정을 존중하고, 오해가 생기면 먼저 사과할 줄도 알아야 했다. '내가 사장이니까 무조건 내 방식대로'라는 생각은 금물이었다.

때로는 경험 많은 아르바이트의 이야기에 귀를 기울이며, 겸손하게 배우는 자세도 필요했다. 권위보다는 신뢰가 더 중요한 자산이었다. 사장이기 때문에 모든 걸 결정할 수 있지만, 사장이기 때문에 모든 걸 혼자서 하려 하지 않았다. 함께 일하는 사람들이 편안함을 느끼고 오래 함께하고 싶어지는 공

아이 둘 엄마, 사업으로 성장하다

간을 만들어야 했다.

사장이 된다는 건 단순한 직책이 아니라 삶의 태도 그 자체였다. 가게에서 일어나는 모든 일들-재무, 고객 응대, 직원 관리, 마케팅, 재료 관리 등 가게 운영 전반에 능숙해야 했다. 경험치가 적어 발생하는 실수는 최대한 긍정적으로 받아들이려 했다. 즉 실수에서 배우는 태도는 필수였다. "

"모르는 것이 있다면 주저 없이 배우고, 전문가의 의견을 귀기울여 받아들이려는 자세. 변화와 위기 속에서도 흔들리지 않고 중심을 잡는 강인함. 경기 상황이 좋지 않을 때에도 감정적으로 반응하기보단 이성적으로 대처할 수 있는 마음 근력. 이 모든 것이 사장 마인드셋의 핵심이다.

단단한 마인드셋을 갖춘 사장이 되기 위해 나는 매일 아침 운동을 한다. 이 운동습관은 가게를 시작할 때부터 꾸준히 유지하고 있는 유일한 루틴 중 하나다. 체력은 내 일의 기반이다. 밤늦게까지 이어지는 노동 속에서도 버틸 수 있는 힘은 운동에서 비롯됐다. 그리고 운동은 단순한 체력 강화 그 이상이었다. 내 마음을 다잡는 시간, 스스로 돌아보는 시간, 그리고 하루를 시작하는 의식을 만들어 주는 시간이었다.

운동을 하며 들었던 동기 부여 영상들은 내 정신적 가이드가 되어주었다. 하루가 무겁게 시작될 것 같은 날에도, 마음이 꺾일 것 같은 날에도 그 영상들은 나를 일으켜 세웠다. "포기하지 마라.", "모든 것은 네 선택에 달려 있다."는 메시지는 단순한 말처럼 들리지만, 매일 반복해서 들을수록 깊은 내면 안에 새겨졌다.

그렇게 마음 근육이 조금씩 길러졌다. 사장이라는 자리는 마음 근력이 없으면 쉽게 무너질 수 있는 자리였다. 매출이 떨어질 때, 리뷰가 안 좋을 때, 아르바이트가 갑자기 일을 그만둘 때, 고객 컴플레인이 들어올 때, 예상치 못한 지출이 생겼을 때…. 그 어떤 상황에서도 중심을 지켜야 하는 사람. 그게 바로 사장이었다. 내 감정이 흔들리면, 가게 전체가 흔들릴 수 있었다.

가게 오픈 초반에 받았던 악성 리뷰는 내게 큰 충격으로 다가왔다. 리뷰 하나에 잠을 이루지 못한 날도 있었다. 누군가가 내 가게를 나쁘게 평가했다는 사실은, 마치 나 자체가 부정당하는 것처럼 느껴졌다. 하지만 시간이 지나면서 생각이 달라졌다. 리뷰는 나를 공격하기 위해서가 아니라, 더 나은 가게가 되길 바라는 피드백이라는 걸 깨달았다. 고객의 시선으로 내 가게를 바라보는 계기가 되었다.

이제는 나쁜 리뷰가 달리면 개선점을 고민하고, 실질적인 변화를 만들기 위해 노력한다. 리뷰는 내 성장의 거울이다. 기분 나쁜 쓴소리일수록 더 깊이 새겨야 할 조언이라는 걸 배웠다. 그렇게 나는 점점 더 객관적 시각을 갖춘 '진짜 사장'이 되는 중이다.

'사장 마인드셋'은 단지 장사를 잘하기 위한 기술만을 의미하지 않는다. 내 삶을 주도적으로 통제하는 힘의 근원이라고 생각한다. 그 힘이 점점 커질수록 나는 새로운 도전에 두려움이 줄어들고 있었다. 나는 여전히 초보 사장이다. 불확실한 자영업의 파도를 서핑하듯 즐기며 배워가고 있다. 그 과정에서 내가 깊이 배운 1가지는 '포기하지 않는 감정'을 유지'하는 방법이다. 자영업을 운영하다 보면 매출이 갑자기 떨어지거나 계획했던 일이 틀어지는 일이 생길 수 있다.

하지만 그럴 때마다 내가 붙들었던 생각은, 감정은 내 의지로 선택할 수 있다는 것이다. 내가 부정적 감정에 휘둘리는 것이 아니라, 긍정적 감정을 내가 선택하고 통제할수 있는 의지가 중요하다는 뜻이다. 갑작스러운 실패와 어려움으로 감정이 요동칠 수 있다. 그러나 그 어려운 상황이 있기 전에 그 감정을 긍정적으로 돌릴 수 있다. 처음엔 어려울 수 있다. 연습을 통해 가능하다는 걸 깨닫게 되었다.

내가 감정을 선택하지 않으면, 결국 그 감정이 내 하루를 삼키고, 나아가 내 가게를 삼켜버리게 된다. 그걸 누구보다 절실하게 느낀 나는, 하루하루 내 감정을 스스로 조절하는 연습을 반복했다. 일이 잘 안될 때일수록 스스로 냉정한 격려를 했다. "지금 흔들리면 안 돼. 네가 중심을 잡아야 해." 그 중심은 결국 나 자신에게서 나왔다. 남들이 만들어 주는 안정이 아니라, 내가 내 안에서 만들어 낸 의도된 안정감이었다.

사장으로서 반드시 지녀야 할 태도는 바로 스스로 존중하는 마음을 갖는 일이다.

사장이라는 위치는 외롭고 때론 무력감을 느끼게 된다. 외로운 그 자리에 서 있다는 것 자체가 이미 큰 성취라는 걸 잊지 않으려고 했다. 내가 나를 존중하지 않으면, 그 누구도 나를 존중해 주지 않는다. 그래서 바쁜 하루 속에서도 매일 하루를 정리하며 스스로 칭찬하려고 했다.

더불어 나 자신에게 감사하는 시간을 가졌다. 작은 성취라도 기록하고, 스스로 격려했다. 그 시간이 있었기에 요동치는 상황에서도 내 마음을 단단하게 지켜낼 수 있었다.

가파르고 험한 이 길 위에서 나는 오늘도 성장 중이다. 실패를 두려워하지 않는다. 긍정적이든 부정적 피드백을 받아들이려 한다. 매일 나 자신을 관리하며 내 삶의 주인으로 살아가고 있다. 사장이란 단어에 담긴 무게를 온몸으로 느끼면서도, 그 안에서 자유를 찾기도 한다. 누구에게도 휘둘리지 않는 삶. 내 선택으로 이끌어 가는 하루를 사장으로서 마주하고 있다.

이제는 '대표'라는 단어가 두렵지 않다. 오히려 자랑스럽다. 나는 내 인생의 대표니까. 그렇게 나는 오늘도 내 가게의 사장이자, 내 삶의 대표로 살아가고 있다.

누군가의 선택에 기대 살아가던 사람이, 어느 날 '내가 책임지는 삶'을 선택했을 때 느끼는 변화는 단순한 역할의 전환이 아니다. 그것은 삶의 방향 자체를 통째로 바꾸는 결정이다. 이 글이 말하고자 하는 핵심은 바로 그 점이다.

'사장'이라는 타이틀은 단순한 직함이 아니라 내 삶을 내가 직접 이끌겠다는 선언이다. 모든 판단과 결정의 결과가 내 몫이라는 두려움 속에서도, 끝내 나는 중심을 잡기로 했다. 감정에 휘둘리지 않고, 어려움 앞에서 흔들리지 않기 위해 매일 내 마음을 관리하고 단련하는 것. 그게 '사장 마인드셋'이다.

진짜 중요한 건 경영 스킬이나 장사 수완이 아니다. 자신을 믿는 힘, 불확실한 상황 속에서도 버틸 수 있는 마음 근력, 피드백을 성장의 재료로 삼는 유연함. 이런 내면의 역량이 사장이라는 역할을 가능하게 만든다.

그리고 그 힘은 누구나 만들 수 있다. 처음부터 잘할 필요 없다. 실수해도 괜찮다. 중요한 건, 남의 기준에 휘둘리지 않고 내가 원하는 방향으로 내 삶을 설계하려는 의지다. 타인의 평가보다 스스로에 대한 존중을 먼저 세울 줄 아는 용기다.

나는 더 이상 타인의 결정에 따라 움직이지 않는다. 내 감정도, 내 하루도, 내 미래도 오롯이 내 선택이다. 사장이란 이름 아래 가장 먼저 배운 건 숫자가 아니라, 삶을 내 방식대로 살아가는 법이었다.

그리고 그 마인드셋은, 가게를 넘어 인생 전체를 변화시킨다. 단순히 사장이 되라는 얘기가 아니다. 본질은 '내 삶을 내가 책임지겠다'는 선택에 있다. 그 선택은 결코 가볍지 않다. 매일 흔들리는 상황 속에서 중심을 잡아야 하고, 감정에 휘둘리지 않으려 애써야 한다. 하지만 그 모든 과정을 통해 단단해지는 건 결국 나 자신이다. 내가 직접 선택하고, 그 선택에 책임지는 삶은 더 이상 누군가의 말에 좌우되지 않는다. 누가 뭐라 해도 내 기준을 지킬 수 있는 힘, 실수를 두려워하지 않고 다시 시도할 수 있는 끈기, 어려움 속에서도 방향을 잃지 않는 집중력. 이런 태도들이 나를 진짜 '대표'로 만든다.

사장이라는 이름은 단지 가게 운영자가 아니라, 나의 하루를 내가 이끌어 가겠다는 선언이다. 그래서 중요한 건 직함이 아니라 태도다. 하루를 어떻게 바라보고, 어떤 마음으로 살아가느냐. 지금 이 자리에서 내가 할 수 있는 선택을 하고, 내 감정을 스스로 조절하며, 오늘을 살아가는 방식. 그게 곧 사장 마인드셋이다. 그리고 그 마인드셋은 점점 더 흔들리지 않는 나를 만든다.

이 글을 읽는 당신도 누군가의 선택에 기대는 삶이 익숙할 수 있다. 하지만 기억하자. 변화는 거창하게 시작되지 않는다. 작은 선택 하나, 스스로 내리는 결정 하나가 쌓여서 결국 삶의 방향을 바꾼다. 지금 이 순간, 내 인생의 대표가 되겠다고 선언하라. 거기서부터 진짜 변화가 시작된다.

제5장

실행력

결국 실행하는 사람만이
미래를 바꾼다

1

완벽한 타이밍은 없다,
일단 저지르는 놈이 이긴다

"시작하는 방법은 말하기를 멈추고 행동하는 것이다." - 월트 디즈니

작은 물방울이 매일 모이면 어느새 큰 강물이 된다. 작은 물방울이 바로 내가 매일 하는 작은 루틴이었다. 루틴은 나를 변화시키는 큰 원동력이 되었다.

2020년 10월 초, 내 인생을 뒤집는 사건이 있었다. 당시 내 얼굴은 누렇게 떴고 주근깨가 다닥다닥 가득했다. 한눈에 봐도 무기력과 우울함이 가득한 사람처럼 보였다. 평소 차림새는 늘어진 고무줄 바지에 구깃구깃한 라운드 티셔츠가 전부였다. 거울에 비친 내 모습은 '동남아', 즉 동네에서 남아도는 아줌마 그 자체였다. 볼품없는 외모는 마치 내 인생을 그대로 대변하는 듯했다. 새로운 시도는 내게 말도 안 되는 일이었고, 인생이 이대로 허무하게 끝나가고 있다는 생각에 좌절감만 밀려왔다. 희망이라는 빛이 전혀 없는 삶이었기에, 그토록 힘들게 얻은 두 아들조차 어느덧 내게는 쓸모없는 존재처럼 느껴지고 있었다.

엄마인 내가 불행한 인생을 살고 있으니, 내 존재의 일부인 두 아들 역시 불행한 삶을 살 것만 같았다. 만족스럽지 못한 하루하루는 내게 고역이었고, 이는 아이들에게 고스란히 악영향으로 번졌다. 내 말대로 따라오지 않는 아

이들에게 폭언과 폭행을 일삼는 병든 엄마로 살게 된 것이다. 악역을 담당하는 엄마를 보며 아이들은 문제 행동을 보이기 시작했다. 그럼에도 당시의 나는 내가 잘못하고 있다는 인식조차 하지 못했다. 그저 주변 환경이 나를 그렇게 만들었다며 세상을 탓하기에 바빴다.

그러다 나 자신을 마주하게 되었다. 별거 아닌 짧은 영상 하나를 본 게 전부였다. 나보다 더 힘든 형편에서 세계적 기업의 대표가 되었다는 켈리 최 회장의 당당한 말을 들었다. 칠흑 같은 터널 속에서 헤매다 희망의 빛을 보게 된 것이다. 그녀의 말속에는 복잡한 의미보다는 단순한 진리가 담겨 있었다. 잠재의식을 통째로 바꾸어야 한다는 것. 상처와 아픔으로 찌들어 있던 부정의 잠재의식에서 긍정의 의식으로 바꾸는 일이 어디 쉬운 일인가. 처음엔 어디 가당키나 하겠어? 잠재의식을 바꾼다고 불행한 인생이 원하는 삶으로 바뀔 수 있다고? 대단해 보이는 그녀 자체는 부러웠지만 그녀의 말처럼 내 삶도 바뀔 수 있다는 확신은 없었다. 그러다 '한번 해 보자', '해 보고 안 되면 어쩔 수 없고', '일단 해 보기로' 결심하였다.

그때의 결심이 가장 중요한 출발점이 되었다. 결심하기까지 다소 시간이 걸렸지만 한번 다짐하고 나니 그때부터는 속도가 붙기 시작했다. 그렇다고 내가 거창한 결심을 했다는 뜻은 아니다. '한번 해 볼까?'라는 생각이 들었을 때, 그냥 지나치지 않았다. 결심한 작은 행동을 시작했을 뿐이다. 중요한 건 단 한 번의 결심이 행동으로 이어진 건 아니다. 작은 결심이 씨앗이 되어 반복적으로 각인하는 실천이 따라야 했다. 수시로 올라오는 의심을 잠재우기 위해서는 반복적인 의식 전환의 노력이 필요했다.

매일 운동하며 동기 부여 영상을 듣고 또 들었다. 틈나는 대로 자기 계발 관련 책을 읽으며 '마인드셋'을 해야 했다. 작은 불꽃이 쌓이고 쌓여 어느새 큰 불씨를 만들었다. '그래. 저 사람도 저렇게 해냈는데 나라고 못 할 리가

   아이 둘 엄마, 사업으로 성장하다

있을까? 내가 해낼 수 있는 이유는 바로 인간 내면 안에는 무한한 가능성이 있다는 그녀의 말 덕분이었다. '변하겠다, 내 인생을 뒤집어 버리겠다.' 마음 먹었다. 그녀가 하는 '끈기 프로젝트'에 참여 신청을 했다. 신청하는 내내 불안함이 올라왔다. 불안함을 안고 변화와 성장이라는 열차에 당당히 몸을 실었다.

이제 나는 '성장 열차'에 탑승했다. 매일 아침 5시에 일어나서 긍정 확언을 했다. 책을 읽기 시작했다. 꿈을 이루기 위한 확언을 필사했다. 처음엔 그저 '한번 해 보자'는 마음으로 시작했지만, 어느새 하루도 빠짐없이 해야 한다는 생각이 강하게 자리 잡기 시작했다. 내가 만약 그때 생각만 하고 실행에 옮기지 않았더라면, 지금의 나는 없었을 터이다. 누구나 생각은 할 수 있다. 그 생각을 행동으로 옮기는 일이 인생을 바꾼다는 걸 사람들은 모른다. 그때부터 나는 내가 원하는 목표가 생기면 주저 없이 행동으로 실천하기 시작했다.

생각이 바뀌기 시작하니 생각을 실천하기 위한 작은 루틴을 만드는 것이 급선무였다. 매일 하는 사람은 못 당한다는 말이 있다. 작은 물방울이 매일 모이면 어느새 큰 강물이 된다. 작은 물방울이 바로 내가 매일 하는 작은 루틴이었다. 루틴은 나를 변화시키는 큰 원동력이 되었다.

켈리 최는 사업을 해야 경제적 자유를 얻을 수 있다고 말했다. 나는 경제적 자유부터 이루어야 했다. 그때부터 사업 공부를 시작했다. 나처럼 사업 공부를 하는 사람들이 주변엔 많았다. 문제는 사업 공부를 하긴 하지만 공부한 내용을 실행에 옮기는 사람은 드물었다.

카페, 음식점, PC방, 필라테스, 수영장 등등 다양한 사업에 대한 공부를 하였다. 그중 내게 적합한 사업을 찾았다. 바로 '고시원 창업'이었다. 그때, 내 가족과 지인들은 모두 위험하다며 만류했다. 아무도 내 결정을 응원해 주지 않았다. 주변 가족, 지인들 모두 이 사업에 대해 경험이 없었다. 경험이 없는 사람들은 무조건 위험하다고만 생각한다. 그게 '팩트'이다. 그들 또한 실행이 어려운 이유이다.

나는 경험 없이 말하는 그들의 의견에 휘둘리지 않기로 결심했다. 내가 원하는 선택을 내가 결정해야 했다. 결정에 대한 책임도 내가 져야 한다. 소신 갖고 실행하기로 마음먹었다. 과거의 나였다면 다른 사람들의 의견 하나로 내 결정은 물거품이 됐을 터이다. 특히 가족들이 위험하다고 말하면 무조건 시도조차 하지 않았던 나였다.

잠재의식이 바뀌기 시작하면서 나는 나를 진정으로 신뢰하기 시작했다. 나를 믿기 시작한 그 순간부터, 내 가슴 속 목소리를 따르기 시작했다. 내 목소리에 귀를 기울이기 시작하니 행동으로 이어졌다. 변화를 이루기 위해서는 반드시 행동이 필수다. 작은 행동이 더 큰 행동으로 이어지고, 결국 내가 원하는 성과를 이룰 수 있게 된다. 결국, 실행이 없으면 원하는 성과를 얻을 수 없다.

이제 나는 실행을 통해 인생을 바꾸고, 그 결과로 원하는 성과를 얻게 되었다. 그 작은 실행 하나가 내 인생을 바꿨다. 그것이 바로 내가 원하는 바를 이룰 수 있었던 이유였다. 아무리 좋은 타이밍이 온다고 해도, 아무리 좋은 기회가 다가온다고 해도, 실행이 없다면 그 어떤 것도 이루지 못했을 것이다. 결국 타이밍은 실행을 동반해야만 빛을 낼 수 있다.

결단을 내리기 전까지 나는 자신감이 없던 사람이었다. 불확실한 미래에 대해 걱정만 했었다. '성공'이란 단어는 나와는 전혀 관련 없는 이야기였다. 그랬던 나였기에 해 보지 않은 일을 결정하기까지 갈등이 많았다. 그 갈등을 넘어서 작게라도 한 걸음을 떼자는 마음을 먹으니 그때부터 변화가 시작되었다.

기억해 보면, 처음 시작할 때는 그냥 '한번 해 보자'라는 마음이었다. 어떤 일이든지, 처음부터 크게 시작할 필요는 없다는 걸 그때 배웠다. 사실, 실행이라는 것 자체가 큰 결심이나 대단한 계획을 필요로 하는 게 아니라, 작은 일상에서부터 이루어질 수 있다는 점에서 시작할 수 있었다. 그때 나는 '작은 실천'을 목표로 삼았다. 하루에 한 가지라도 나에게 도움이 될 수 있는 일을 하자. 작게 시작했지만, 그 한 걸음이 내 삶에 큰 변화를 가져왔다는 것을 깨달았다.

1가지 예를 들어보면, 나는 매일 아침 5시에 일어나는 습관을 들이기로 했다. 처음엔 너무 힘들었지만, 그 작은 실행이 내 삶의 첫 번째 변화의 시작이 되었다. 5시에 일어나서 하루를 시작하는 것은 그 자체로 나에게 큰 도전이었고, 그 작은 습관 하나로 나의 에너지를 끌어올려 주었다. 그 뒤로 나는 매일 아침 일찍 일어나 긍정 확언을 하며 하루를 시작했다. '오늘 하루도 잘될 것이다.', '나는 뭐든 해낼 수 있다.'는 말을 반복하면서 내 안에 조금씩 자신감을 쌓아갔다. 그 작은 변화가 내 마음속에 큰 변화를 불러왔고, 결국 나의 삶을 바꿔 놓은 중요한 계기가 되었다.

책을 읽기 시작한 것도 큰 변화의 시작이었다. 나는 평소 책을 읽지 않았다. 그래서 지식, 경험 둘 다 부족한 느낌으로 살았다. 물론 책 속에 지혜가 담겨 있다는 생각은 하고 있었다. 생각만 할 뿐 책을 읽지는 않았다. 그랬던 내가 책을 읽기 시작한 것이다. 처음엔 집중이 어려웠다. 매일 조금씩 읽다 보니 이해가 되기 시작했다. 점점 읽은 책들은 나에게 영향을 미치기 시작했다. 책을 읽으면서 기존에 닫혀있던 생각에서 시야가 넓어지는 체험을 하기 시작했다. 세상에 대한 관점도 달라졌다. 책에서 얻은 영감을 바탕으로 내 안의 숨어 있던 불씨가 타오르기 시작했다. 그 불씨 덕분에 무기력했던 내 삶이 활력을 얻게 되었다. 활력은 실행으로 이어졌다.

'실행력'이라는 것은 결국 매일 작은 일 하나에서부터 출발한다는 것을 깨달았다. 내가 만약 하루아침에 큰 목표를 세우고 그것을 단번에 이루려고 했다면, 아마도 중간에 포기했을지도 모른다. 매일 작지만 중요한 루틴을 쌓아감으로써 점진적으로 내 목표로 다가갈 수 있었다. 즉 작은 실행이 모여서 큰 변화를 만들고, 그 변화가 내 인생의 방향을 바꾸고 있었다. 평소 준비되어 있지 않으면 기회의 타이밍도 놓칠 수 있다.

준비된 사람만이 나에게 찾아온 기회를 잡을 수 있다. 타이밍은 결국 내가 만든다는 사실을 깨달았다.

처음 사업한다고 할 때, 주위 사람들은 모두 '사업은 위험한 거야.'라고 만류했다. 그 누구도 내 결정을 지지하지 않았다. 하지만 나는 그 의견들에 휘둘리지 않기로 결심했다. 만약 그때 내가 남들 의견을 좇아 시도하지 않았다면, 아마도 지금도 그때 그대로의 모습으로 살고 있었을 터이다. 나는 더 이상 내 인생을 남의 의견에 맡기는 어리석은 일은 하지 않겠다고 결심했다.

켈리 최 '그녀'가 했던 말 하나하나를 삶에 적용하려 애썼다. 나의 작은 실행이 결국 큰 변화를 만든다는 사실을 깨달았기 때문이다. 나는 내 인생에서 해 보지 않은 일을 하겠다고 결심했다. 그때 한 선택이 내게 새로운 기회를 열어주었다. 솔직히 그 선택을 하기까지 엄청난 두려움과 불안을 느꼈다. 그 시기를 넘기고 보니 결국 실행을 통해 두려움과 불안을 해결한다는 것을 깨달았다. 그 진리를 깨닫고 난 후 나는 매일 작은 실행을 이어가고 있다. 작은 실행을 하기 위해서는 기존에 가졌던 나태함, 불확실성의 끈을 끊어야 했다. 그 부정의 터널 밖으로 나와서 실행의 파도로 나를 끌어내야 결국 내가 원하는 길로 갈 수 있게 된다. 그 자체가 변화의 프로세스다.

여기서 중요한 점은 변화는 단순히 외적인 성과나 목표 달성에만 국한되지 않는다. 내 마음속에서의 변화가 무엇보다 중요하다. 나를 변화시키겠다고 마음먹은 초반에는 자신에 대한 믿음이 바닥 상태였다. 매일 조금씩 루틴을 실천해 가면서, 조금씩 나도 할 수 있는 사람이란 믿음이 커졌다. 처음엔 불가능해 보였던 것들이 가능해지는 경험을 하게 된 것이다.

별거 아닌 것처럼 보이는 작은 실천이 현재의 인생을 온전히 뒤바꾸어 놓았다. 처음엔 그저 한 걸음을 내디뎠을 뿐이다. 한 걸음이 두 걸음, 두 걸음이 세 걸음. 그렇게 늘어난 걸음으로 지금은 내가 해 보지 않은 분야에서 성장을 하고 있는 것이다. 결국 '타이밍'이란 건 누군가에 의해 주어지는 것이 아니라 내가 만들어 간다는 걸 알아야 한다. 타이밍이 오길 기다릴 필요가 없다. 내가 먼저 움직이고 새로운 일을 시도할 때 비로소 나만의 타이밍을 마주할 수 있다.

2

노동의 종말,
내가 반드시 건물주가 되어야 하는 이유

관심이 결국 에너지를 부른다. 단순한 구경이 아니라 '기획의 눈'으로 본다. 그렇게 내 눈은 하루하루 '건물주 마인드'로 바뀌고 있다.

요식업을 시작하면서 나는 '건물주'가 되기로 결심했다. 누군가는 나의 무모함에 코웃음을 칠지도 모른다. 요즘 같은 시대에 무슨 건물주냐며, 현실성 없는 허황된 꿈을 꾼다고 비웃는 사람들도 많을 것이다. 하지만 나는 진심이다. 이 결심은 어느 날 갑자기 떠오른 망상이 아니라, 땀 흘려 장사하며 얻은 절박함에서 비롯된 생각이다. 2년째 배달음식점을 운영 중인 초보 사장으로서, 내 건물에서 장사하며 내 건물의 가치까지 함께 올리는 것이야말로 가장 확실한 길이라 믿었다. 요식업 경력이 길지도 않고, 집안 대대로 장사를 배운 것도 아닌데 건물주가 가당키나 하냐며 비난하는 이들도 많다.

처음 배달요식업 사업을 시작했을 땐 그저 '새로운 도전'을 해 보고 싶다는 단순한 마음에서였다. 비록 초보이지만 언젠가는 사람을 고용해서 '오토 시스템'을 만들어 보겠다는 야심 찬 생각에서였다. 누구나 일하지 않고도 현금 흐름이 들어올 수 있도록 자유롭게 일하고 싶은 건 본능이다. 그런 마음으로 시작한 배달요식업. 현실은 만만치 않았다. 주문이 없을 때의 불안감, 알 수 없는 이유로 쌓이는 악성 리뷰, 예측 못 한 재료비 상승, 플랫폼 수수료에 깎여 나가는 수익…. 예상치 못한 상황으로 매일 동기 부여가 꺾였다.

그 와중에도 흔들리는 멘탈을 다잡을 수 있도록 한 생각은 바로. "내가 장사 실력만 키우면, 언젠가는 건물주가 될 수 있겠다." 이러한 생각은 어느 날 책 속의 한 문장을 읽고 머릿속에 강하게 박혔다. 라라브레드 강호동 대표는 "남 좋은 일만 하고 있었던 게 아닐까. 실제로 15년 동안 월세로 수억 원을 냈다는 생각이 주마등처럼 스쳤다."라고 말한다.

이 문장을 보는 순간, 사이다 같은 시원한 감정이 폭발했다. 나 역시 월세를 내며 하루하루를 버티고 있었다. 그 돈은 고스란히 다른 사람의 자산이 되고, 나는 장소를 바꿀 때마다 늘 처음에서 시작해야 하는 입장이 된다. 생각해 보니 강호동 대표 말대로 '남 좋은'일만 하는 일이었다. 물론 상대도 잘 되고 나도 잘되면 그것만큼 바람직한 일이 더 있겠냐마는. 한 사람은 '뼈를 갈아 죽어라' 일하는데 다른 한 사람은 편하게 앉아서 돈 벌고 있다면. 그건 불공평한 일이다. 그때부터 나는 생각했다. "내가 지금은 장사를 못할지언정, 장사 실력만 키우면 나도 언젠가 내 건물에서 장사할 수 있겠다."

음식의 완성도도, 배달 동선도, 리뷰 관리도 난 초보 사장으로서 여전히 허술하다. 하루하루 장사에 치여 '장사 실력을 키운다'는 말이 멀게만 느껴질 때가 많다. 그런데도 나는 이 꿈이 단순한 허영에서 나온 생각이라 말하지 않는다. 이 글을 읽고 있는 누군가는 나에게 "그런 꿈보다는 눈앞의 현실부터 챙겨."라고 말하는 사람도 있을 수 있다. 반은 맞고 반은 틀리다. 현실을 바꾸는 힘은 말도 안 되는 높은 꿈에서 나온다. 꿈은 현실로부터 도망치는 환상이 아니다. 꿈은 지금의 현실을 바꾸기 위한 내비게이션의 역할을 한다. 계획을 세운다는 건 실현 가능한 목표를 이루기 위한 행동이다. 그건 숫자로 쪼갤 수 있고, 체크리스트로 관리도 가능하다. 꿈은 비현실적이지만 가슴에 부푼 꿈을 꾸며 지금의 일상을 살아가면 어느새 꿈을 이룰 수 있다.

나는 지금 내 경제적 여건 상황으로 건물주가 된다는 것은 말도 안 되는 일처럼 보일 수 있다. 하지만 그 꿈을 꾸기 때문에 나는 오늘도 메뉴의 완성도를 높이고, 단골을 한 명이라도 더 만들고, 원가율을 줄이기 위한 공부를 계속한다.

내가 정말 믿는 건 '관심이 결국 에너지를 부른다'는 원리다. 뇌과학에서는 RAS(망상활성화체계)로 설명을 하고 있다. 가방에 관심이 많은 사람은 길가는 사람들의 가방이 보이고, 자동차에 관심 있는 사람은 지나가는 차들이 눈에 들어온다. 나는 요즘 거리의 건물들을 본다. 그 건물에서 장사하는 가게들을 본다. 그리고 생각한다. "나는 저런 건물을 가질 거다. 저런 건물에 내 가게를 넣을 거다." 단순한 구경이 아니라 '기획의 눈'으로 본다. 동선, 주차장, 1층 출입구, 간판 위치, 배달 접근성까지 분석하게 된다. 그렇게 내 눈은 하루하루 '건물주 마인드'로 바뀌고 있다.

실력 없는 꿈은 무기력하다. 그래서 나는 매일 공부하며 훈련하려고 한다. 장사를 하며 배운 가장 중요한 교훈은 바로 '실력 없는 열정은 결국 바닥을 보인다.'이다. 그래서 나는 오늘도 장사 실력을 키우려 한다. 그냥 열심히 하겠다는 말이 아니다. 전략적으로 분석하고, 매출을 쪼개 본다. 고객 동선과 행동을 분석한다. 온라인 리뷰 하나하나를 기록하며 원인을 찾는다. 피곤하지만 이것이 내가 할 수 있는 유일한 '건물주 수업'이다.

'라라브레드' 강호동 대표가 말한 대로, 나는 '재주 부리는 곰'이 되고 싶지 않다. 플랫폼이 돈을 벌고, 건물주가 돈을 번다. 일반적으론 프랜차이즈 본사가 돈을 벌고 가맹점은 죽어라 일해 프랜차이즈 본사를 위해 일한다. 나는 남는 게 없거나 적은 구조에 머물고 싶지 않다. 그 구조에서 빠져나오기 위해 나는 장사 실력을 내 것으로 만든다.

그렇다면 건물주가 되기 위한 5단계 계획을 세워보면 좋을 것 같다.

  아이 둘 엄마, 사업으로 성장하다

첫째, 장사 실력 기초 체력 만들기이다. 즉 배달 효율과 원가율을 따지고 체계적인 리뷰 관리, 재고 회전율 등을 완벽히 통제할 수 있을 때까지 반복하며 실행하려 한다.

둘째, 가게 운영 자동화 시스템 구축을 위한 노력을 해야 한다. 즉 체계적인 매뉴얼을 구성하여 직원 교육과 매장 관리 툴을 정비해 나감으로써 내가 없어도 돌아가는 가게를 만든다.

셋째, 자금 관리 능력을 강화한다. 벌어들이는 수익이 허튼 대로 흐르지 않게 관리한다. 장기적으로 투자할 수 있는 구조를 만든다.

넷째, 상권 분석 능력을 확보해야 한다. 단순히 눈에 보이는 입지 좋은 자리가 아니라 수익이 발생하는 구조를 읽는 능력을 키운다. 이러한 능력을 키우기 위해서는 수시 임장을 해 봐야 한다. 건물 매입 목표를 구체적으로 설정한다. 단순히 '건물주가 되겠다'라고만 막연히 생각할 게 아니라 어느 지역, 어느 가격대, 어떤 용도의 건물을 목표로 삼을 것이며 현장 조사와 금융 구조를 설계해야 하는 지를 따져야 한다. 건물주가 되기로 결심한 건 내 통장에 수십억이 있어서가 절대 아니다. 신용도도 아직 넉넉하지 않다. 하지만 나는 이미 건물주처럼 생각하고, 행동하고, 분석하고, 준비하고 있다. 생각이 먼저 바뀌면 행동이 바뀌고, 행동이 바뀌면 결과도 바뀐다.

누군가는 장사가 힘들다고 푸념만 한다. 과거의 나였다면 그들의 의견에 맞장구쳤을 것이다. 하지만 지금 나는 거기서 한발 더 나아가 생각한다. "그 힘든 걸 내가 어떻게 시스템화시킬 수 있을까?"라는 질문을 스스로 던진다. 장사를 하며 깨달은 건, 결국 모든 것이 '내가 주인이 되어가는 과정'이라는 것이다. 원가율을 낮추는 것도, 손님에게 감동을 주는 것도, 클레임을 줄이는 것도 전부 주인의 감각에서 나온다. 남 탓을 하고, 외부 요인만 탓하고 있는 한 절대로 그다음 단계로는 못 간다.

그래서 나는 하나씩 내 컨트롤 범위를 넓혀가고 있다. 오늘 하루 재고가 어떻게 소진되었는지, 매출 패턴이 어떤지, 광고비가 수익으로 얼마만큼 전환됐는지, 그런 숫자들을 엑셀로 정리하고 수시로 보고 체크한다. 거기서 패턴이 보이며 다음 달 전략이 생기고, 그렇게 하나씩 '예측이 가능한 장사'를 만들어 간다.

예측이 가능해지면 불안이 줄고, 불안이 줄면 의사 결정이 명확해진다. 그때부터는 하루하루가 그냥 반복되는 노동이 아니라, 축적되는 성장이 된다. 나는 지금 그 축적의 시기를 지내고 있다.

나는 매일 아침 출근길에 멋진 건물을 본다. 그 건물을 지켜보다 어느 날부터는 '이런 구조면 수익이 나겠다.'는 생각이 든다. 그 순간부터 나는 더 이상 단순한 배달요식업 사장이 아니다. 나는 '미래의 건물주 사장'으로 나아가고 있다. 나는 선언한다. 나는 내 건물에서 장사하는 건물주가 되겠다. 이건 허황된 망상이 아니다. 내가 매일 땀을 흘리며 얻어낸 각성과 실천의 결과다. 나는 오늘도 실력을 키운다. 남 탓하지 않고, 시스템을 바꾸고, 내 본질을 꿰뚫기 위해 노력한다.

내가 원하는 그 미래의 때 나는 빛에 비쳐 번쩍이는 멋진 건물 안에서 "나도 언젠가 건물을 소유하고 싶다고 말했었지."라며 과거를 떠올릴 때가 올 것이다. 그리고 스스로 '미래의 나'에게 말할 것이다. "그때 네가 시작했기 때문에 지금 이 자리에 있는 거야."라고 당당히 말할 수 있을 터이다.

이 글을 읽는 당신도 뭔가 이루고 싶은 꿈이 있다면, 사람들의 시선을 두려워하지 말고 그 꿈을 품고 살아가길 바란다. 허황된 목표처럼 보여도, 그 목표가 오늘을 바꾸는 원동력이 된다. 결국 모든 변화는 생각에서 시작된다. 지금 당신이 꾸는 그 꿈, 충분히 가능하다. 단, 실력을 키우는 걸 멈추지 않는다면 말이다.

  아이 둘 엄마, 사업으로 성장하다

<h1>3</h1>

모두가 안 된다고 할 때
'YES'를 외쳐야 하는 곳

"끝까지 해내면, 불가능해 보였던 일도 결국 가능해진다." - 넬슨 만델라(*Nelson Mandela*)

운명은 내가 만드는 것이다. 운명을 창조할 능력은 모든 인간에게 주어진 특권이다. 이 깨달음은 나 자신을 바꾸게 된 계기가 되었다.

자기 계발을 시작할 무렵, 내 마음 상태는 그야말로 무기력 그 자체였다. 자존감이란 건 거의 제로에 가까웠다. 이유는 단순했다. 어린 시절, 나는 가족들로부터 존중받아 본 적이 없었다. 내가 자라온 환경은 경제적으로 매우 불우했다. 부모님은 늘 생계를 위해 장사에 매달려 있었다. 그로 인해 다섯 남매를 먹이고 공부시키는 데에도 부모님은 벅찼을 것이다. 지금 내가 두 아이를 키우면서 더 절절하게 느낀다. 부모님이 우리를 세심하게 돌볼 여유가 없었다는 걸. 그렇다고 부모를 원망하고 싶지는 않다. 내가 부모님 입장이라고 해도 달라질 건 없었을 것이기 때문이다. 없는 살림에 다섯 남매 키우는 건 생존만으로도 대단한 일일 거란 생각이 든다.

나는 그렇게 흙수저 집안에서 자랐다. 부모님께 배우고 싶은 게 있어도 입 밖으로 꺼낼 수도 없었다. 항상 지쳐 있는 부모님을 볼 때면, 내 욕구보다 부모님이 더 안쓰럽게 느껴지곤 했었다. 지금 돌아보면 나는 미리 성숙해진 것 같다. 그 어릴 때에도 다니고 싶은 유치원에 가고 싶어도 마음속으로만 생각만 할 뿐 떼를 부려 본 적이 없다. 이런 일상이 반복되니 결국 내 안에는 '나는 안 되는 사람, 가난하기 때문에 성공할 수 없다.'는 믿음이 내 안에 자리 잡았다. 도전해야 할 상황이 와도 '어차피 해 봤자 안 되는 사람인데.'라며 스스로를 규정지었다. 자존감이 점점 떨어지니 내 의견을 당당히 말할 수도 없었다. 그저 주변 사람 눈치 보고, 조심하고, 숨죽이고 살았다.

하루는 누군가 내 손금을 보고 '넌 머리가 나쁘네.'라고 말해서 당황한 적이 있었다. 그 사건 이후로 나는 내가 정말 멍청한 사람이라고 믿어버렸다. 손금본 사람 말처럼 난 멍청하고, 가난하고, 노력해도 안 되는 사람이 되었다. 부정적 신념은 결국 나를 그 틀 안에 가둬버렸다. 나는 어차피 시도해도 실패할 사람이니 차라리 도전을 안 하는 게 나 같은 어리석은 사람에게 '플러스'라는 생각이 들었다.

대학을 졸업하고 난 이후에도 나는 경쟁이 치열한 직장을 꿈꾸지 않았다. 어차피 훌륭한 직장은 나 같은 사람은 절대 갈 수 없는 곳이었다. 그런 신념은 나를 그저 생계를 이어갈 수 있는 최소한의 직장이면 그만이었다. 그 당시, 나는 아이들을 좋아했다. 아이들을 좋아하니 가르치는 일도 나에게는 부담이 적었다. 가르치는 일은 편했고, 익숙했다. 즉 도전이 필요 없었다. '시도'라는 단어는 딴 나라 이야기였다.

그랬던 내가 신념 자체가 흔들리게 된 계기가 있다. '나에겐 장점이라곤 찾아볼 수 없다.'라고 생각했던 내가 어느 날 나에게도 장점이 있다는 걸 확인하게 된 순간이 있었다. 그건 바로 내 안에도 '끈기'가 있다는 걸 알게 된 경험을 하게 되었기 때문이다. 나는 켈리 최 '끈기 프로젝트'를 시도했다. 100일간 하나의 일을 매일 해내는 일이었다. 처음부터 해내기 어려울 거라 생각했지만 끝내 나는 완주했다. 짧지 않은 시간 동안 포기하지 않고 이어간 그 프로젝트가 결국 오랜 기간 내 안에 굳어졌던 부정적 신념을 바꾸기 시작했다. '나에게도 꾸준함이 있구나. 나도 뭔가를 끝까지 해낼 수 있구나.' 그 경험 하나가 내 안에 숨겨진 가능성을 깨우는 시발점이 되었다.

끈기 프로젝트를 통해 나는 매일 책을 읽기 시작했다. 조셉 머피의 『잠재의식의 힘』을 시작으로, 인간의 가능성에 대해 이야기하는 저명한 저자들의 책을 접했다. 그 책들은 내 머리보다 내 가슴을 울렸다. 처음 글로 접할 때 '나도 할 수 있다'는 메시지는 남의 이야기처럼 들려왔지만, 반복적으로 들리는 이야기는 점차 익숙해지기 시작했다. 어느새 남의 이야기가 아닌 내 이야기로 받아들였다. 그러한 과정은 매일, 조금씩, 아주 천천히 내면의 부정적 믿음을 깨기 시작했다. 하루, 이틀, 사흘… 시간은 흘렀고, 내 가슴은 벅차올랐다. 이전에 없던 열정이 솟구쳤다. 나도 뭔가를 해 볼 수 있다는 가능성의 불씨가 피어나기 시작했다.

나에게 없던 열정은 바로 한 번도 해 보지 않은 사업에 도전하도록 이끌었다. 누군가는 이렇게 묻는다. "한 번도 해 보지 않은 사업을 어떻게 시작할 수 있었나요?" 내 대답은 늘 같다. "내 안에 작게 심어 있던 긍정의 씨앗이 자라서, '무한한 가능성을 가진 내가 못 할 게 뭐가 있어?'라는 믿음으로 성장했습니다."라고. 나는 지금도 늘 새로운 것에 도전하고 싶다. 왜냐면 나는 무한한 가능성을 가진 사람이고, 새로운 도전은 내 가능성을 펼칠 기회이기 때문이다.

돌이켜보면, 인간은 무한한 가능성의 존재이며, 생각이 변하면 얼마든지 예상치 못한 성과를 낼 수 있다.

생각 하나로 인생이 변할 수 있다니. 우리 인간은 생각 하나하나 허투루 넘겨서는 안 된다.

자기 계발 전까지 나는 운명이란 이미 정해져 있는 거라 믿었다. 하지만 이제는 안다. 운명은 내가 만드는 것이다. 운명을 창조할 능력은 모든 인간에게 주어진 특권이다. 이 깨달음은 나 자신을 바꾸게 된 계기가 되었다. 그 때부터 나는 나를 존중하고 동시에 타인을 존중하기 시작했다. 귀한 존재인 인간 누구도 함부로 대할 수 없었다. 인간 각자 안에 있는 무한한 잠재력을 인식하게 되었기 때문이다.

어릴 때 책을 읽지 않은 탓에 어른이 돼서도 독서는 지루하고 힘든 과제 중 하나였다. 오히려 자기 계발을 시작하면서부터 내 독서 인생의 진짜 출발 점이 되었다. 어릴 때부터 독서 습관이 몸에 배었었더라면 하는 아쉬움이 들 긴 한다. 책을 읽으면서 생각지 못한 지혜를 발견하게 된다. 새롭게 알게 된 정보와 지혜를 담은 책들을 보며 내 삶에 적용해 보려 한다. 단순한 생각으 로 살다 깊고 넓은 지혜를 가지고 세상을 바라보는 묘미가 삶을 더욱 풍성하 게 만든다는 걸 체험하게 되었다.

요즘 내가 읽고 있는 책들은 나에게 매일 새로운 감탄을 안겨준다. 라이 언 홀리데이의『브레이브』, 조셉 머피의『잠재의식의 힘』, 스테판 츠바이크의 『어두울 때에야 보이는 것들이 있습니다』. 이 책들은 내 생각을 깨우고, 내 가능성을 넓히고, 내 행동을 움직이게 만든다. '아, 이렇구나.', '인생의 진리 가 여기 담겨 있구나.' 그렇게 책 한 줄 한 줄이 나를 다시 태어나게 한다.

나를 성장시키는 건 독서뿐만이 아니다. 다양한 사람들의 삶의 이야기를 들으며 그들을 통해 나의 가능성을 거듭 확인할 수 있다. 때로는 유명인의 성공 스토리보다, 평범한 이웃의 작지만 강한 변화 이야기가 내게 더 큰 감 동과 동기 부여를 준다. 나와 비슷한 조건, 비슷한 출발점에 있었던 사람들 이 어떻게 인생을 바꾸었는지를 보면, 나 역시 해낼 수 있다는 믿음이 깊어 진다. 변화는 결코 특별한 사람에게만 허락된 것이 아니다. 모든 사람에게, 단지 준비된 사람에게 더 빨리 찾아오는 것뿐이다.

나는 매일 나를 확장시키는 훈련을 하고 있다. 어제보다 오늘, 오늘보다 내일 조금 더 성장하고자 한다. 그렇다고 항상 평온하기만 한 건 아니다. 여전히 내 안에는 불안도 존재한다. 새로운 도전을 앞두고 두려움이 엄습한다. 하지만 그 감정은 누구에게나 자연스러운 것임을 이제는 안다. 두려움이 있다고 해서 내가 멈춰야 할 이유는 없다. 두려움은 성장의 신호다. 익숙한 것을 벗어날 때, 내가 진짜로 살아 있음을 느낀다.

어릴 적 나는 삶이 정해진 틀 안에서 흘러가는 줄 알았다. 하지만 지금은 아니다. 틀을 깨는 것도, 새 판을 짜는 것도 내 몫이다. 인생은 고정된 것이 아니라 살아 움직이는 가능성의 연속이다. 내가 어떤 방향으로 생각하고, 어떤 목표를 설정하며, 어떤 노력을 하느냐에 따라 얼마든지 새로운 삶이 펼쳐진다. 누군가에게는 이 말이 공허하게 들릴지도 모른다. 나도 그랬다. 하지만 이제는 자신 있게 말할 수 있다. "나도 해 봤더니 진짜 그렇더라."

우리는 경험과 독서를 통해 지혜를 확장한다. 그 지혜는 단순한 정보의 축적이 아니라, 인생을 바라보는 관점을 바꾸고, 세상과 나를 이해하는 눈을 열어준다. 그 힘은 상상 이상이다. 나는 단언한다. 인간의 잠재력은 상상 그 이상이다. 루틴, 책, 경험—이 3가지가 나를 바꿨고, 이 3가지를 지속하는 한 나는 성장할 것이다.

나에게 자기 계발은 기적과도 같은 선물이었다. '과거의 나'로서는 절대 상상할 수 없던 변화를 지금 살아내고 있다. 그리고 이 말은 당신에게도 해 주고 싶다. 당신도 당신의 잠재력이 얼마나 큰지 반드시 알게 될 것이다. 시작하기만 하면 된다. 아주 작게, 아주 천천히. 단 하나, 멈추지 말 것. 그 한 걸음 한 걸음이 쌓이면 당신도 반드시 자신의 무한한 가능성을 마주하게 될 것이다.

4

한계를 부수는 가장 쉬운 방법
: 그냥 하는 것

"불가능이란 단어는 시도해 보지 않은 사람의 사전에만 있다." - 나폴레옹 보나파르트

불가능은 없다. 그것은 100% 성공한다는 확신이 아니라, 실패하더라도 도전해 보겠다는 자세다.

누구나 어린 시절에는 성공보다 좌절을 먼저 마주한다. 하지만 내게 좌절은 성공을 위한 디딤돌이 아니었다. 도리어 좌절을 겪을수록 성공과는 점점 더 거리가 멀어지고 있다는 사실만을 실감했을 뿐이다. 세상을 향해 한 걸음 내딛기도 전에 아버지는 내게 말씀하셨다. "너 자신을 알라." 그 말은 소크라테스의 명언이라지만, 나에게는 절대 와닿는 철학이 아니었다. 내가 우주로 생각했던 부모님이 나를 좌절케 한 중요한 문장이었기 때문이다. 극단적으로 말하면 아버지의 그 한마디는 한계를 갖게 만든 나에 대한 선고였다. 내가 무언가를 배우고 싶다고 하면 부모님은 단호하게 말했다. "너는 학원에 다닐 수 있는 상황이 아니야. 스스로 공부할 생각을 해야지. 학원은 너에게 어울리지 않아. 그게 현실이야." 나는 부모님의 말을 통해 가능성보다는 한계부터 체득하게 되었다.

내가 아무리 무언가를 간절히 원해도 부모님은 해 줄 수 있는 형편이 못 되었다. 그렇다고 나 혼자서 이룰 수 있다는 믿음도 없었다. 하루하루 쌓이

는 무력감은 나를 파고들었다. 어디에 있든 내 존재감은 흐릿하기만 했다. 친구들은 나를 '말 없는 아이', '신경 안 써도 되는 아이'로 생각하는 듯했다. 반에서 상위권에 있는 아이들은 나와는 다른 세계에 사는 것처럼 보였다. 공부도 잘하고 가정 형편이 좋아 나와는 너무나 달랐던 친구들. 나에게 그 친구들은 절대 넘어설 수 없는 상류층 사람들이었다.

항상 조용하고 말 잘 듣는 아이로 지내야 했던 시절, 그 정적인 이미지에 갇힌 나는 스스로를 '아무것도 할 줄 모르는 아이'라고 정의해 버렸다. 나 자신을 제한하는 데 익숙했고, 무엇이든 감히 해 보려는 마음 자체가 없었다. 꿈도 없었다. 대학에 간 이유도 사회가 요구하니까, 다들 가기 때문에 그냥 가는 거라고 생각했을 뿐이다. 나라는 사람은 무언가를 잘할 수 있는 존재라기보다, 오히려 이 세상에 나만큼 쓸모없는 사람도 드물다고 믿었다.

살아 있는 것 자체가 괴로움이었다. 끊임없는 긴장 속에서 나는 버텨야 했다. 목덜미는 늘 굳어 있었고, 고등학생 때부터 한의원에 드나들며 침을 맞고 물리 치료를 받아야 했다. 의사는 나에게 말했다. "당신은 항상 긴장한 채 살아가는 사람 같아요." 당시엔 몰랐지만, 그 긴장은 단지 생활의 스트레스 때문만은 아니었다. 그것은 어린 시절부터 쌓여온 자기부정, 자기 불신, 세상에 대한 두려움이 몸에 각인된 결과였다.

나는 겉으로는 평범해 보였지만, 내면은 늘 불안정했고, 말보다 침묵을 강요받았다. 이런 나에게 '도전'은 언감생심이었다. 시도라는 것은 선택지가 아니었다. 꿈이란 단어는 사치였다. 남들이 이야기하는 밝은 미래는 나에게 해당하지 않았다. 나는 그냥 지금 이대로, 존재만 해도 감지덕지인 사람이라고 여겼다.

그러나 그 끝에 변화가 찾아왔다. 아이를 낳고 육아를 하면서 나의 내면 깊은 곳에서 억눌러왔던 감정들이 폭발했다. 내 말과 행동은 돌발적으로 변했고, 주변 사람들은 당황했다. 친구들이, 사회적 관계 안에서 만난 사람들이 나에게 등을 돌렸다. 조용하고 말 잘 듣던 내가 이제는 갈등을 빚고, 반대 의견을 말하자 사람들은 나에게 거리 두기를 시작했다.

그 사건들로 인해 오히려 나를 들여다보게 됐다. '나는 대체 누구지? 왜 나는 지금껏 이렇게 살아왔지?'라는 질문이 떠올랐다. 궁금증이 생기니 그에 대한 답변을 줄 수 있는 자기 계발서를 찾아 읽기 시작했다. 처음엔 어떻게 하면 성공할 수 있는지에 대한 서적들을 보며 의심이 밀려왔다. 한 장 한 장 책장을 넘기면서 예상치 못한 내용이 눈에 들어오기 시작했다. 책 속 문장들은 내 안에 무언가를 흔들기 시작했다. 가슴이 뛰는 순간이었다. 아주 작지만 확실한 변화의 시작이었다.

자기 계발 서적을 통해 나는 내면의 나를 만나게 되었다. 처음으로 '도전'이란 단어가 내 삶 안으로 들어왔다. '내가 도대체 뭘 할 수 있지?' 그 질문을 하자 내면의 '나'가 궁금해졌다. '정말 나는 아무것도 못 하는 사람일까?' 시험해 보고 싶었다.

내가 진짜 해낼 수 있는지 확인해 보고 싶었다. 첫 도전으로 고시원 사업을 선택했다. 두 번씩이나. 두 번 모두 쉽지 않았다. 운영도 어려웠고, 수익도 기대만큼은 아니었다. 그래도 나는 해냈고, 시도하는 과정에서 좋든 싫든 여러 경험을 할 수 있었다. 그건 내게 '별천지' 체험이었다.

세 번째는 배달요식업. 아직도 오르락내리락하는 매출에 힘들기도 하지만, 과거의 나였다면 상상도 못 할 일이었다.

나는 실제로 도전함으로써 해낼 수 있는 사람이라는 걸 증명하고 싶었다. 그것은 다른 누구도 아닌, 나에게 주는 답이었다. '너는 할 수 있는 사람이야.' 이 한마디를 듣기 위해 나는 무모하게, 불도저처럼 달려들었다. 결과는 절대 성공 일색이 아니었다. 그러나 나는 내가 한 선택에 후회하지 않는다.

어느 때인가부터 내 삶에서 '불가능'이라는 단어는 점점 힘을 잃어갔다. 지금도 상황은 쉽지 않다. 여전히 나는 작은 가게를 운영하며 하루하루를 버틴다. 하지만 이제는 스스로 이렇게 말할 수 있다. "할 수 있어. 안 될 수도 있지만, 적어도 해 볼 수는 있어."

과거에는 그조차도 말하지 못했다. '나는 못 하는 사람이다'라는 개념에 나를 가뒀다. 그러나 지금은 그 틀을 깼다. 실패에 무너지지 않고, 실패로부터 배운다. 과거 같으면 한 번 실패에 무너져 버렸을 나다. 하지만 지금은 그렇지 않다.

나는 이제 어떤 일이든 '불가능'하다고 먼저 말하지 않는다. 오히려 '도전해 볼 수는 있다.'라고 말한다. 그게 나에게는 가장 큰 변화이다. 누구나가 인정하는 부자가 되지 않아도, 누군가에게 존경받는 위치에 오르지 않아도 괜찮다. 중요한 건 내가 나 자신을 믿고 있다는 사실이다.

그 믿음은 어느 날 뚝딱 생기지 않았다. 수많은 좌절과 시행착오 속에서 하나씩 얻어낸 결론이다. 내가 도전한 것들이 모두 성공하지 않았기에, 그 과정 안에서 더 강해졌다. 실패했기 때문에 다음엔 더 잘할 수 있는 방법을 고민하게 되었다. 무엇보다도 중요한 건 이제 나는 내 삶의 주체가 되었다는 점이다.

타인의 시선, 가족의 평가, 사회의 기준에 맞춰 살아왔다. 하지만 지금은 내 기준으로, 내가 원하는 방향으로, 내 속도대로 간다. 그게 가능해졌다는 사실이 놀랍고 감사하다. '불가능'이라는 단어는 더 이상 나를 멈추게 하지 못한다.

이제 나는 말할 수 있다. '불가능은 없다.' 그것은 100% 성공한다는 확신이 아니라, 실패하더라도 도전해 보겠다는 자세다. 그리고 도전했다면, 실패해도 후회는 없다. 나에게 있어서 진정한 변화는, 해 보지도 않고 포기하던 삶에서 해 보려고 나서는 삶으로 바뀐 것이다.

이제는 어떤 일이 닥쳐도 나는 나에게 묻는다. "할 수 있을까?"라는 질문 뒤에는 반드시 따라온다. "그래, 해 보자." 그 말 한마디가 내 삶의 방향을 바꿨다. 과거의 나는 할 수 없는 이유만을 찾았다. 그렇다면 지금은? 해 볼 수 있는 방법을 찾는다.

이제 내 삶에는 가능성의 문이 열려 있다. 과거의 나처럼 움츠려 있는 누군가에게 당당히 말하고 싶다. '정말 작은 한 걸음이면 된다. 해 보자. 안 돼도 괜찮다. 하지만 해 보기 전에는 아무것도 알 수 없다.'

나에게 있어 불가능이 없다는 말은 이 시대의 허세나 과장된 동기 부여 문구가 아니다. 그것은 내 인생 전체를 통틀어 얻은 소중한 경험의 결과이다. 그리고 나는 그 진실을 붙들고 오늘도 살아간다. 살아 있음에 기뻐하며, 지금의 내가 가장 나답게 도전하고 있음을 자랑스러워하련다.

내가 하고자 하는 한 불가능은 없다. 그것은 내가 살아온 증거이고, 앞으로도 살아갈 방식이다.

살다 보면 우리는 너무 쉽게 스스로를 가둔다. 가능성보다 한계를 먼저 배우고, 시도보다 포기를 먼저 익힌다. 누군가는 우리를 향해 "너 자신을 알라."라고 말한다. 하지만 그 말은 때로 나를 발견하게 하는 질문이 아니라, 나를 묶어두는 족쇄가 되기도 한다. 그렇게 우리는 "나는 못 하는 사람"이라는 굳은 믿음을 쌓아간다.

하지만 기억해야 한다. 그것은 사실이 아니라 '배운 태도'일 뿐이다. 어릴 때 주어진 환경, 타인의 말, 한 번의 실패가 우리 인생 전체를 결정할 수는 없다. 중요한 건 '해 보지 않고 알 수 있는 것은 없다'는 단순한 진리다. 처음엔 작은 시도라도, 그 발걸음이 나를 완전히 다른 곳으로 데려갈 수 있다.

도전이란 단어는 누군가에게는 거창하게 들리겠지만, 사실은 사소한 선택에서 시작된다. 가만히 앉아 있는 대신 한 발 움직이는 것, '나는 못 해' 대신 '한 번 해 볼까'를 선택하는 것. 그 순간 이미 가능성의 문은 열린다. 물론 그 문 너머가 언제나 성공과 기쁨만 있는 것은 아니다. 실패는 반드시 찾아온다. 그러나 실패는 결코 우리를 끝내는 것이 아니라, 다음 길을 비추는 과정이다.

우리는 종종 성공만을 가치 있는 결과로 여기지만, 진짜 변화는 '시도'에서 일어난다. 시도 없이 얻은 승리는 없다. 실패 속에서도 배우고, 다시 시도하는 힘이야말로 우리를 단단하게 만든다. 그러니 지금 상황이 힘들다고, 형편이 안 된다고, 이미 늦었다고 스스로를 묶지 말자. 중요한 건 지금 할 수 있는 만큼 해 보는 것이다.

누군가에게 도전은 사업일 수도 있고, 학업일 수도 있고, 그저 하루를 버티는 것일 수도 있다. 모양은 다르지만 본질은 같다. '나는 못 한다' 대신 '해 볼 수 있다'를 선택하는 것. 그 마음 하나가 내일을 바꾼다.

불가능은 없다. 그것은 100% 성공한다는 오만한 자신감이 아니라, 실패를 각오하고서라도 나를 믿고 움직이겠다는 결심이다. 해 보면 알게 된다. 실패가 무서운 게 아니라, 시도하지 않은 시간이 더 아깝다는 것을. 그리고 도전은 우리를 반드시 성장시킨다는 것을.

5

두려움은 환상일 뿐, 행동만이 공포를 잠재운다

고통을 견디고 나니 변화가 시작되었다. '나도 할 수 있다'는 믿음은 그때 비로소 생겼다. 머릿속에서만 꿈꾸던 변화를, 나는 직접 의지로 만들어 낸 것이다.

살아오면서 나는 수많은 두려움과 마주했다. 새로운 일이 생길 때마다, 앞날이 불확실하다고 느낄 때마다, 내가 감당할 수 없을지도 모른다는 생각이 들 때마다 마음 한쪽에 불안이 자리 잡았다. 그 두려움은 아직 일어나지 않은 미래에 대한 막연한 공포였다. 해 보지 않은 일에 대한 두려움이었고, 경험해 보지 않은 영역에 대한 경계심이었다. 주변 사람들의 말이나 사회적 통념, 실패한 사람들의 이야기들을 마치 나의 미래인 양 받아들였다.

그런 태도는 계속해서 행동하기보다 관망하는 선택을 하게 했다. 그저 지켜보며 추측하려고만 했다. 문제는 그 추측이 대개 부정적인 상상으로 귀결되었다는 데 있었다. '위험할 것이다', '실패할 것이다', '나에겐 무리일 것이다'라는 생각들로 나를 채우기에 바빴다. 그 결과, 나는 한 발짝도 내딛지 못하고 수년간 제자리걸음을 반복하고 있었다.

하지만 어느 날, 아주 작은 실행을 하게 되었다. 정말 사소한 행동 하나에서부터였다. 특별한 결단도 아니었고, 큰 용기가 필요했던 것도 아니었다. 단지 머릿속에서만 맴돌던 생각을 행동으로 옮겼을 뿐이었다. 그리고 그 순간, 나를 짓눌렀던 부담과 불확실성이 조금씩 사라지기 시작했다. 행동 하나가 나의 상상을 현실로 바꾸기 시작했다. 그리고 두 번째 행동이 이어지며 그때부터 '실천'이라는 무기를 가지게 되었다. 그렇게 하나씩 해 보지 않았던 일들을 해 보며 깨달았다. 내가 두려워했던 일들은 실제로 일어나지 않았다. 그때 느꼈다. 두렵다고 해서 무조건 현실로 나타나는 건 아니라는 사실을.

"우리가 느끼는 두려움은 실제로 일어날 확률이 높지 않다." 이 말은 내 삶 속에서 완벽하게 입증되었다. 머리로는 절대 불가능하다고 생각했던 일, 예컨대 100일 동안 뭔가를 꾸준히 해야만 하는 일도 마찬가지였다. 100일 프로젝트 시작 전 나는 내 의지를 믿지 못했다. 단 한 번도 끈기 있게 성공했던 적이 없었기 때문이다. 처음 며칠만 하다 흐지부지될 것이라 생각했다. 그런데 시작하고 나니 생각 외로 할만했다. 처음 며칠 동안은 원래의 내 모습대로 돌아가고 싶은 마음에 계속 가야 하는 일이 큰 부담으로 다가왔다. 그야말로 순간순간 예전의 모습으로 돌아가고 싶은 유혹이 불쑥불쑥 올라왔다. 시간이 지날수록 반복적으로 시작한 일은 나의 일상으로 다가왔다. 습관은 반복된 실행에서 만들어졌고, 그렇게 100일간의 끈기 프로젝트는 성공리에 마칠 수 있었다.

이 단 한 번의 성공 경험은 나에게 두려움이란 결국 '행동하지 않음'에서 비롯된다는 사실을 깨닫게 해 주었다. 내가 직접 움직이고, 손으로 만지고, 몸으로 부딪쳐 본 그 순간부터 두려움은 점점 줄어들었다. 두려움은 상상 속 괴물에 불과했다. 내가 등을 돌릴 때는 커다란 그림자로 다가왔지만, 내가 정면을 향해 한 걸음 내딛는 순간, 그 그림자는 온데간데 없이 자취를 감췄다.

매일 책을 읽는 것 또한 나에게 비슷한 경험을 알려주었다. 일반적으로 책은 인간의 삶을 긍정적으로 변화시킨다고 말하지만, 막상 내가 그 독서 세계에 발을 들이려 하자 겁부터 났다. 문장을 읽는데 집중력이 약했고, 이해가 부족했다. 처음엔 서점에 가서 베스트셀러 코너에 있는 한 두 권을 들고 읽기 시작했다. 책 속 문장은 낯설고 어렵기만 했다. 단어 하나하나가 머릿속에서 튕겨 나가는 느낌이었다. '역시 나는 안 되는 사람이구나.'라는 자책감이 올라왔다. 하지만 멈추지 않았다. 하루에 한두 페이지만이라도 꾸준히 읽기 시작했다. 처음엔 지루했고 힘들었지만, 시간이 지날수록 단어들이 나에게 속삭이듯 하였다. 책 속 문장이 가슴을 먹먹하게 하는 체험을 하게 되며 제대로 된 독서 세계에 빠져들기 시작했다. 그렇게 조금씩, 책을 통해 내 사고는 깊어졌고 감정은 풍부해졌으며, 내면에 대한 이해도 높아졌다. 만약 초반에 겪었던 두려움에 사로잡혀 책장을 덮었다면, 지금 느끼는 세상에 대한 폭넓은 이해는 불가능했을 것이다.

겉에 드러난 외면의 내 모습에 대한 두려움도 나를 힘들게 했다. 4년 전, 나는 거울 속 내 모습이 너무도 싫었다. 몇 해 전 입었던 옷은 더 이상 맞지 않았고, 그저 늘어진 티셔츠와 통이 넓은 바지 몇 장이 유일한 내 옷이었다. 옷장에 쌓인 화려한 옷들은 정리할 엄두가 나질 않았다. 체중 늘기 전 입었던 옷들이라 옷장만 차지할 뿐 그야말로 '그림의 떡'이었다.

'지금의 나'란 사람에서 분명 변화가 필요했다. 더 이상 뚱뚱하고 자신감 없는 모습으로 살 수 없었다.

100일 운동 끈기 프로젝트에 도전하고 싶었다. 10kg 감량이라는 목표를 세우고 실행에 들어갔다. PT는 한 번도 해 본 적 없었다. 무엇보다 나를 위해 거금을 들인다는 사실이 생소한 일이었다. PT는 시간당 5만 원을 주고 운동을 해야 했다. 나에게 상상도 못 할 일이었다.

운동을 시작한 첫 주부터 힘들어서 포기하고 싶었다. 쓰지 않던 근육은 매일 놀라며 비명을 질렀다. 식단은 고통스러울 만큼 단조로웠다. 내가 좋아하던 음식들을 하나둘 포기해야 했고, 친구들과의 모임도 줄여야 했다.

그런데 신기하게도, 고통을 견디고 나니 변화가 시작되었다. 몸무게가 점차 줄었고, 근육이 조금씩 제자리를 찾아가기 시작했다. 거울을 보는 일이 더 이상 고통이 아니었다. 주변 사람들은 변한 나를 보고 놀라워했지만, 무엇보다 내가 스스로 느끼는 자부심이 가장 컸다. '나도 할 수 있다'는 믿음은 그때 비로소 생겼다. 머릿속에서만 꿈꾸던 변화를, 나는 직접 의지로 만들어 낸 것이다.

사업을 처음 시작할 때 두려움은 이루 말할 수 없었다. 배달음식점 시작하기 직전, 나는 또다시 두려움과 마주했다. '요리도 못하는 내가?', '사회 경험도 부족한 내가?', '두 아이를 키우는 주부인 내가?' 수많은 의문과 부정적인 말들이 나를 흔들었다. 그러나 나는 생각했다. "그건 내가 안 해봐서 그래. 해 보면, 나도 할 수 있어." 남들이 나에게 건넨 걱정도 그들이 직접 해 보지 않았기 때문이라 여겼다. 부정적인 생각이 들 때마다 내가 나를 설득하려 애썼다. 결국 설득 끝에 도전이 가능했다.

긍정적 생각처럼 결과가 순탄하지만은 않았다. 장사라는 것. 생각보다 훨씬 고되고 세심함이 필요했다. 매출이 오르지 않아 눈물을 흘리기도 했고, 육체적으로 정신적으로도 지치는 날이 많았다. 그러나 중요한 건, 그 모든 순간에도 나는 포기하지 않았다는 사실이다. 매일매일 어려운 문제를 해결해 나가며 나는 조금씩 성장했다.

배달음식점 도전 후 2년이 흘렀다. 그 과정이 생각만큼 단순하지만은 않았다. 다만 나는 2년 전의 나보다 더 강해졌고, 더 많은 것을 할 수 있는 사람이 되었다. 그 모든 변화의 시작은 '행동'에서 비롯되었다. 만약 두려움을 핑계로 아무것도 시도하지 않았다면, 나는 여전히 과거의 그 자리에 머물렀을 것이다. 하지만 나는 뛰어들었고, 그래서 성장했다.

두려움은 결국 머릿속에서 피어나는 가상의 괴물이다. 행동하지 않으면 그 괴물은 점점 더 커지고, 마침내 우리를 짓누르며 살아갈 용기마저 빼앗아 간다. 하지만 행동하면 허상의 괴물은 작아진다. 실체가 없다는 걸 알게 되면, 우리는 더 이상 그 괴물에 휘둘리지 않는다.

나는 앞으로도 수많은 두려움과 마주칠 것이다. 하지만 이제는 안다. 두려움은 피할수록 커지고, 맞설수록 작아진다는 걸. 행동은 단순한 움직임이 아니다. 그것은 내 삶을 바꾸는 협력자이며, 내가 진정한 나이기를 증명하는 방법이다. 나는 계속해서 행동할 것이다. 행동이야말로 두려움을 상쇄시킬 무적의 힘이다.

6

사소한 루틴이 모여
거대한 성공의 파도를 만든다

작은 목표부터 차근차근 이루어 가는 것. 작은 성공들이 모이면 그것이 바로 자존감이 된다는 사실 또한 깨달았다.

2020년 11월 무렵, 당시 은행에서는 1억 원이 넘는 돈을 빌리기엔 신용이 턱없이 부족했다. 결국 친정 부모님께 도움을 요청했다. 쉽지 않은 결정이었다. 자존심이 상했다. 나의 무능력을 드러내는 일 같았기 때문이다. 하지만 선택의 여지가 없었다. 결국 부모님께 어렵사리 돈을 빌릴 수 있었다.

문제는 이 돈의 사용처였다. 당시 나는 부동산 투자에 관심이 많았다. 부동산 기초 지식 없이 누군가의 소개로 '기획부동산'이라 불리는 곳에서 땅을 샀다. 결과는 참담했다. 지금까지 그 땅은 팔리지 않고 있고, 부모님께 빌린 돈은 그곳에 묶여 있는 상태다. 내심 부동산 가격이 오르고, 그 땅의 가치가 높아져 투자금 이상으로 회수되기를 바랄 뿐이다.

첫 번째 투자 실패로 내 삶은 경제적 압박 속에 점점 더 힘겨워졌다. 남편의 월급만으로는 대출 이자와 생활비를 감당하기에 빠듯했다. 두 아들은 점점 커가며 양육비와 교육비가 늘어났고, 우리는 하루하루를 겨우겨우 살아내고 있었다. 그 와중에 나를 가장 괴롭힌 건 '무력감'이었다. 내가 할 수 있는 건 아무것도 없어 보였다. 나의 무지함으로 사랑하는 가족이 어려운 상황에 있게 된 것. 그것이 나를 가장 힘들게 했다.

그 무렵, 자기 계발이 유행하고 있었다. 그것은 무력감에 있던 나에게 '구원자'처럼 다가왔다. 처음엔 의심도 많았다. 자기 계발서를 읽는다고 얼마나 달라질 수 있을까 하는 회의감이 들었다. 한편으로는 마음속 어두운 기운을 조금이라도 걷어낼 수만 있다면 무엇이든 해 봐야 했다. 책을 읽고, 글을 쓰고, 유튜브로 강연을 찾아 들으며 무기력했던 내가 점점 활기를 찾기 시작했다. 낮았던 자존감이 점점 고개를 들기 시작했다. 이대로 주저앉아 있을 수 없다는 마음이 들었다. 뭐든 해 보고 싶었다. 그 '뭔가'는 바로 '사업'이었다.

사업 한번 해 본 적 없던 내가 사업 공부를 시작했다. 다양한 사업 중 고시원 사업이 눈에 띄었다. 그 당시 나는 경험도 없고 자본도 없었지만, 목표 하나는 분명 있었다. 부모님께 빌린 돈, 1억을 갚는 일이었다. 고시원을 어렵사리 인수하여 운영하였지만, 매달 고시원에서 나오는 현금 흐름은 생각보다 크진 않았다. 그 돈으로 대출 이자와 부모님께 빌린 원금, 일부를 조금씩 갚아가기 시작했다. 작은 시작이었다. 하지만 매달 조금씩 빚이 줄어드는 것을 보며 나는 확신을 얻었다. "아, 이렇게 하면 되는구나."

물론 처음부터 쉽지 않았다. 어리석게도 부모님께 빌린 돈과 전세자금까지 빼서 기획부동산 토지를 사들였다. 경제적으로 자유로워지기까지는 여전히 갈 길이 멀었다. 하지만 나는 포기하지 않았다. 경제의 악순환 고리를 끊기 위해서는 결국 내가 달라져야 했다. 그래서 더 열심히 자기 계발을 했다. 더 많은 책을 읽고, 더 많이 공부했고, 사람들을 만나고, 작은 기회를 놓치지 않으려 노력했다.

첫 번째 고시원을 팔고 두 번째 고시원 사업에 도전했다. 이익은 조금씩 늘어났다. 마침내 부모님께 빌린 돈은 모두 갚았다. 그때의 감격은 지금도

　아이 둘 엄마, 사업으로 성장하다

잊을 수 없다. 등에서 큰 짐 하나를 내려놓은 것 같았다. 홀가분했고, 감사했다. 그렇게 나는 첫 번째 큰 목표를 달성했다.

두 번째 인수했던 고시원을 운영하다가 결국 대출 부담이 커서 고시원을 매도해야 했다. 부담으로 남아 있던 대출을 정리하고 나니 두 아이를 키우기 위해 넉넉한 현금 흐름이 필요했다. 남편의 월급으로는 대출 이자만 겨우겨우 낼 수 있었다.

결국 요식업에 뛰어들게 되었다. 경험도 없이 시작한 배달요식업. 처음에는 온갖 일들이 나에겐 도전의 연속이었다. 잠도 못 자고 몸 이곳저곳이 아파서 힘든 적이 많았다. 그럼에도 매일 벌어들이는 수입으로 가족의 생활비를 감당하고 있는 내가 자랑스러웠다. 배달음식점을 운영하며 고시원 사업 때 빌린 소상공인 대출 원금과 이자도 꾸준히 갚아가고 있다. 비록 예상했던 큰 수익은 아니지만 빚이 줄어들고 있다는 사실만으로도 큰 위안이 된다. 그리고 무엇보다 중요한 건, 이제 나 자신을 온전히 믿게 되었다는 사실이다. 과거의 나로서는 상상도 못 했을 일들을 현재 나는 해내고 있기 때문이다.

이 모든 과정 속에서 내가 배운 건 단 하나였다. '작은 목표부터 차근차근 이루어 가는 것.' 큰 꿈은 멀리 있고, 현실은 버거울지라도, 작은 목표를 하나씩 완수해 나가면 어느새 큰 목표를 향해 나아가고 있는 자신을 확인하게 된다.

이제 나의 다음 목표는 무엇일까. 내가 살아온 이야기들, 실패와 좌절, 회복과 성장을 기록하고 싶다. 그 글을 통해 나와 비슷한 상황에 놓인 누군가에게 작은 희망이라도 전할 수 있기를 바란다.

더불어 나의 이야기를 많은 이들에게 전하는 강연가가 되고 싶다. 사람들 앞에서 내 이야기를 전하고, 누군가의 마음에 불을 붙일 수 있는 그런 사람이 되고 싶다. 해 보지 않은 일이기에 처음엔 쉽지 않겠지만, 지금까지 한 단계 한 단계 거쳐온 것처럼 차근차근, 작은 목표들을 이루어 가며 나아갈 것이다.

내가 이루고자 하는 그 꿈을 실현하기 위해서는 지속적인 자기 계발이 필요하다. 꾸준히 책을 읽고, 새로운 것을 배우고, 나를 성장시켜야 한다. 그래서 나는 매일 일상 속에서 작은 목표들을 정하고 있다. 오늘 하루의 목표, 이번 주의 목표, 이달의 목표. 그런 작고 구체적인 목표들이 모여서 결국 내 인생의 큰 그림을 완성하게 된다.

자기 계발 시작 초반에는 목표라는 단어가 마냥 멀게 느껴졌다. 아침에 일찍 일어나는 일도 버거웠다. 하지만 힘들수록 더 작게, 더 구체적으로 목표를 나누었다. 엄마로서 아이들 간식 챙겨주기, 은행에 전화 걸기, 고시원에 전구 하나 갈아 끼우기. 누군가는 하찮게 여길 작은 일들이 나에게는 꿈을 위한 작은 '시작'이었다. 그렇게 시작된 작은 목표들은 점점 나의 습관이 되었다. 하루가 모이고, 한 달이 지나고, 1년이 지났다. 어느새 나는 진짜 내 삶을 살고 있다는 기분이 들었다. 하루하루 시간이 가길 빌었던 과거의 나를 비교하니 바뀐 지금은 별천지에 사는 느낌이었다.

작은 성공들이 모이면 그것이 바로 자존감이 된다는 사실 또한 깨달았다. 많은 이들이 생각하듯 노력 대비 거창한 성공을 기대했던 나였다. 하지만 작은 일상에서 오는 성취감이 내 마음을 붙들어 주었고, 삶의 방향을 다시 정하게 해 주었다. 불안이 온전히 사라진 것은 아니지만, 불안을 관리할 수 있는 방법을 배웠다. 두려움이 생기면 그걸 뚫고 나갈 수 있는 용기를 함께 키워가게 되었다.

나는 더 이상 과거의 나처럼 불안과 두려움 속에 갇혀 있지 않다. 비록 여전히 해결해야 할 빚이 남아 있고, 삶이 여전히 녹록지는 않다. 그러나 이제는 어떻게 그 어려움을 뚫고 나가야 하는지에 대한 방법을 알게 되었다. 작은 목표를 세우고, 그것을 실천하며, 하나씩 해 나가는 것. 그게 내가 지금까지 배운 생존 방식이고, 앞으로도 나를 살게 해 줄 힘이다.

이제 나는 내 삶을 스스로 책임질 준비가 되어 있다. 예전처럼 힘들다며 도망치지 않으련다. 나에게 주어진 하루하루를 의미 있게 살고, 작은 목표를 향해 묵묵히 나아간다. 그러다 보면 언젠가, 나는 내가 꿈꾸던 삶을 살고 있을 것이다.

작은 목표부터 차근차근, 그것이 내가 지금까지 살아온 방식이고, 앞으로도 나아갈 방향이다. 이 글을 읽는 당신도 혹시 인생이 버겁다고 느껴진다면, 아주 작은 목표 하나부터 정해보기를 권한다. 그 목표를 하나씩 차근차근 해 나가다 보면 어느새 그 순간을 가치 있게 보낸 자신을 발견하게 될 것이다.

7

당신의 아침 10분이
10년 뒤의 자산 가치를 결정한다

"우리는 반복적으로 하는 행동의 총합이다. 그러므로 탁월함은 행동이 아니라 습관이다."
- 아리스토텔레스

루틴은 삶을 움직이는 톱니바퀴다. 내 삶을 지탱해 주는 정신의 기둥이다.

나는 매일 하루도 빠짐없이 반복하는 3가지 루틴이 있다. 어떤 일이 있어도 지키는, 나만의 성장 엔진 같은 이 루틴은 단순한 습관이 아니다. 그 루틴은 지금의 나를 만들었고, 앞으로의 나를 만들어 갈 가장 강력한 도구다. 운동, 독서, 글쓰기. 이 3가지는 내 하루를 구성하는 핵심 축이고, 내가 매일 나를 다시 세우는 방식이다.

첫 번째 루틴인 운동은 나를 되찾는 시간이다. 체중이 70kg을 훌쩍 넘었던 시절, 나는 내 모습이 너무 싫었다. 거울을 보는 것도 괴로웠다. '이건 아니다' 싶었고, 그때 처음 나를 바꿔보겠다는 결심으로 운동을 시작했다. 운동을 해야겠다는 처음의 목적은 단순했다. 살을 빼고, 자신감을 되찾고 싶었다. 그리고 해냈다. 10kg 감량. 몸이 가벼워지고, 거울 속 내 모습이 달라져 있었다.

그때의 성공 경험이 지금까지 나를 밀고 나가는 원동력이 됐다. 하지만 지금은 단지 몸무게를 관리하기 위해 운동을 하지 않는다. 지금의 운동은 나

아이 둘 엄마, 사업으로 성장하다

자신을 돌아보고, 나의 멘탈을 관리하는 시간이다. 육체의 리셋이자 정신의 리셋이다. 매일 운동하면서 나는 동기 부여 영상을 함께 듣는다. 배달음식점을 운영하며 겪는 수많은 감정의 파도를 다스리는 데 이 루틴이 정말 큰 힘이 된다. 특히, 매출이 오르락내리락할 때 흔들리는 멘탈을 다잡는 데 운동만 한 게 없다.

어느 날, 과로로 면역력이 깨지고 입이 돌아가는 '구안와사'를 겪은 적이 있었다. 신체가 무너지니 정신도 함께 무너졌다. '이러다 끝나는 게 아닐까.'라는 생각까지 들 정도였다. 하지만 그 힘든 순간에도 운동 루틴만큼은 놓지 않았다. 몸이 힘들어도 가볍게 산책을 하며 동기 부여 영상을 들었다. 그때 들은 한 문장이 무너지고 있던 나를 다시금 일으켜 세웠다. 영상에서는 "당신이 얼마나 크게 성공하려고 이렇게 힘든 일을 마주하게 되었는가?"라고 나에게 이야기하듯 들렸다. 그 한 문장은 무너져 내리고 있던 내 삶을 한순간에 바꿔 놓았다.

결국 나는 한 달 반 만에 '구안와사'에서 빠르게 회복할 수 있었다. 병보다 무서웠던 건 무너진 정신이었다. 무너졌던 정신을 다시 세운 건 바로 운동과 그 영상 속 문장이었다. 지금도 나는 매일 운동한다. 단순한 건강 관리 그 이상이다. 내 삶을 지탱해 주는 정신의 기둥이다.

두 번째 루틴인 독서는 나의 세계를 확장하는 열쇠가 되었다. 어릴 때부터 나는 책 읽는 게 정말 싫었다. 책의 내용은 이해하기 어렵고, 재미도 없었으며 그야말로 스트레스 자체였다. 하지만 성공한 사람 중 책을 읽지 않고 성공한 사람은 드물다는 말을 듣고 시도할 용기를 가졌다. 처음엔 생각만큼 독서 습관을 붙이기 쉬운 일이 아니었다. 읽다 보면 자꾸 멈췄고, 머리에 잘 들어오지 않았다.

그러다 어느 날, 책 속에서 내 마음에 깊이 파고드는 한 문장을 만났다. 그

한 문장이 나를 바꿨다. 그때 이후 책이 재밌어지기 시작했다. 그때를 계기로 책을 고르는 기준도 달라졌다. 내 여건에 맞는 책, 다듬어지지 않은 감정에 필요한 문장들을 찾기 시작했다. 그러자 책이 훨씬 잘 읽혔다. 점점 이해도도 올라갔다.

독서는 좁았던 나의 시야를 넓혀줬다. 내가 알지 못하던 세상의 작동 원리, 사람들의 다양한 삶, 사고방식, 가치관 등 책을 통해 내 안의 세계가 넓어지고 있었다. 생각이 깊어졌고, 문제를 바라보는 방식도 달라졌다. 하루에 많은 페이지를 읽지 않아도 괜찮았다. 단 한 페이지라도 읽는 것, 그게 루틴의 힘이었다. 꾸준히 읽으니 사고력이 달라지고, 사람을 이해하는 눈도 생겼다. 책 속에서 나는 계속해서 성장하고 있었다.

세 번째 루틴인 글쓰기는 나를 치유하고 삶을 정리하는 도구가 되었다. 글쓰기는 내 안에 있는 것들을 밖으로 꺼내는 작업이다. 처음 글을 쓰겠다고 결심한 건 2023년 6월 무렵이었다. '자이언트 북컨설팅'의 이은대 작가님의 강의를 들으면서부터였다. 이은대 강사는 말한다. 글쓰기는 누군가의 삶을 돕는 가장 위대한 작업이라고. 자신의 경험을 정리해 다른 사람 인생에 긍정적 방향을 줄 수 있다면, 그 자체로도 내 삶의 존재 이유가 될 수 있다. 나는 그의 말에 깊이 공감했다. 나도 그의 말처럼 살고 싶었다. 나의 삶이 단지 나 혼자 지나온 길로 끝나는 것이 아니라 누군가에게 긍정적 방향이 될 수 있는 기록이 되길 바랐다. 그래서 매일 글을 쓴다. 나의 아픔, 상처, 실패, 외로움… 그 모든 걸 다시 마주하면서 글로 풀어낸다. 글을 통해 내면의 치유가 일어나고 있다. 내 감정을 솔직하게 적고, 그 감정을 객관적으로 바라보며 자존감도 회복하게 됐다. 글을 쓰면서 나 자신을 더 잘 알게 되었다. 단순한 기록에서, 내 삶을 재구성하고, 내가 누구인지 이해하는 작업이 바로 글을 쓰는 일이었다.

  아이 둘 엄마, 사업으로 성장하다

지금도 나는 매일 글을 쓴다. 짧은 글이라도 좋다. 하루를 정리하고, 감정을 들여다보고, 나를 진단할 수 있는 가장 강력한 루틴이 바로 글쓰기이다.

운동, 독서, 글쓰기. 이 3가지 루틴은 겉보기에 단순한 일상의 반복처럼 보일 수 있다. 하지만 내 인생에서 가장 큰 변화를 이끈 건 이 루틴들 덕분이었다. 이 작은 반복이 쌓여서 나를 바꾸고, 내 삶을 바꾸고, 내 미래를 바꾸는 중이다.

사람마다 최우선 가치는 다르다. 어떤 사람에겐 가족, 어떤 사람에겐 커리어, 어떤 사람에겐 창작일 수 있다. 중요한 건, 그 가치를 중심으로 매일의 루틴을 세우고, 그것을 반복하는 일이다. 루틴은 삶을 움직이는 톱니바퀴라는 말이다.

《시크릿 회복탄력성》의 저자, 존 디마티니는 말한다. "매일 가장 의미 있는 것을 성취하는 것이 당신의 성과와 회복탄력성을 극대화하는 열쇠입니다." 그의 말처럼, 나에게 의미 있는 3가지 루틴은 내 삶에 회복탄력성을 높여주었고, 성과를 만들어 내는 도구가 되었다.

이러한 루틴을 시작하고 나서 내 삶은 눈에 띄게 달라졌다. 무엇보다 내 안에 '나도 할 수 있다'는 믿음이 커졌다. 매일 반복하며 나를 밀어주는 힘, 그것이 쌓여서 자존감을 되찾게 해 줬고, 어떤 어려움도 넘길 수 있다는 자신감을 만들었다.

결과, 성과에만 집착했던 시절이 있었다. 그랬던 내게 루틴은 성과 이전에 과정을 즐길 수 있도록 도움을 주었다. 루틴은 반복이다. 반복은 조금 더 나아졌다는 기쁨을 안겨준다. 매일의 반복은 어느새 멀리 와 있다는 걸 느끼게 해 준다. 어제보다 나은 내가 되는 것. 그것이 루틴의 진짜 가치다.

주변 사람들은 루틴을 통해 변화된 나를 느끼기 시작했다. 처음엔 매일 운동하는 내 모습에 별 신경 쓰지 않았다. 그러다 꾸준히 하는 내 모습을 보며 궁금해하는 눈빛으로 말을 건네기 시작했다. "그걸 어떻게 매일 해?" 나는 말한다. "내가 특별해서가 아니라 루틴이라서 그래." 루틴이 되기 전까지 여러 핑계가 반복을 어렵게 만들기도 했다. 그때마다 나에게 다짐하였다. 지금, 내일, 며칠 동안은 이 반복을 유지하기 어려울 수 있다. 그러나 매일 결심을 통해 반복이 습관화되고 비로소 힘을 크게 들이지 않고도 루틴은 나를 끌고 가게 된다. 루틴 안에서 나는 이전보다 더 단단해지며 내가 원하는 것을 이루기 위해 힘을 실어준다.

이 경험을 한 이후부터 나는 루틴을 절대 미루려 하지 않는다. 감정이 어떻든, 날씨가 어떻든, 상황이 어떻든 간에 루틴은 나를 붙잡아주는 닻이자 나침반이 되어주었다.

당신에게도 당신만의 루틴이 있을 것이다. 아직 없다면, 지금부터 하나씩 만들어 보면 된다. 중요한 건 거창함이 아니다. 사소한 것처럼 보이는 작은 행동이라도, 매일 꾸준히 하면 인생을 바꾼다. 그게 루틴의 힘이다. 나는 오늘도 운동하고, 책을 읽고, 글을 쓴다. 그리고 내일도 그렇게 할 것이다. 이 3가지 루틴은 단지 나를 성장시키는 도구뿐만 아니라, 내가 누구인지 잊지 않게 해 주는 나침반이 되어준다.

이 글을 읽는 당신도, 당신만의 루틴으로 당신만의 삶을 다시 세워가길 바란다. 루틴은 단순한 반복이 아니라, 매일 조금씩 더 나아지는 길이다.

"루틴은 당신을 배신하지 않는다. 사람은 떠날 수 있고, 상황은 바뀔 수 있고, 감정은 흔들릴 수 있다. 하지만 매일 반복하는 그 작은 행동만큼은 당신 곁에 남는다. 그리고 그 작은 행동이 쌓여서, 어느 순간 당신은 완전히 다른 사람이 되어 있을 것이다.

지금 당장 시작해라. 완벽하지 않아도 된다. 거창하지 않아도 된다. 단 하나, 매일 할 수 있는 것 하나만 정해라. 그리고 매일 그것을 해라.

당신의 인생은 당신이 매일 반복하는 것들로 만들어진다. 그러니 오늘부터, 당신이 되고 싶은 사람이 매일 하는 일을 시작해라. 그게 바로 당신의 루틴이 될 것이고, 그 루틴이 당신의 미래가 될 것이다."

8

인생은 결정되어 있지 않다,
당신이 지금 쓰고 있는 시나리오일 뿐

내 삶은 내가 끌고 가야 할 '배'라는 것. 아무리 험한 파도가 몰아쳐도, 그 배의 방향을 정하는 건 오로지 내 손 안에 달려 있다는 걸 말이다.

돌아보면 내 30대의 시간은 그대로 무기력함의 결정체였다. 나의 미래는 사람들이 하고자 하는, 때론 다다르고 싶은 그 목적지와는 전혀 다른 세계였다. 오히려 미래란, 지금보다 더 불행하고 더 불확실하며, 더 두려운 시간이었다.

과거의 상처는 여전히 아물지 않았고, 나는 그 상처에 계속해서 갇혀 있었다. 단지 켈리 최가 말하는 표현 그대로 '찌질하다'는 표현이 정확했다. 나는 그 어떤 것도 용기 있게 바라보지 못했고, 현재마저도 피하고만 싶었다. 자존감은 땅 밑으로 내려앉았고, 나는 나를 믿지 못하는 무능한 어른이 되었다. 그저 시간만 흘러가길 바라며 하루하루를 버티는 것이 내가 할 수 있는 최선이었다.

그러던 어느 날, 너무도 똑같은 매일의 일상에 대한 혐오감이 나를 덮쳤다. "이렇게는 더 이상 못 살겠다"는 절박한 심정이 찾아왔다. 진짜 내가 아닌 것처럼 살고 있다는 감각, 숨 쉬는 것조차 고통스럽게 만드는 무기력의

 아이 둘 엄마, 사업으로 성장하다

늪에서 어떻게든 벗어나고 싶었다.

바로 그때였다. 운명처럼 한 영상이, 한 권의 책이, 그리고 한 사람의 인생 이야기가 나를 흔들어 깨웠다. 단지 운 좋게 마주쳤을 뿐이었지만, 그것들은 내 마음속에 작은 불씨를 심어주었다. 처음엔 그저 따라만 했다. 그들의 루틴을 흉내 내고, 습관을 좇고, 자주 거론하는 말을 따라 했다. 그렇게 하나의 작은 행동이 시작되었고, 그게 바로 내 인생의 '첫 발걸음'이 되었다.

그 작은 실천 하나로부터 나는 깨닫게 되었다. 내 삶은 내가 끌고 가야 할 '배'라는 것. 아무리 험한 파도가 몰아쳐도, 그 배의 방향을 정하는 건 오로지 내 손 안에 달려 있다는 걸 말이다. 그렇게 생각을 바꾸니 두려움이 조금씩 줄어들기 시작했다. 어느새 도전 앞에서 움츠러들던 나는 사라지고, 이제는 시도하는 것이 일상이 되었다. 물론 여전히 불안은 있었다. 성공에 대한 확신도 없고, 실패할까 두렵기도 했다. 그러나 도전하는 것 자체에 대한 두려움은 사라졌다. 그게 무엇보다 감사한 일이었다.

가장 힘든 건 첫발을 떼는 일이었다. 그 첫발을 떼지 못해서 수많은 사람들이 결국 자신을 바꾸지 못하고 주저앉는다. 나는 운 좋게 그 첫발을 뗐고, 그 덕분에 지금 이 자리에 올 수 있었다.

자기 계발을 시작하기 전, 나는 타인의 시선을 지나치게 의식하며 살았다. 가족, 친구, 사회가 정해놓은 기준이 곧 나의 나침반이었고, 나라는 사람은 존재하지 않는 듯한 삶을 살았다. 내가 뭘 좋아하는지도 모르고, 뭘 잘하는지도 알지 못했다.

하지만 자기 계발을 하며 점점 나를 알게 되었다. 내 성향, 나의 장점, 내가 잘할 수 있는 일들. 그걸 인식하는 순간, 삶이 달라졌다. 더 이상 남들의 기준에 나를 맞추지 않게 되었다. 내가 원하는 방향으로 한 걸음씩 걸어가기 시작했다. 그리고 그게 진짜 나의 삶이었다. 내가 처음 영향을 받았던 사람들은 분명 대단했다. 켈리 최 회장, 김승호 회장, 수많은 자기 계발서의 저자들. 그들의 성공과 인생 이야기를 접하면서 나도 할 수 있겠다는 마음을 먹었다. 하지만 시간이 지나며 확신하게 되었다. 그들의 삶은 그들의 것이고, 나는 나만의 방식으로 살아가야 한다는 사실을.

그들의 루틴, 끈기, 근성을 배울 수는 있다. 하지만 그들이 원하는 목표를 나도 똑같이 좇을 필요는 없다. 나는 나에게 맞는 삶을 살아야 한다. 그것이 진짜 의미 있는 변화고, 진짜 '나 다운 삶'이다. 진정한 변화는 나를 제대로 아는 것에서 시작된다. 내가 누구인지, 무엇을 좋아하는지, 어떤 상황에서 빛나는지를 정확히 알게 될 때 비로소 '내 인생'을 살아갈 수 있다. 타인의 삶을 흉내 내는 건 쉬운 일이다. 문제는 그 흉내는 오래 지속되지 않는다는 사실이다.

결국 본질로 돌아가야 한다. 내 삶을 주도하고 싶다면, 내가 원하는 것이 무엇인지 분명히 알아야 한다. 나를 향한 질문을 멈추지 않고, 답을 찾기 위해 끊임없이 행동해야 한다. 그리고 중요한 건, 완벽하지 않아도 된다는 사실이다. 때론 무너질 수 있고, 주저앉을 수도 있다. 하지만 그걸 이겨내며 다시 걷는 것, 그것이 미래를 스스로 개척해 나가는 진짜 힘이다.

나는 이 과정을 거치며 결국, '변화는 멀리 있는 것이 아니라, 지금 나의 손 안에 있는 선택 하나로부터 시작된다는 것'을 알게 되었다. 작지만 진실된 행동 하나, 그것이 다음을 만든다. 내 안에 이미 존재하던 가능성과 힘은 내가 외면하고 있었을 뿐, 늘 내 안에 있었다. 그것을 인정하고 붙잡는 순간, 삶은 완전히 달라진다.

처음엔 혼자였다. 하지만 나와 같은 고민을 가진 사람들, 그들의 이야기 속에서 나는 연결감을 느꼈고, 그 안에서 희망을 발견했다. 혼자가 아니라는 사실이 얼마나 큰 힘이 되는지를 알게 되었다. 그래서 지금 나는 말하고 싶다. 변화는 혼자 이뤄낼 수도 있지만, 함께라면 더욱 강력하다고. 나를 변화시킨 건 결국 나 자신이지만, 그 길에 영감을 준 수많은 이야기들이 있었기에 가능했다.

나는 이제 매일의 선택을 신중하게 한다. 사소해 보이지만 나를 앞으로 이끄는 행동, 나를 성장시키는 루틴, 그리고 내가 원하는 방향으로 조금씩 나아가는 습관들. 그것들이 모여 지금의 나를 만들었고, 앞으로의 나를 기대하게 만든다.

과거의 나는 그저 살아 있었다. 미래는 공포의 대상이었고, 나는 그 앞에 무기력하게 주저앉은 힘없는 어린아이였다. 하지만 지금 나는 그 미래를 두 팔 벌려 맞이할 수 있는 사람이 되었다. 물론 여전히 불안하고, 가끔은 무섭다. 하지만 나는 안다. 나 자신이 내 삶의 유일한 선장이라는 것을.

미래는 그냥 다가오는 것이 아니다. 스스로 만들어 갈 때 내가 진정으로 가치 있는 삶을 마주하게 되는 것이다.

두려움 속에서도 한 발 내딛는 용기, 실패 속에서도 다시 일어나는 힘, 그리고 나를 믿고 나아가는 집념. 그 모든 것이 모여 '나만의 미래'를 만들어 낸다. 나는 이제 내가 걷는 이 길이 얼마나 소중한 여정인지 안다. 누군가 보기엔 아주 평범하고, 때론 느리게만 보일 수도 있겠지만, 내가 매일 조금씩 쌓아 올린 그 발걸음들이 결국 나의 세계를 바꿔 놓고 있다는 사실을 나는 믿는다.

변화는 크고 대단한 결심으로 오는 게 아니다. 아주 작고 사소한 결단, 예를 들면 눈을 뜨고 일찍 일어나기로 한 마음, 오늘 하루만큼은 핑계를 대지 않고 정직하게 살아보겠다는 다짐, 그런 것들이 모여 인생의 방향 전환을 이룬다.

나의 과거는 여전히 내 가슴 속에 살아 있다. 완전히 사라진 게 아니라는 말이다. 때때로 그 시절의 감정이 불쑥 떠오르기도 하고, 자신감이 무너지는 순간도 찾아온다. 하지만 중요한 건, 이제 나는 그 과거 속 상처에 끌려다니지 않는다는 사실이다. 과거는 내 경험의 일부일 뿐, 나를 결정짓는 기준이 아니다. 나는 지금 이 순간, 내가 원하는 나로 살아가기 위해 스스로 다시 써 내려가고 있다.

나는 더 이상 누군가의 말 한마디에 흔들리지 않는다. 세상이 정해놓은 틀 안에 나를 가두려 하지 않는다. 불안과 두려움 속에서도 멈추지 않고 걷는다. 실패해도 좋다. 중요한 건 내가 이 길을 선택했고, 그 선택의 책임을 나 스스로 감당하고 있다는 사실이다. 그게 진짜 인생을 살아가는 방식이라는 걸 이제는 안다.

혹시 지금 이 글을 읽고 있는 당신이 주저앉아 있다면, 무기력과 절망의 늪에서 허우적대고 있다면, 단 한 걸음만이라도 걸어 볼 수 있기를 바란다.

변화는 완성이 아니라 시작이다. 잘하려고 하지 말고, 그냥 해 보는 거다. 그것이 당신을 구하고, 당신을 일으킬 것이다. 주변 사람들은 처음엔 몰라줄 수 있다. 인정받지 못할 수도 있다. 하지만 괜찮다. 가장 중요한 건 당신이 당신을 믿는 일이다. 세상이 무시해도, 당신만큼은 자신을 포기하지 말아야 한다. 시작은 작아도 된다. 첫발을 떼는 용기, 그 한 걸음이 결국 모든 것을 바꾼다. 미래는 불확실한 것이 아니라, 내가 개척할 수 있는 나만의 여정이다.

그리고 그 여정의 이름은 바로, 당신이다. 당신은 이미 알고 있다. 변해야 한다는 것을. 지금이 그 순간이라는 것을. 그렇다면 이제 단 하나만 남았다. 움직이는 것. 생각은 이제 그만하고, 고민도 이제 그만하고,

오늘 당장 단 1가지를 시작해라. 당신의 인생은 내일 시작되는 게 아니다. 지금, 이 순간부터.

나의 고백이
당신의 시작이 되길 바라며

우리는 모두 인생이라는 넓고 낯선 길 위에 놓여 있습니다. 어디로 가야 할지 몰라 두리번거리기도 하고, 걸어온 방향을 후회하며 되돌아가고 싶을 때도 있죠. 하지만 이 책을 집어 들고, 읽기 시작한 순간부터 당신은 더 이상 우연에 떠밀려 사는 사람이 아닙니다. 당신은 당신의 인생을 선택한 사람입니다. 더는 주어진 삶이 아니라, 만들어 갈 삶을 택한 사람입니다.

이 책을 통해 나는 나의 고백을 건넸습니다. 그러나 이건 단지 나의 이야기를 말하기 위한 책이 아닙니다. 이건 당신의 이야기입니다. 그리고 앞으로써 내려가야 할 당신 인생의 첫 문장입니다. 나는 글을 통해 "너도 할 수 있어."라고 말하고 싶지 않았습니다. 대신, "나는 이렇게 버텨봤어. 나도 정말 별거 없었어. 그런데도 해냈어."라는 말을 하고 싶었습니다. 이 말이 과장 없이 다가가길 바랐습니다.

세상은 속도를 강요합니다. 빠르게 결정하고, 빠르게 실행하고, 빠르게 성장하라고 말하죠. 하지만 삶의 본질은 속도에 있지 않습니다. 방향입니다. 아무리 빠르게 달려도 방향이 틀리면, 오히려 더 멀어질 뿐입니다. 저는 방향을 찾기까지 너무 오래 걸렸고, 때로는 전혀 엉뚱한 길로도 걸어갔습니다. 하지만 그 길 위에서 만난 수많은 경험과 감정이 지금의 저를 만들었고, 결국은 저에게 가장 필요한 방향을 가리켜 주었습니다.

당신에게 묻고 싶습니다. 지금 이 순간 당신의 삶은 누구의 뜻입니까? 당신의 선택입니까, 아니면 누구의 기대입니까? 세상이 말하는 성공을 좇느라, 정작 당신이 진짜 원하는 것이 무엇인지 잊고 살고 있지는 않나요? 내면의 목소리를 외면한 채 겉으로 멀쩡해 보이는 삶을 유지하고 있지는 않나요?

이제 그 질문에 정직하게 답할 시간입니다. 이 책은 어떤 정답을 주지 않습니다. 대신, 진짜 '질문'을 줍니다. "당신은 누구인가?", "당신은 무엇을 원하는가?", "지금 이 순간 어디에 서 있는가?" 이 3가지 질문은 평생 함께 안고 가야 할 질문입니다. 누구도 대신 답해줄 수 없습니다. 그 답을 찾아가는 길은, 때로는 버겁고 외로울 수 있습니다. 하지만 그 길을 걷는 동안, 당신은 분명히 성장할 것입니다. 저처럼요.

저는 여전히 완성되지 않은 사람입니다. 여전히 흔들립니다. 어떤 날은 무너지고, 어떤 날은 다시 일어섭니다. 그렇지만 확실한 1가지는 있습니다. 이제는 더 이상 어렵다고 피하지 않는다는 것. 그리고 어떤 어려움 앞에서도 스스로 삶을 책임지겠다는 것. 그것이 제가 스스로 개척해 가고 있는 삶의 방식입니다.

삶을 살아간다는 것은 결국 선택의 연속입니다. 아주 사소한 결정에서부터 인생의 방향을 바꾸는 커다란 선택까지, 우리는 매일 자신도 모르는 사이 수많은 갈림길에 서게 됩니다. 그런데 놀랍게도 인생을 바꾸는 결정은 대개 거창한 선택에서 비롯되지 않습니다. 오히려 "오늘도 한 번 더 해 보자."는 작고 단단한 마음, "이번엔 도망치지 말자."는 조용한 다짐에서 출발합니다. 저는 그것을 40대가 넘어서야 비로소 깨달을 수 있었습니다. 하지만 당신은 지금 이 책을 통해, 그 시작점에 도달한 것입니다.

사람들은 자주 묻습니다. "당신은 어떤 사람이 되고 싶은가요?" 저는 그

아이 둘 엄마, 사업으로 성장하다

질문을 바꿔 묻고 싶습니다. "당신은 어떤 사람이 되기로 결심했나요?" 꿈은 막연하지만, 결심은 구체적입니다. 꿈은 머릿속에 있지만, 결심은 발아래 있습니다. 결심은 행동을 만들고, 행동은 방향을 만들고, 방향은 결국 당신을 완전히 다른 사람으로 바꿔 놓습니다. 중요한 건, 지금 당신이 어떤 결심을 하느냐에 달려 있습니다.

우리는 종종 누군가의 눈부신 결과만 보고 그 사람의 전부를 판단합니다. 화려한 무대 뒤에 감춰진 고통, 실패, 눈물, 외로움은 보이지 않죠. 하지만 이 책을 통해 보여주고 싶었던 것은 바로 그 '보이지 않는 시간'이었습니다. 내가 얼마나 쓰러졌고, 얼마나 흔들렸으며, 그럼에도 불구하고 다시 일어설 수밖에 없었던 이유들을 이 책에 담았습니다. 책을 덮고 나서도 당신이 기억해 줬으면 하는 건, 당신이 잘 알고 있는 유명한 '그 사람'도 분명 흔들렸다는 사실입니다. 그리고 그 흔들림 끝에 '계속 걸었다'는 사실입니다.

우리는 누구나 가능성을 타고났습니다. 그 가능성은 누군가의 인정을 받을 때 비로소 드러나는 것이 아니라, 우리가 선택하고 움직이는 그 순간에 살아납니다. 누구에게 보여주기 위해서가 아니라, 내가 내 삶을 살아내기 위해 시작하는 것. 거기서부터 모든 변화가 시작됩니다.

혹시 지금도 마음 한편에서 "나는 안 될 거야."라는 목소리가 울리고 있나요? 괜찮습니다. 그 목소리가 있다는 건 당신이 진짜 변화를 바라고 있다는 증거입니다. 회의감은 아주 정직한 감정입니다. 중요한 건 그 감정을 어떻게 대할 것인가입니다. 그 감정에 외면하지 마세요. 그 감정과 함께 걸어가세요. 저 역시 그 감정을 안고 살아왔고, 지금도 마찬가지입니다. 변화를 이끄는 힘은 감정을 없애는 데 있는 것이 아니라, 감정을 끌어안고 나아가는 데 있습니다.

당신에게 이 책이 작은 불씨 하나가 되었기를 바랍니다. 하루를 살아갈 수 있는 힘, 오늘 딱 한 번만 더 용기를 낼 수 있는 기운, 그리고 무엇보다도 '내가 나를 믿을 수 있다'는 확신. 그 마음 하나만 생겼다면, 이 책은 제 역할을 다했다고 믿습니다.

당신은 남은 인생의 작가입니다. 지금부터가 진짜 시작입니다. 다음 페이지는 당신이 써야 합니다. 더 이상 멈추지 마세요. 누구도 당신 인생을 대신 써주지 않습니다. 자, 이제 펜을 들고, 첫 문장을 써보세요.

"지금 이 순간, 나는 나의 삶을 선택하기로 했다."

     아이 둘 엄마, 사업으로 성장하다